ANATOMIA DA MUSCULAÇÃO

GUIA DE EXERCÍCIOS PARA HIPERTROFIA MUSCULAR

MICHAEL ISRAETEL ▪ JARED FEATHER
CHRISTLE GUEVARRA

ANATOMIA DA MUSCULAÇÃO

GUIA DE EXERCÍCIOS PARA HIPERTROFIA MUSCULAR

Revisão científica e prefácio à edição brasileira de
Abdallah Achour Junior

manole
editora

Título original em inglês: *Bodybuilding Anatomy*

Produção editorial: Retroflexo Serviços Editoriais
Tradução: Fernando Gomes do Nascimento
Revisão científica: Abdallah Achour Junior
Professor da Universidade Estadual de Londrina/PR (UEL). Mestre em Educação Física na área de Atividade Física e Saúde pela Universidade Federal de Santa Catarina (UFSC). Doutor em Educação Física na área de Biodinâmica do Movimento Humano pela Universidade de São Paulo (USP). Membro do conselho editorial da Eduel (UEL).

Revisão de tradução e revisão de prova: Depto. editorial da Editora Manole
Projeto gráfico: Depto. editorial da Editora Manole
Diagramação: Deborah Takaishi
Ilustrações: @ Human Kinetics
Adaptação da capa para a edição brasileira: Ricardo Yoshiaki Nitta Rodrigues

CIP-BRASIL. CATALOGAÇÃO NA PUBLICAÇÃO
SINDICATO NACIONAL DOS EDITORES DE LIVROS, RJ

I84a

Israetel, Michael
Anatomia da musculação : guia de exercícios para hipertrofia muscular / Michael Israetel, Jared Feather, Christle Guevarra ; revisão científica e prefácio à edição brasileira de Abdallah Achour Junior ; tradução Fernando Gomes do Nascimento. - 1. ed. - Barueri [SP] : Manole, 2026.

Tradução de: Bodybuilding anatomy
ISBN 9788520466711

1. Musculação. 2. Fisiculturismo. 3. Músculos - Anatomia. 4. Força muscular. I. Feather, Jared. II. Guevarra, Christle. III. Achour Junior, Abdallah. IV. Nascimento, Fernando Gomes do. V. Título.

CDD: 613.713
25-100234.0 CDU: 613.71

Meri Gleice Rodrigues de Souza - Bibliotecária - CRB-7/6439

Edição brasileira – 2026

Direitos em língua portuguesa adquiridos pela:
Editora Manole Ltda.
Alameda Rio Negro, 967 – CJ 717 – Alphaville Comercial
CEP: 06454-000 – Barueri – SP – Brasil
Fone: (11) 4196-6000

www.manole.com.br | https://atendimento.manole.com.br/
Impresso no Brasil | *Printed in Brazil*

SUMÁRIO

Sobre os autores VI
Prefácio à edição brasileira VIII
Introdução IX

Capítulo 1 Tórax 1
Capítulo 2 Ombros 25
Capítulo 3 Costas 45
Capítulo 4 Membros superiores 67
Capítulo 5 Abdominais 107
Capítulo 6 Membros inferiores 123
Capítulo 7 Escolha dos exercícios 167
Capítulo 8 Poses 183

Lista de exercícios 211

SOBRE OS AUTORES

Michael Israetel, PhD, é cofundador e diretor de conteúdo da RP Strength (Renaissance Periodization Strength). Doutor em Fisiologia do esporte pela East Tennessee State University, foi professor universitário no Lehman College, na Temple University e na University of Central Missouri, onde lecionou diversas disciplinas das Ciências do exercício, com foco em nutrição, força e hipertrofia. Dr. Israetel atuou como consultor de nutrição esportiva no centro de treinamento olímpico dos Estados Unidos em Johnson City, Tennessee, e foi palestrante convidado em inúmeras conferências científicas e de desempenho em vários países, inclusive em seminários de nutrição no U.S. Olympic Training Center em Lake Placid, Nova York. Além disso, Dr. Israetel já treinou diversos atletas em dieta e treinamento com pesos, sendo também fisiculturista competitivo e lutador profissional de jiu-jítsu. É coautor dos livros *The Renaissance Diet 2.0*, *Scientific Principles of Hypertrophy Training*, *Scientific Principles of Strength Training*, *Recovering From Training*, *How Much Should I Train?* e *The Minicut Manual*.

Jared Feather, MS, é o especialista-sênior em Físico e Fisiculturismo da RP Strength. É mestre em Fisiologia do exercício pela University of Central Missouri. Com mais de 10 anos de experiência em competições de fisiculturismo e em *coaching*, ele conquistou títulos importantes como Fisiculturista Natural Profissional pelas federações IPE e NFF. Em 2020, Jared Feather ficou em primeiro lugar na divisão Classic Physique no NPC Nationals, conquistando o *status* de IFBB Pro (Profissional da Federação Internacional de Fisiculturismo e Fitness). É também coautor dos livros *The Scientific Principles of Hypertrophy Training* e *The Minicut Manual*.

Christle Guevarra, DO, é ex-campeã de levantamento de peso (*powerlifting*). Atualmente, mantém um consultório médico privado por telemedicina e atua como médica oficial da equipe itinerante da U.S. Figure Skating (Federação de Patinação Artística dos Estados Unidos). É também gerente de operações de produção da RP Strength. Dra. Guevarra é formada em Química com especialização em Matemática pela San Francisco State University, possui mestrado em Química orgânica pela University of Wisconsin em Madison e doutorado em Medicina osteopática (DO) pela Western University of Health Sciences. Apaixonada por educação, recebeu uma bolsa de ensino na Western University of Health Sciences, onde lecionou para estudantes de Medicina osteopática do primeiro e segundo anos. Concluiu sua residência em Medicina da família no Crozer Health, na Pensilvânia, onde foi eleita Residente do Ano. Em seguida, completou a especialização em Medicina esportiva na University of Nevada, em Las Vegas, onde trabalhou com jogadores de futebol americano da Divisão I, atletas profissionais e atletas recreativos.

PREFÁCIO À EDIÇÃO BRASILEIRA

O presente livro vai muito além da descrição anatômica aplicada ao treinamento de musculação e fisiculturismo. Ele foi inteligentemente elaborado com o propósito de oferecer um conhecimento claro, consistente e aplicável, unindo fundamentos científicos às vastas experiências dos autores ao longo de sua trajetória acadêmica e profissional. Suas trajetórias, merecem ser conhecidas por meio das apresentações curriculares previamente a leitura.

A organização estrutural do livro revela-se coordenada e bem articulada, conduzindo o leitor por capítulos que se complementam de maneira natural, embora não seja necessário realizar uma leitura sequencial para a plena compreensão do conteúdo.

Entre os grandes diferenciais da obra, destacam-se as ricas ilustrações anatômicas, produzidas a partir da execução de exercícios específicos voltados ao desenvolvimento muscular das principais regiões do corpo.

Nesse percurso, o leitor encontrará descrições técnicas minuciosas, abrangendo aspectos como tempo de execução, número de repetições, segurança e variações possíveis. Trata-se, portanto, de um conteúdo essencial para aqueles que buscam resultados expressivos em treinamentos individualizados, seja no âmbito do desenvolvimento estético, da saúde ou do esporte. Ao mesmo tempo, constitui-se em material de grande utilidade para praticantes de musculação e treinamento de força, que encontrarão aqui orientações práticas, facilmente revisitáveis e aplicáveis ao cotidiano de seus treinos.

Além disso, os autores apresentam diversas estratégias complementares voltadas à maximização da eficácia dos exercícios. Entre elas, sobressaem a concentração mente-corpo, a ênfase na contração muscular, os ajustes de banco e posições corporais e as variações de pegadas – recursos que enriquecem e dinamizam a prática. Essa abordagem integrada estende-se até o último capítulo, dedicado às poses no fisiculturismo, consolidando a obra como referência indispensável para aqueles que almejam um desenvolvimento muscular otimizado.

Abdallah Achour Junior

Professor da Universidade Estadual de Londrina/PR (UEL). Mestre em Educação Física na área de Atividade Física e Saúde pela Universidade Federal de Santa Catarina (UFSC). Doutor em Educação Física na área de Biodinâmica do Movimento Humano pela Universidade de São Paulo (USP). Membro do conselho editorial da Eduel (UEL).

INTRODUÇÃO

Anatomia da musculação é um manual para qualquer pessoa que esteja interessada na otimização de seus treinos, com o objetivo final de fazer com que seu corpo fique mais elegante e musculoso. Ninguém quer adquirir massa muscular aleatoriamente, pela prática de exercícios e uso de técnicas que podem ser ineficazes ou prejudiciais. Idealmente, todos nós gostaríamos de ganhar músculos em certas partes do nosso corpo nas quais achamos que ficaremos melhores, com o uso dos métodos mais seguros e eficazes possíveis.

Neste livro, nosso objetivo é enfatizar a relação dinâmica entre estrutura e função muscular e o sucesso na musculação. Cada um dos oito capítulos fará com que seu conhecimento se desenvolva desde o início. Nosso objetivo é também fornecer uma compreensão mais ampla da anatomia da musculação que poderá ser aplicada na academia, para que você possa obter os melhores resultados. Para ajudá-lo, cada exercício será acompanhado por uma ilustração anatômica que demonstra como realizar cada exercício. Essas ilustrações são codificadas por cores, com o objetivo de indicar os músculos primários e secundários e os tecidos conjuntivos presentes em cada exercício.

No Capítulo 1, começamos com o tórax, uma parte que desempenha papel fundamental na estética da região superior do corpo. Você será apresentado a exercícios para fornecimento de tensão máxima aos peitorais, como supino com barra curvada, flexão de membro superior com falha, crucifixo com halteres e crucifixo inclinado na polia. Entre a extensa lista de exercícios e as seções de segurança, você não só conseguirá construir um tórax que se destaque como também diminuir o risco de lesões.

O Capítulo 2 dá continuidade ao desenvolvimento da estética da parte superior do corpo, agora com o foco nos ombros. Incluímos alguns exercícios favoritos que trabalham várias partes dos deltoides, para que esses músculos tenham um aspecto impressionante. Você praticará a elevação lateral com halteres com amplitude elevada de movimento, elevação lateral em Y no aparelho Freemotion, crucifixo unilateral no cabo para deltoide e puxada de cabo em direção ao rosto. Não perdendo de vista a ênfase na técnica adequada e na segurança pessoal, você poderá modelar seus ombros sem sacrificar a saúde das suas articulações.

O Capítulo 3 se detém nas costas e vai lhe mostrar como modelar costas volumosas e amplas, fazendo com que você possa exibir a desejada aparência em V. Incluímos vários exercícios de puxada, juntamente com variações para cada um deles. A prática desses exercícios resultará em modos mais do que suficientes para que você desenvolva trapézios, latíssimos do dorso e eretores da coluna de forma impressionante.

O Capítulo 4 é o último dos capítulos a abordar a parte superior do corpo, com ênfase nos membros superiores. Nós te ajudaremos a entender melhor os músculos dos antebraços, bem como os tríceps e os bíceps. Também oferecemos à sua escolha uma grande variedade de exercícios.

O Capítulo 5 deixa a parte superior do corpo, para se concentrar no tronco. Exercícios como o abdominal em V ou o abdominal com cabo trabalharão seus músculos abdominais de forma eficaz; o resultado será aquele tão desejado "tanquinho".

O Capítulo 6 se concentra nos membros inferiores. Nele, você vai encontrar inúmeros exercícios para trabalhar seus glúteos, quadríceps, posteriores da coxa e panturrilhas. A prática correta desses exercícios resultará no desenvolvimento de uma imponente parte inferior do corpo, para se harmonizar com a parte superior.

No Capítulo 7, você ficará sabendo como pode escolher exercícios de forma sistemática para atender às suas necessidades e objetivos particulares. Você aprenderá a usar a relação estímulo-fadiga (REF) ao escolher os exercícios; além disso, também aprenderá a maximizar a REF para que seja obtido o máximo de ganhos – sem sacrificar a saúde das suas articulações nem gerar fadiga desnecessária.

Por fim, o Capítulo 8 demonstra alguns dos fundamentos das poses observadas em competições de fisiculturismo, ajudando-o a praticar quando você começar a exibir aquela musculatura conquistada com muito esforço e sacrifício, seja durante uma exibição ou em frente ao seu espelho.

Daqui em diante, você terá a oportunidade de se atualizar com relação às técnicas mais modernas, que possibilitarão o desenvolvimento de músculos impressionantes.

Músculos primários | Músculos secundários | Tecido conjuntivo

CAPÍTULO 1

Tórax

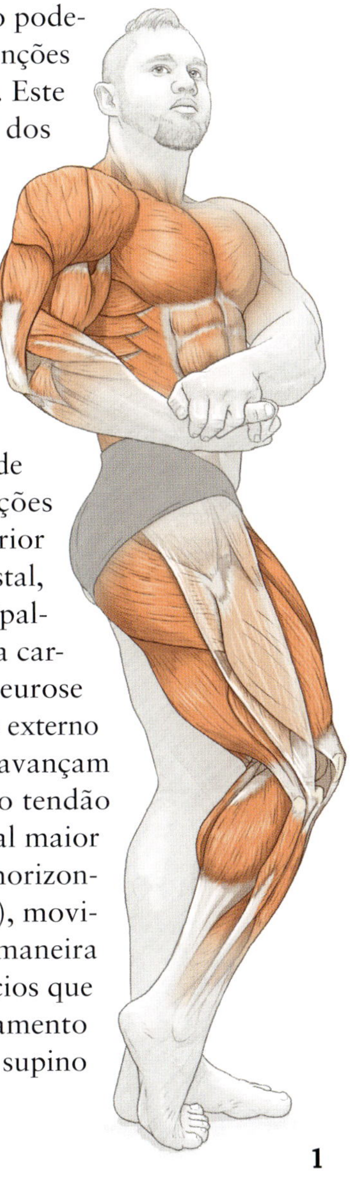

O tórax é o ponto-chave na musculação, pois afeta significativamente a estética da parte superior do corpo e a força de todo o corpo. Um tórax bem desenvolvido não apenas resulta em um físico poderoso e visualmente atraente, mas também desempenha funções em vários movimentos atléticos (p. ex., levantamento). Este capítulo fornecerá ao leitor uma completa visão geral dos exercícios que trabalham com eficácia essa região.

A parede torácica anterior é composta por vários músculos importantes, como o peitoral maior, o peitoral menor e o serrátil anterior (Fig. 1.1). Coletivamente, esses músculos contribuem para a estabilidade geral da escápula e da articulação glenoumeral (p. ex., a articulação do ombro).

Ao trabalhar no desenvolvimento do peitoral, o principal músculo a ser treinado é o peitoral maior, um grande músculo em forma de leque que compreende duas seções principais. A parte clavicular, que compõe a região superior do tórax, tem sua origem na clavícula. A parte esternocostal, que compõe a região inferior do tórax, origina-se principalmente do esterno (i.e., o osso do tórax), com inclusão da cartilagem das primeiras 6 a 7 costelas, bem como a aponeurose (i.e., uma lâmina de tecido conjuntivo) do músculo oblíquo externo do abdome. As duas partes do músculo peitoral maior avançam para fora ao longo do tórax, convergindo em um único tendão que se insere no úmero (i.e., o osso do braço). O peitoral maior é o principal músculo responsável pela flexão e adução horizontal do ombro, bem como pela rotação interna (medial), movimentando o membro superior medialmente. A melhor maneira de treinar o peitoral maior é com a realização de exercícios que envolvam o movimento do membro superior em afastamento do corpo, ou cruzando o tórax (p. ex., na prática de um supino reto ou crucifixo com halteres, respectivamente).

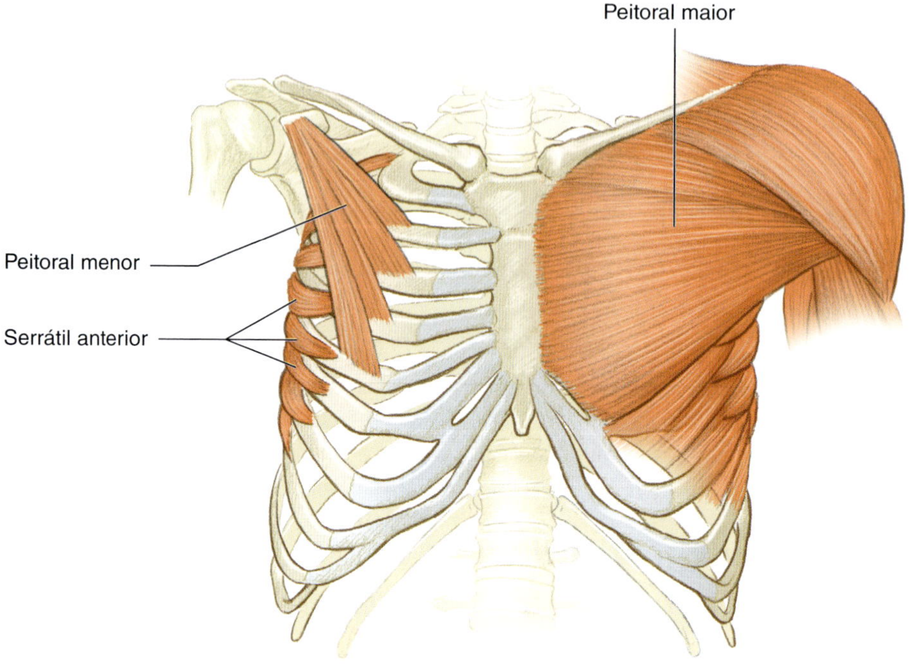

Figura 1.1 Tórax.

O músculo serrátil anterior também faz parte do tórax, embora em menor escala. Esse músculo tem sua origem nas 8 ou 9 costelas superiores, inserindo-se na borda medial da escápula. Sua principal função é fazer a protração da escápula para a frente e em afastamento da coluna – um movimento fundamental para a prática de exercícios de impulsão. Tendo em vista seu papel insignificante na aparência do tórax, na maioria das vezes não há necessidade de treinar especificamente este músculo para as finalidades de fisiculturismo.

O peitoral menor é um músculo muito pequeno, de formato triangular, situado por baixo do peitoral maior. Sua principal função é fornecer estabilidade à escápula. De forma parecida com o serrátil anterior, a maioria dos programas de musculação não treina o peitoral menor, por causa de seu papel pouco significativo na aparência do tórax.

SUPINO RETO COM BARRA

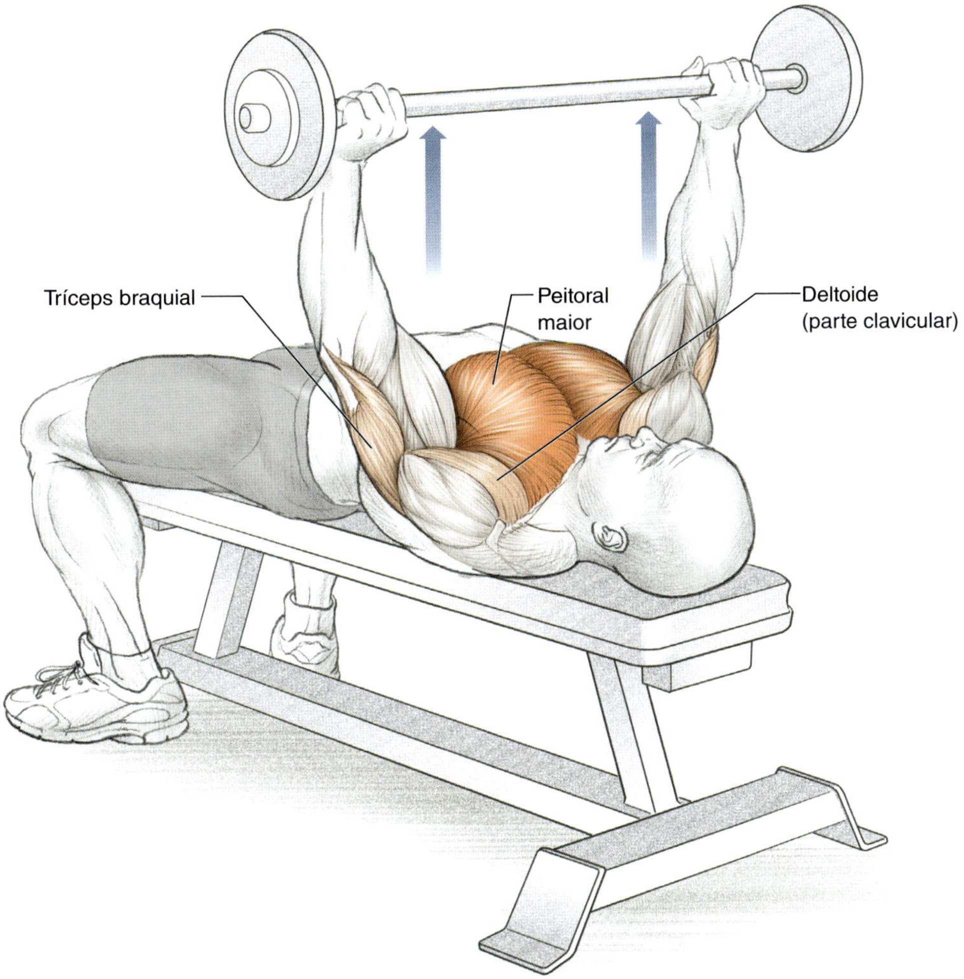

Execução

1. Comece em decúbito dorsal no banco reto. Segure a barra do haltere com os polegares em volta da barra e retire-a do suporte. Comece com os membros superiores totalmente estendidos, as escápulas retraídas (não encolhidas na direção das orelhas) e a coluna em leve posição lordótica (i.e., arqueada). Não permita que seus glúteos se afastem do banco, e seus pés devem estar confortáveis e firmes no solo, para proporcionar estabilidade. Se seus pés não chegarem até o solo, você poderá manter os dedos dos pés apoiados no solo; outra opção é a colocação de uma anilha de peso sob os pés.
2. Lentamente e de forma controlada, relaxe os cotovelos e abaixe a barra em direção ao seu corpo até que ela toque suavemente a parte inferior do tórax (em qualquer ponto entre a ponta inferior do esterno e imediatamente acima da linha do mamilo, o que for mais confortável).

3. Mantenha a posição por cerca de um segundo e, em seguida, empurre a carga de volta para a trava de segurança, mantendo as escápulas para trás o tempo todo.
4. Ao longo de toda a execução, mantenha uma leve postura lordótica e se concentre em usar a musculatura de impulsão do levantamento (arranque) para mover a carga, mantendo o corpo rígido.

Músculos envolvidos

Primário: Peitoral maior.
Secundários: Deltoide (parte clavicular), tríceps braquial.

Considerações sobre o exercício

Ao descer, tente elevar o tórax de encontro à barra durante a descida. Esse movimento lhe ajudará a alongar e estimular mais adequadamente os peitorais, desde que seus glúteos estejam em contato com o banco.

Você já deve ter ouvido falar sobre qual é o ângulo ideal de abdução e de adução do úmero. Na verdade, não existe um ângulo errado, desde que você se sinta forte ao manter a posição e a prática não esteja causando dor nas articulações do cotovelo e do ombro. Manter os cotovelos alinhados com os lados do corpo, mantê-los abduzidos para fora ou mantê-los em qualquer ponto intermediário – qualquer dessas posições funcionará satisfatoriamente. Na verdade, essas diferenças podem funcionar como variações. Recomendamos primeiro que você mantenha a parte superior do braço fazendo um ângulo de cerca de 45 graus com o tronco. Assim que se sentir confortável com o movimento, você poderá experimentar ângulos de adução menores e maiores.

Considerações sobre o tempo

Tendo em vista que este exercício exige grande dose de estabilização e controle, recomendamos que faça menos de 20 repetições. Quando você precisar manter a região lombar em lordose e as escápulas retraídas por longos períodos, poderá ser difícil manter essa posição; com isso, poderá não conseguir se concentrar no movimento de flexão que estimula os peitorais. Na maioria dos casos, a melhor opção é fazer uma série de 5 a 15 repetições.

Segurança

Evite deixar o peso cair em direção ao tórax, fazer inversão rápida no final do movimento ou não controlar a posição das escápulas, pois essas ações podem resultar em maior risco de lesão. Para sua máxima segurança, recomendamos enfaticamente a presença de um professor da academia. Esse professor poderá ajudá-lo a retirar o peso do suporte. Mas ele somente deverá pegar o peso se você não conseguir mais finalizar uma repetição e estiver em perigo de ficar bloqueado. Tenha em mente que o professor não está ali para ajudá-lo a levantar o peso durante uma repetição normal – esse é o seu trabalho.

Variações

Se você segurar a barra com as mãos mais próximas e mantiver os cotovelos alinhados com os lados do corpo, o exercício envolverá o tríceps, embora ainda trabalhe bastante os peitorais. Se usar uma pegada mais aberta e deixar os cotovelos direcionados para cima e para fora, haverá menos envolvimento dos tríceps, mas o exercício poderá causar uma sensação estranha nas articulações dos ombros. Não há maneira errada de executar essas variações – apenas candidatos melhores e piores para sua programação, dependendo dos seus objetivos com o exercício. Se você tiver pouco tempo e não quiser trabalhar os tríceps separadamente, a pegada mais fechada é uma ótima opção. Se quiser se concentrar separadamente nos exercícios de tríceps, com um ótimo estímulo para os peitorais com mínimo desconforto nas articulações, uma boa escolha é a versão com a pegada mais aberta.

SUPINO INCLINADO COM BARRA

Execução

1. Comece em decúbito dorsal no banco inclinado. Apoie firmemente os pés no solo para máxima estabilidade. Se os seus pés não alcançarem o solo, você pode manter os dedos dos pés apoiados no solo; outra opção é a colocação de uma anilha de peso sob os pés. Realize uma leve lordose e retraia as escápulas. Segure a barra com as mãos ligeiramente mais afastadas do que a largura dos ombros e retire-a do suporte.
2. Lentamente e de forma controlada, desça a barra até tocar suavemente a parte superior do seu tórax, pausando por um segundo.

3. Para a fase concêntrica, impulsione o peso para cima e levemente para trás, de modo que a barra retorne à posição inicial, em alinhamento com seu queixo ou olhos, e não imediatamente acima da parte superior do tórax. Ao descer e ao subir, a barra deve fazer um movimento de arco.

Músculos envolvidos

Primário: Peitoral maior (parte clavicular).
Secundários: Deltoide (parte clavicular), tríceps braquial, peitoral maior (parte esternocostal).

Considerações sobre o exercício

É tentador deixar o tórax afundar e protrair as escápulas enquanto você finaliza cada repetição, mas esses movimentos prejudicarão sua posição inicial, à medida que a série for avançando. Em vez disso, concentre-se em manter as escápulas alinhadas no final do movimento. Se você sentir que está fora de posição, reserve um momento nessa fase para fazer a retração das escápulas, realizar uma leve lordose e projetar o tórax para cima, antes de continuar. Isso ajudará a garantir que, a cada repetição, seus movimentos estão sendo aproveitados ao máximo. O ideal é que evite sair da posição durante o exercício – mas, se isso acontecer, você deverá corrigir o problema e continuar.

O ponto em que a barra toca seu tórax dependerá da produção de força, do conforto e das proporções dos membros para cada praticante. Certamente, você quer fazer o contato onde se sente mais forte ao sair do ponto mais baixo do movimento (a força pode diminuir substancialmente se a barra fizer contato em um ponto muito baixo com relação ao tórax ou muito perto da clavícula); onde você tem a melhor sensação nas articulações dos ombros e percebe um alongamento profundo nos peitorais (para contração); e no ponto em que as proporções dos seus membros parecem posicionar naturalmente a barra, se você simplesmente descer a barra lentamente sem mirar em um ponto específico.

Considerações sobre o tempo

Tendo em vista que o foco do supino inclinado com barra se situa nos peitorais superiores, você pode praticar esse exercício para o fortalecimento específico desses músculos. O exercício também estimulará a região média dos peitorais e seu crescimento em geral. Mas este exercício talvez não seja a melhor escolha, se você pretende trabalhar especificamente os peitorais inferiores.

Segurança

Se você costuma protrair as escápulas durante este exercício, permitindo que sua posição inicial se deteriore, poderá estar sob risco um pouco maior de desconforto na articulação do ombro. Tente manter e garantir que as costas fiquem ligeiramente em lordose e as escápulas retraídas.

Variações

Assim como no supino reto com barra, você pode fazer um ajuste para uma pegada fechada ou aberta, dependendo do quanto você quer trabalhar o tríceps.

SUPINO COM BARRA CURVADA EM BANCO DE LEVE INCLINAÇÃO

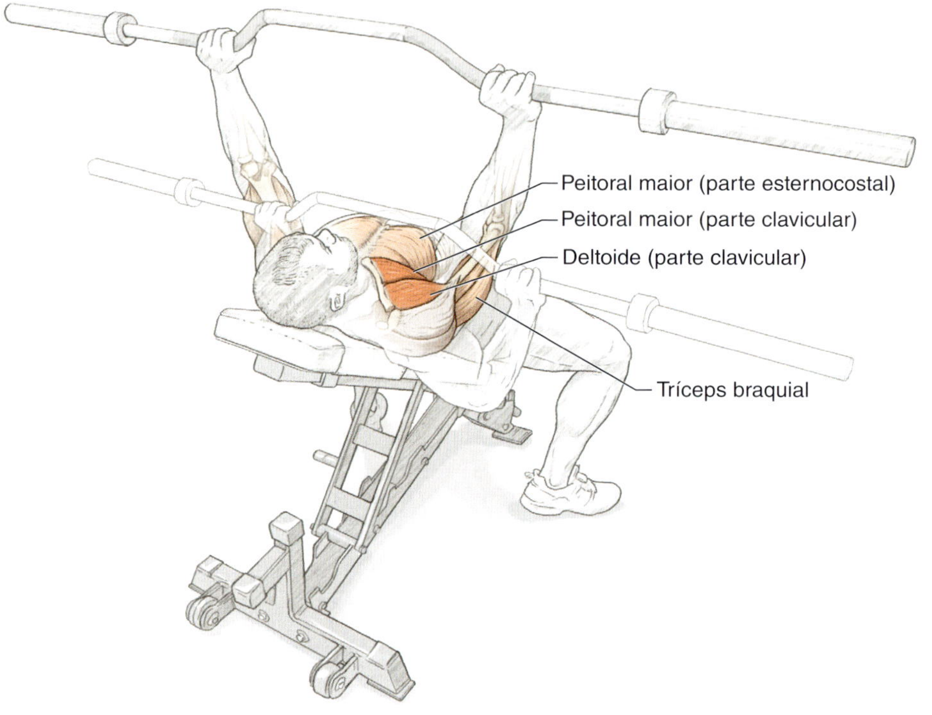

Execução

1. Ajuste a inclinação do banco para o nível mais baixo (na maioria dos bancos, será em torno de 15 ou 30 graus).
2. Comece em decúbito dorsal no banco inclinado. Se seus pés não alcançarem o solo, você pode manter os dedos dos pés apoiados no solo; como opção, coloque uma anilha de peso sob os pés.
3. Segure a barra curvada a cada lado da concavidade (não no meio da barra, na parte côncava). Ao segurar a barra e desengatá-la, posicione a barra curvada de forma que a concavidade fique afastada do seu corpo e posicionada diretamente na vertical.
4. Com as costas em leve lordose e as escápulas maximamente contraídas, deixe que a barra desça lentamente até tocar algum ponto entre a parte inferior do esterno e a linha do mamilo (dependendo de onde você se sentir mais confortável nas articulações dos ombros e onde houver maior flexibilidade para a realização do alongamento mais profundo).
5. Continue baixando a barra até não conseguir mais alongar, sempre mantendo a técnica correta (i.e., não arredonde as costas nem deixe que ocorra protração das escápulas). Não importa se a barra vai tocar, ou não, o tórax. Pare por um segundo e, em seguida, acelere a barra novamente para cima.

Músculos envolvidos

Primários: Peitoral maior (parte clavicular), deltoide (parte clavicular).
Secundários: Tríceps braquial, peitoral maior (parte esternocostal).

Considerações sobre o exercício

O foco deste exercício recai na execução de alongamentos profundos com carga; por isso, é importante que as mãos fiquem posicionadas da maneira mais confortável para as articulações dos ombros e que permitam o alongamento mais profundo dos peitorais. Para a maioria das pessoas, deve-se usar uma pegada relativamente fechada, mas talvez você tenha que experimentar, até encontrar a melhor posição.

À medida que se aproxima da falha em qualquer série deste exercício, observará duas áreas distintas de dificuldade, ou pontos delicados para a execução. Geralmente, o primeiro ponto ocorre logo acima do tórax, e o segundo ocorre pouco antes do travamento da barra. Se você estiver tendo essa sensação, não se preocupe – não está ocorrendo nada de errado. É que o supino com barra curvada em banco de leve inclinação é um exercício realmente complexo.

Considerações sobre o tempo

Este exercício é um supino; portanto, sua prática implica cargas elevadas e, por ser um supino com barra, também é estável. Além disso, a curvatura faz com que esse exercício fique extremamente focado no alongamento. Diante desses fatores, este pode ser um dos exercícios mais estimulantes para o tórax. Pesquisas de análise de resultados de eletromiografia (EMG) demonstram que o baixo ângulo do banco usado para este exercício estimula ao máximo os peitorais durante os movimentos de supino.* Tendo em vista que este exercício pode ser tão estimulante e cansativo, recomendamos que você reserve sua prática para o final dos blocos de exercícios para ganho muscular ou perda de gordura – ocasião em que você precisará obter o maior efeito possível. Evite praticar este exercício logo depois de um descanso ativo ou após uma fase de manutenção, pois a prática de apenas uma série poderá fazer com que seu corpo fique demasiadamente dolorido para que possa conseguir treinar bem seus peitorais novamente no transcorrer da semana.

Segurança

Ao abaixar a barra, não há necessidade de tocá-la no tórax se você não conseguir descer mais sem arquear as costas ou deixar que ocorra a protração das escápulas. Dependendo da sua flexibilidade e da proporção no comprimento dos seus membros, a barra poderá parar alguns centímetros antes que sua curvatura toque o tórax. Nesse caso, faça o possível para evitar erros na técnica e abaixe a barra o máximo que puder. Com o tempo, na sequência das séries será possível abaixar mais a barra, mantendo uma boa técnica – esse ponto não é obrigatório, mas será perfeito se vier a acontecer.

---

* Rodríguez-Ridao, David, José A. Antequera-Vique, Isabel Martín-Fuentes e José M. Muyor. "Effect of Five Bench Inclinations on the Electromyographic Activity of the Pectoralis Major, Anterior Deltoid, and Triceps Brachii during the Bench Press Exercise." *International Journal of Environmental Research and Public Health* 17, n. 19 (2020): 7339. doi:10.3390/ijerph17197339.

Na maioria dos casos, uma boa ideia é pausar por um segundo com a barra na posição mais descendente, pois um retorno rápido da barra poderá tensionar o tecido conjuntivo do peitoral. Aqui, o segredo é acelerar a barra suavemente, fazendo com que ela se mova de forma lenta e segura a partir da sua posição mais descendente e, em seguida, movendo-a mais rapidamente, à medida que a barra for subindo e o peitoral não estiver mais tão alongado.

Variações

Se você não tiver acesso a uma barra curvada, poderá reproduzir um pouco o alongamento profundo conseguido com este exercício fazendo flexões com falhas (página 14) ou usando halteres. No presente caso, a variação do supino com halteres segue exatamente a mesma configuração do supino inclinado com halteres – exceto que você deve ajustar o banco inclinado para 15 a 30 graus. Assim como no supino inclinado com halteres, esse ajuste do banco inclinado pode ajudar a estimular ao máximo seus peitorais.

SUPINO INCLINADO COM HALTERES

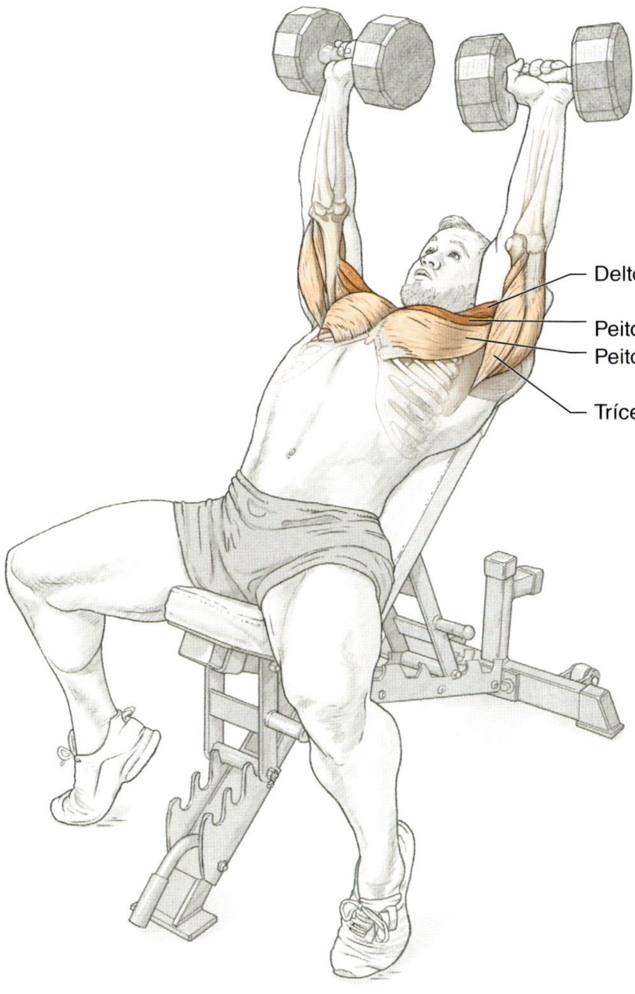

Execução

1. Ajuste o banco inclinado para cerca de 45 graus.
2. Comece em decúbito dorsal no banco inclinado. Inicie o exercício com os halteres diretamente acima da cabeça, em posição de travamento, com os pés firmemente plantados no solo e as costas ligeiramente arqueadas (lordose) para obter estabilidade. Se os seus pés não alcançarem o solo, poderá manter os dedos dos pés plantados no solo. Uma opção é a colocação de uma anilha de peso sob os pés.
3. Ao flexionar os cotovelos e abaixar os halteres, é importante também direcioná-los para fora. Quando estiverem na posição mais descendente a parte interna de cada haltere deverá estar o mais perto possível de tocar apenas a parte clavicular do deltoide (na frente), e não perto o suficiente da linha média do seu corpo para tocar o peitoral.

4. Ao iniciar a fase excêntrica, eleve o tórax (mantendo os glúteos no banco) para intensificar o alongamento.
5. Faça uma pausa de um segundo quando os halteres estiverem apoiados na parte clavicular de seus deltoides e, em seguida, retorne os halteres para cima, fazendo a fase de supino ou concêntrica. Inicie a próxima repetição da mesma forma.

Músculos envolvidos

Primários: Peitoral maior (parte clavicular), deltoide (parte clavicular).
Secundários: Tríceps braquial, peitoral maior (parte esternocostal).

Considerações sobre o exercício

Será tentador abaixar os halteres até que toquem o tórax. Essa prática pode melhorar o braço de alavanca na articulação do ombro e permitir que você levante mais peso, mas também pode privar os peitorais do seu melhor estímulo potencial, o que impedirá o máximo alongamento dos peitorais sob carga. Ao projetar os membros superiores para fora e para baixo, você poderá tocar a parte clavicular dos deltoides ou até mesmo a porção proximal do bíceps na parte descendente do supino, resultando no alongamento e estímulo dos peitorais para que cresçam substancialmente. Com esses movimentos, você não conseguirá levantar tanto peso, mas também não sentirá tanta fadiga ou desgaste nas articulações.

À medida que os halteres forem descendo, tente projetar o meio do tórax para cima. Esse movimento promoverá mais hipertrofia decorrente do alongamento (i.e., pelo alongamento dos músculos em maior extensão), podendo ajudá-lo a estabelecer uma conexão mente-músculo mais profunda com os peitorais.

Tenha em mente que o modo como você controla e percebe a parte descendente deste exercício é muito mais importante para o crescimento do que a sensação que você tem da contração no momento do travamento; então, concentre sua atenção principalmente (ou mesmo totalmente) na parte descendente do exercício.

Considerações sobre o tempo

O supino inclinado com halteres é o carro-chefe do mundo dos exercícios para peitorais. Praticamente você nunca terá uma resposta insatisfatória. Mas se esse exercício for feito depois do tríceps na mesma sessão, você poderá descobrir que o tríceps é o fator limitante, passando a ser o músculo mais estimulado no exercício (em detrimento dos peitorais, que serão minimamente estimulados). Se optar por fazer o tríceps e o supino com halteres na mesma sessão, lembre-se de que, nesse caso, a ordem é importante.

Segurança

Se algo der errado no exercício de supino com halteres e você não contar com a ajuda de um professor, quase sempre será possível se livrar desse apuro – basta deixar que os halteres caiam para longe de você. Dito isso, a aceleração da fase excêntrica ou uma movimentação oscilatória e fora de posição na fase concêntrica resultará em riscos desnecessários. Tendo em vista os muitos graus de liberdade dos halteres (ao contrário do que ocorre nas barras e, principalmente, dos aparelhos), é muito importante focar a estabilidade desse movimento, executando a descida (excêntrica) e a subida (concêntrica) suavemente. Não compensa ficar instável apenas para que você possa conseguir uma ou duas repetições a mais. A técnica vem primeiro; a contagem de repetições é menos importante.

Variações

Para trabalhar mais a parte clavicular dos deltoides, reduza o ângulo de adução do úmero. Para tanto, aproxime seus braços das laterais do corpo na parte descendente do exercício. Para aumentar o envolvimento da parte clavicular dos deltoides e dos peitorais superiores, eleve o ângulo do banco para 60 graus ou mais. Por outro lado, você pode diminuir o envolvimento da parte clavicular dos deltoides e maximizar o estímulo para os peitorais pela adução dos cotovelos, com seu afastamento para longe da linha média do corpo e pela diminuição do ângulo do banco para 15 ou 30 graus. Opte sempre por uma técnica que lhe traga conforto, envolva os músculos que quer trabalhar e que seja mais suave para suas articulações. Mais tarde, sempre poderá ajustar a técnica, para conferir se outra variação funcionará melhor para você.

FLEXÃO COM FALHAS

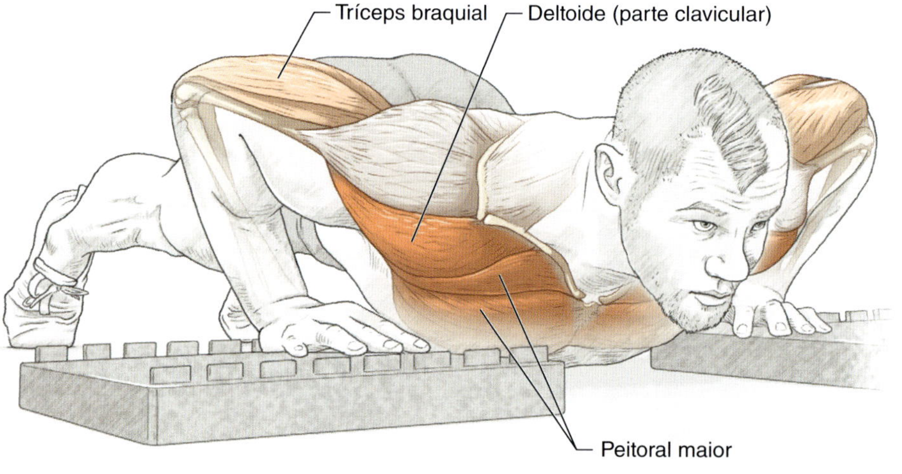

Execução

1. Coloque um conjunto de barras ou blocos de flexão no solo, com um afastamento equivalente a pelo menos a largura dos ombros.
2. Fique na posição de flexão, com os pés confortavelmente para trás, de modo que, ao descer, os ombros se projetem diretamente sobre as palmas das mãos. Suas mãos devem estar apoiadas nos blocos, os pés devem estar próximos um do outro e todo o corpo deve estar reto.
3. Mantenha as partes superior e inferior do corpo totalmente rígidas enquanto desce, de maneira controlada, até que seus peitorais estejam alongados ao máximo na parte mais descendente do exercício.
4. Uma vez na parte descendente do exercício, desfaça suavemente o alongamento profundo e acelere até a extensão total dos cotovelos.

Músculos envolvidos

Primários: Peitoral maior, deltoide (parte clavicular).
Secundário: Tríceps braquial.

Considerações sobre o exercício

Se tiver dificuldade para manter a rigidez nas partes superior e inferior do corpo, projete ligeiramente os glúteos para cima, formando um ângulo de aproximadamente 10 graus com o quadril. Isso permitirá que você mantenha facilmente uma posição rígida e, além disso, também evitará que seus quadris toquem primeiro o solo na parte descendente (o que limitaria sua amplitude de movimento). Além disso, também ajudará a manter um alto grau de atrito entre seus pés e o solo; assim, você poderá obter o máximo possível de estabilidade e maximizar a geração de força para os peitorais. Você também pode apoiar os pés contra uma parede; assim, o atrito não será mais um fator limitante.

Considerações sobre o tempo

Se você não tiver acesso a muitos equipamentos ou não tiver tempo para esperar na fila de um aparelho em uma academia lotada, a flexão com falhas é um ótimo exercício, que também poderá ajudar muito se você estiver em uma fase prolongada de perda de gordura, mas ainda tem vontade de passar pela experiência psicológica de atingir seu recorde pessoal. Tendo em vista que você irá melhorando nessas flexões à medida que for perdendo peso, as flexões com falhas são uma ótima opção para a fase final da perda de gordura.

Segurança

Certifique-se de que os blocos ou alças que estiver usando permitem um suficiente aprofundamento para atingir o alongamento máximo, mas ainda se mantendo estável. Não é desejável que os blocos escorreguem para os lados na parte de descida da flexão. Não "salte" na parte descendente do exercício, pois isso poderá aumentar desnecessariamente o risco de lesão. Muitas pessoas preferem acelerar a fase excêntrica de uma flexão para conseguir mais repetições, mas é importante que você evite acelerar e faça uma fase excêntrica controlada, como em qualquer outro exercício.

Variações

Para aumentar o potencial deste exercício, considere posicionar as mãos em diferentes distâncias – desde muito próximas entre si até muito afastadas. Os membros inferiores podem ficar apoiados no solo, ou você poderá elevá-los usando um banco ou caixa atrás de você. Essa segunda opção permitirá que trabalhe a parte superior dos peitorais. Para aumentar a carga, você poderá usar um colete com pesos ou pedir a um profissional da academia que coloque peso no seu tronco – mas essa estratégia cobra seu preço, em detrimento da conveniência e da estabilidade. Idealmente, este exercício deve ser realizado sem carga externa (talvez com uso de carga bem no final da sua sessão de treinamento para os peitorais, se você for muito forte), mas opções com uso de carga podem trazer bons resultados.

SUPINO NO APARELHO

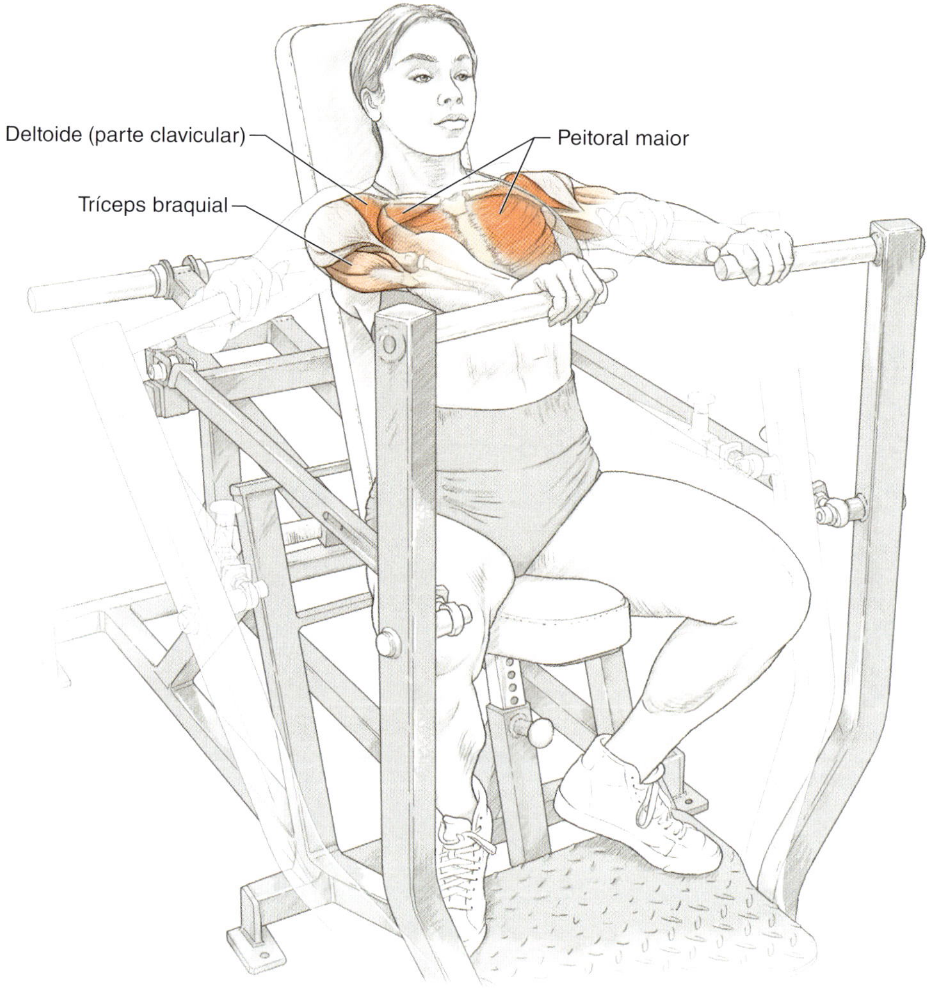

Execução

1. Sente-se no aparelho de supino com os pés apoiados na plataforma. Ajuste o assento de forma que seus braços fiquem na horizontal quando estiverem totalmente estendidos.
2. Comece na parte descendente da posição de supino. Com as costas em leve lordose, retraia as escápulas e puxe até o travamento.
3. Após atingir o travamento completo, retorne imediatamente, lentamente e com controle. Não pare no travamento.
4. Faça uma pausa por um segundo na parte descendente e, em seguida, retorne o movimento. Concentre-se em um alongamento profundo dos peitorais, mantendo o tórax projetado para cima durante toda a amplitude de movimento (sobretudo quando estiver mais próximo da parte descendente do supino).

Músculos envolvidos

Primários: Peitoral maior, deltoide (parte clavicular).
Secundário: Tríceps braquial.

Considerações sobre o exercício

Muitos aparelhos de supino possuem assento com altura variável; assim, sinta-se à vontade para experimentar, até encontrar a posição que lhe proporcione a melhor relação estímulo-fadiga. Idealmente, a altura do assento deve fazer com que cabos de pegada fiquem aproximadamente na altura das suas axilas (ou um pouco mais abaixo ou mais acima, dependendo do ponto onde você consegue o maior alongamento para o peitoral com o mínimo de desconforto possível nas articulações do ombro).

Considerações sobre o tempo

Os aparelhos de supino são ótimos para treinos em que o tempo é fator limitante, já que a configuração para o exercício é mínima e não há necessidade de colocar ou retirar pesos do suporte nem de posicionar algum implemento. O supino no aparelho também é uma prática ótima ao final de uma sessão de treinamento, pois exige menos foco técnico, em comparação com exercícios com pesos livres.

Segurança

Certifique-se de segurar os cabos de pegada de maneira uniforme, para não forçar excessivamente um ombro. Em alguns casos, é mais fácil cometer esse erro em um aparelho do que com o uso de barras, tendo em vista que a barra se inclinará, indicando que você não está com uma pegada correta.

Variações

Muitos aparelhos de supino para os músculos peitorais vêm equipados com diferentes opções de cabos de pegada. Recomendamos encontrar um cabo de sua preferência, treinando com ele por alguns meses e progredindo em termos de mais peso ou de repetições durante esse período. Você pode continuar usando esse cabo de pegada ou tentar um dos outros cabos para criar variações ou para alterar a posição das mãos. Mas, não use todos os cabos de pegada diferentes no mesmo treino, pois isso consumirá tempo com pouco ou nenhum benefício.

CRUCIFIXO COM HALTERES

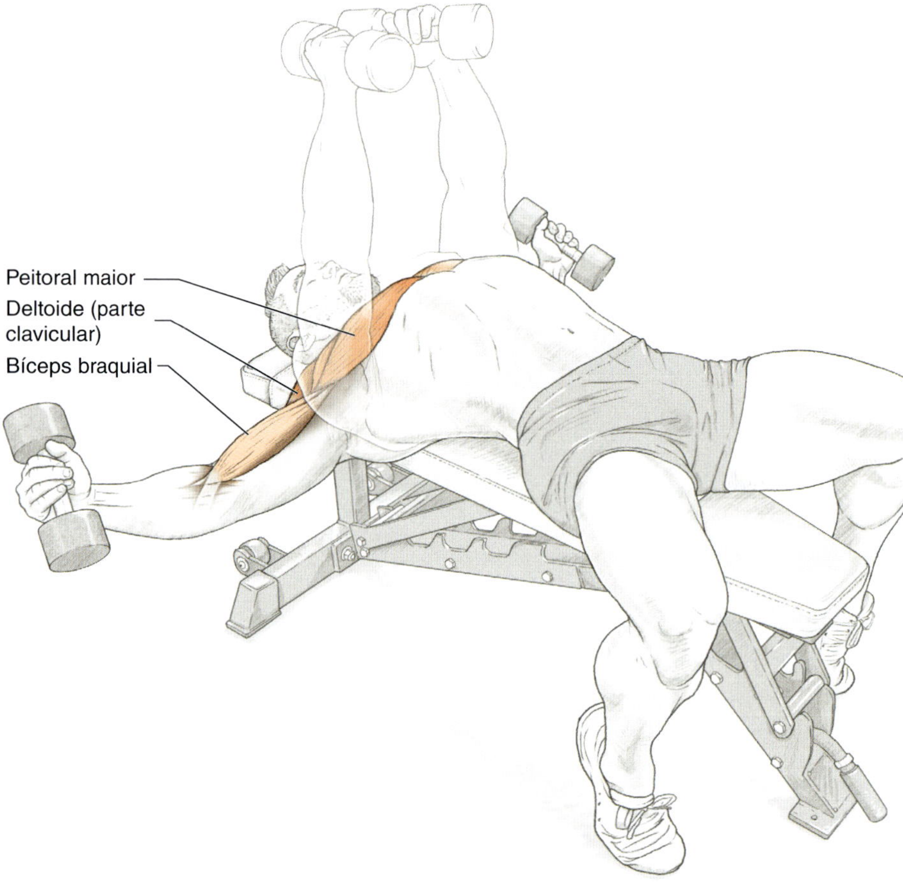

Execução

1. Deite-se em um banco reto e estenda os halteres diretamente acima do tórax em uma posição neutra (palmas das mãos voltadas uma para a outra). Destrave os cotovelos para permitir um ângulo de flexão de cotovelo de aproximadamente 15 graus. Mantenha esse ângulo totalmente estável durante toda a série.
2. Abaixe os membros superiores para os lados e para fora, como se estivesse se preparando para abraçar uma grande árvore.
3. Ao alinhar os halteres até a altura do tórax e mais abaixo, projete o tórax para cima e para fora, parando por um segundo na posição de alongamento máximo e, em seguida, retornando à posição inicial. Faça um movimento similar a um arco com os membros superiores, tanto na subida como na descida.

Músculos envolvidos

Primários: Peitoral maior, deltoide (parte clavicular).
Secundário: Bíceps braquial.

Considerações sobre o exercício

Na maioria dos casos, você não deve estender os membros superiores na execução deste exercício. Mantendo-os um pouco abaixo do travamento (estendidos), evitando tensão nas articulações dos ombros; também evitará que os bíceps se alonguem tanto a ponto de se tornarem um fator limitante. Além disso, a dica de "tórax para cima na parte descendente" pode lhe ajudar a sentir melhor seus músculos peitorais e a minimizar a probabilidade de sentir irritação nas articulações do ombro.

Considerações sobre o tempo

Não use pesos maiores que 3,5 kg, a menos que esteja em uma fase excêntrica intencionalmente lenta. Há pouca probabilidade de sofrer lesão, mas de qualquer forma, tenha cuidado. Os peitorais são músculos com arquitetura complexa; então, não arrisque uma lesão desnecessária ao fazer exercícios com pesos excessivos.

Para a maioria das pessoas, a inclusão de crucifixos em seus programas só deverá ocorrer se houver necessidade de trabalho isolado para os músculos peitorais. Você poderá recorrer a este exercício se estiver exigindo tanto de outras partes do corpo a ponto de, com uma carga de trabalho mais intensa, haver a possibilidade de sofrer fadiga sistêmica, ou ainda se você estiver particularmente focado em melhorar o desenvolvimento dos músculos peitorais em relação ao tríceps. A maioria das pessoas consegue fazer variações do exercício e atingir todo o crescimento desejado para os músculos peitorais em menos tempo, já que essa prática permite simultaneamente o crescimento do tríceps.

Segurança

Não recomendamos a prática de reversões rápidas na parte descendente do exercício, pois aumentam as forças incidentes nos músculos peitorais e nos seus tendões sem nenhum benefício aparente. Abaixe suavemente com elevada amplitude de movimento; idealmente, faça uma pausa de cerca de um segundo e, em seguida, volte a subir suavemente. Se você sentir dor nas articulações dos ombros ao realizar este exercício, considere alterar sua técnica e diminuir a profundidade até um ponto que ainda permita que você sinta um alongamento profundo dos peitorais, mas que não provoque dor nas articulações dos ombros.

Variações

Para a maioria dos praticantes, o grau de adução do ombro é uma questão de conforto. Tecnicamente, você pode manter a parte superior dos braços junto ao corpo e ainda assim, envolver os peitorais de forma eficaz. Por outro lado, maior afastamento é melhor estratégia para o envolvimento dos peitorais, mas você correrá o risco de sentir dor nas articulações dos ombros. Comece com 70 graus de adução a contar da linha média e, desse ponto em diante, verifique se pequenos aumentos ou diminuições no ângulo de adução resultam em melhores estímulos e diminuem a fadiga.

CRUCIFIXO INCLINADO COM CABOS

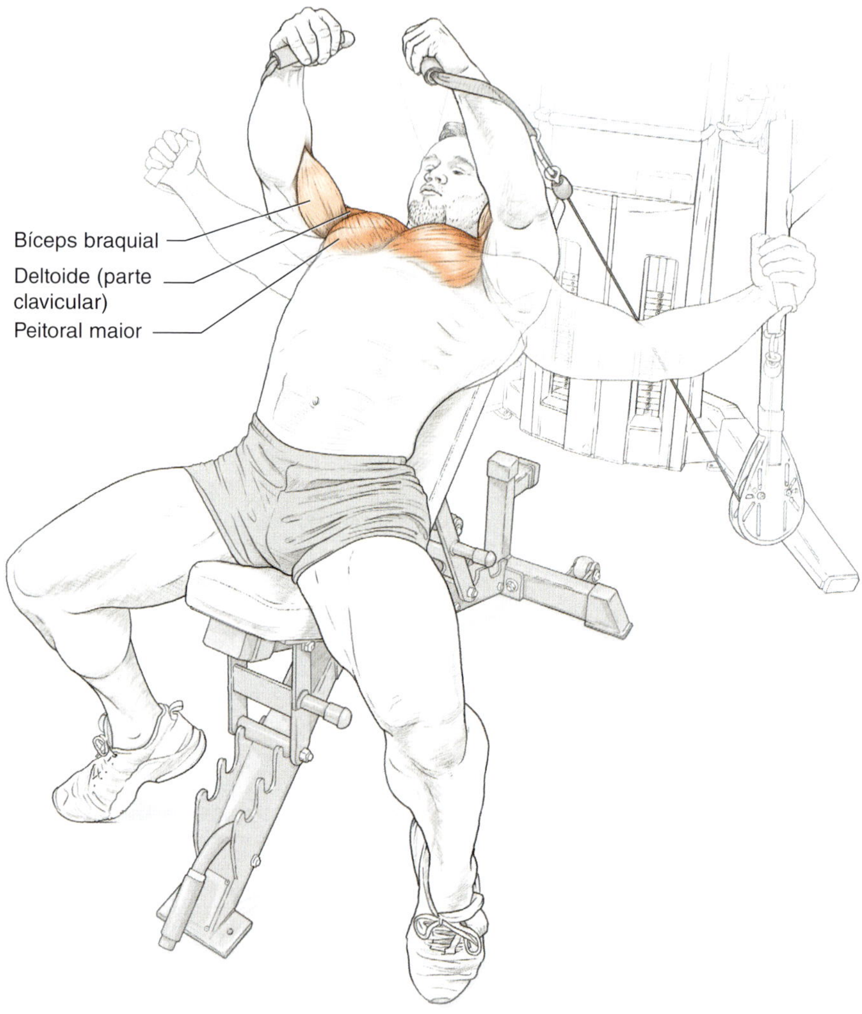

Execução

1. Posicione e trave dois cabos de uma torre de cabos comum ou de um aparelho de movimento livre na posição descendente.
2. Em pé ou sentado em um banco, fique de costas para o aparelho e segure as duas alças. Permaneça nessa posição durante todo o exercício.
3. Execute o mesmo movimento que faria em um crucifixo com halteres, afastando os membros superiores para formar um arco. Mova os braços para cima e para fora, de modo que a parte superior dos músculos peitorais contribua com a maior parte da força.
4. Desça com um ângulo de 15 graus dos cotovelos, faça uma pausa de um segundo e volte ao crucifixo na posição inicial, mantendo o mesmo ângulo dos cotovelos tanto na subida como na descida. Quando estiver na posição descendente, mantenha o tórax voltado para cima, para que seja obtido um alongamento profundo.

Músculos envolvidos

Primários: Peitoral maior, deltoide (parte clavicular).
Secundário: Bíceps braquial.

Considerações sobre o exercício

Caminhe para a frente o máximo que puder com os cabos antes de iniciar o movimento. Se você se mantiver próximo da coluna de cabos, a maior parte da força ocorrerá no pico da contração, e não no alongamento. Embora isso seja razoável como variação, a limitação das forças no alongamento também limita a parte mais favorável de crescimento do exercício.

Considere juntar os dedos das mãos ou as alças por uma contagem longa na parte alta do exercício, para gerar um pico de contração. Essa manobra não é obrigatória e pode nem mesmo promover o crescimento muscular, mas é uma variação diferenciada que pode fazer com que você perceba este exercício como uma variação da versão com halteres.

Considerações sobre o tempo

Pode ser tarefa difícil executar o crucifixo inclinado com cabo em uma academia muito movimentada, pois você precisará de duas colunas de cabos ou de um aparelho de movimento livre só para você. É importante que se certifique de ter acesso regular e praticamente ininterrupto ao equipamento, se for programá-lo em seu próximo mesociclo.

Segurança

Normalmente, o crucifixo inclinado com cabos é um exercício muito seguro, mas certifique-se de não usar movimentos corporais involuntários ou exagerados. Isso não só aumentaria desnecessariamente a fadiga como também dificultaria o acompanhamento de seu progresso, já que a força dos membros inferiores precisaria também ser levada em conta na avaliação da força do tórax.

Talvez você tenha que se inclinar mais para a frente à medida que a carga for ficando mais pesada; isso significa que talvez tenha que atingir um nível mais alto na fase concêntrica para que os cabos permaneçam inclinados. Mantenha-se firme durante todo o exercício. Se optou por empilhar o peso máximo, poderá ser quase impossível fazer esse exercício, pois a carga que você está tentando mover supera as forças de atrito que se opõem à carga entre seus pés e o solo.

Variações

Posicione um banco inclinado entre as torres de cabos e você poderá executar este exercício exatamente como faria com uma versão inclinada de um crucifixo com halteres. Essa é uma ótima opção, mas sua configuração pode dar trabalho. Porém, se você for forte o bastante para precisar do suporte do banco, ou se dispuser de uma academia vazia e tiver acesso a configurações de equipamentos personalizadas, experimente.

SUPINO COM HALTERES EM CRUCIFIXO

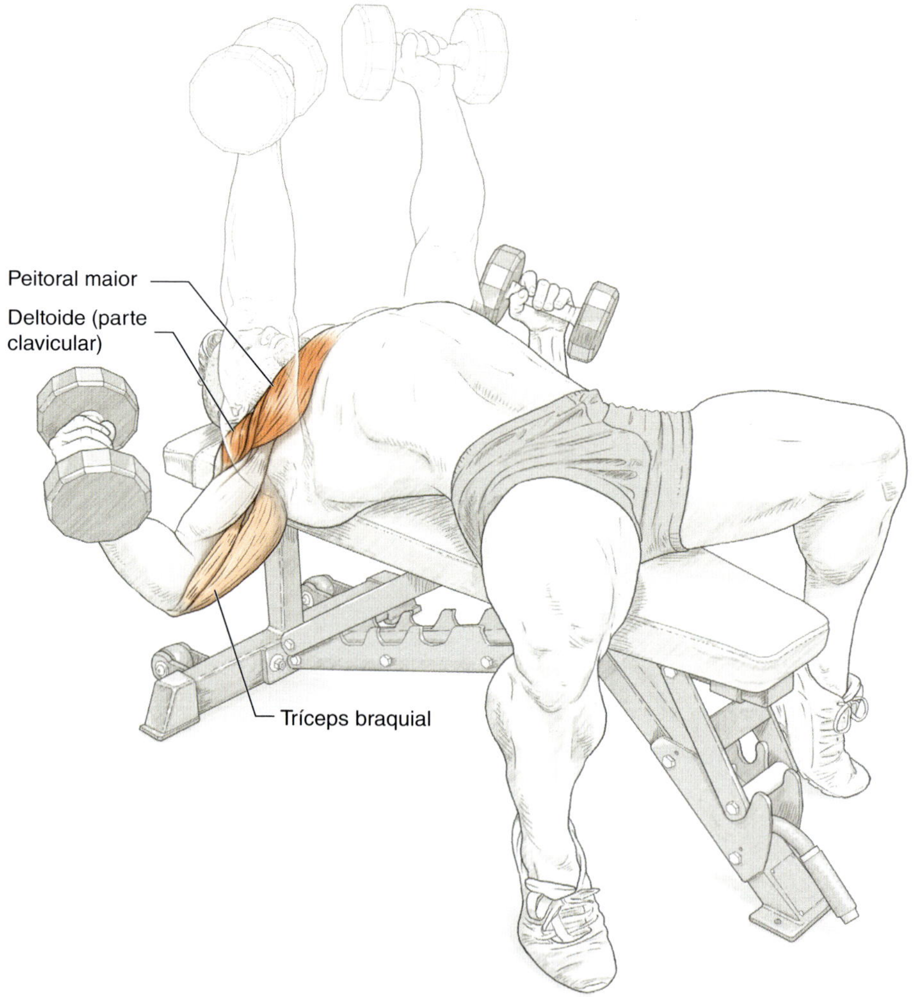

Execução

1. Comece em decúbito dorsal no banco reto.
2. Comece o movimento na parte alta, com os braços estendidos verticalmente em posição de travamento (mãos lado a lado). Mantenha os pés apoiados no solo. Se os pés não alcançarem o solo, você poderá manter os dedos dos pés plantados no solo; como opção, considere usar uma anilha de peso sob os pés.
3. Faça um movimento similar a um arco ao descer, movendo os halteres para fora se afastando do corpo. Permita que os cotovelos flexionem até cerca de 120 graus de flexão (ou 70 graus, se você medir a partir da extensão completa). Seus cotovelos devem estar consideravelmente mais flexionados do que em um crucifixo típico, mas pare antes de ir além dos 90 graus.

4. Ao fazer o movimento de descida para o alongamento profundo na parte descendente do exercício, os halteres devem ficar paralelos ao corpo. Mantenha os cotovelos a 120 graus de flexão. Este é um grau de flexão maior do que os cerca de 170 graus observados na prática do crucifixo. Tendo em vista a persistência do ângulo de 120 graus durante toda a amplitude na parte descendente do exercício, o supino com halteres em crucifixo consiste apenas em um supino no terço superior (quando os halteres são estendidos de 120 graus para 180 graus de flexão do cotovelo, e totalmente travados).
5. Inicie outra repetição.

Músculos envolvidos

Primários: Peitoral maior, deltoide (parte clavicular).
Secundário: Tríceps braquial.

Considerações sobre o exercício

Será tentador criar um ângulo mais profundo na parte descendente do exercício. Se você permitir que os cotovelos flexionem mais do que 120 graus ao descer, isso aumentará sua vantagem mecânica, graças à diminuição do braço de alavanca da articulação do ombro, e permitirá que você levante mais peso – mas o movimento resultante será apenas o de um supino. Se o tríceps for mobilizado na direção do corpo, permitindo que esse movimento se transforme em um supino, o músculo ficará sobrecarregado e alongado na sua parte inferior, o que resultará tanto em crescimento como em fadiga para o tríceps. Mas nosso objetivo específico com a prática do crucifixo com halteres é justamente evitar o envolvimento do tríceps.

Recomendamos enfaticamente que você pratique este exercício com pouquíssimo peso no início, até que tenha compreendido sua mecânica. Depois, poderá adicionar mais peso, mas resista à tentação de transformar o exercício apenas em um supino. Isso dará trabalho, mas permitirá que o exercício trabalhe seus peitorais de forma eficaz, sem tanta necessidade de usar carga externa (o que evitará um acúmulo da fadiga articular) ou do envolvimento do tríceps (o que economizará sua energia para quando quiser treinar especificamente o tríceps).

Ao descer para o ângulo de 120 graus dos cotovelos, tente imaginar seus cotovelos como articulações completamente imóveis e projete seu tórax para cima enquanto desce para um alongamento profundo dos peitorais. Idealmente, desça até o ponto mais baixo possível sem desfazer o ângulo de 120 graus ou provocar dor nas articulações.

Considerações sobre o tempo

Este exercício funciona melhor se realizado por alguém com mais experiência de treinamento, do que por alguém que esteja começando. Antes de inserir esse exercício em seu esquema de treinamento, recomendamos enfaticamente que você adquira bastante experiência no uso isolado de crucifixos e supinos, para que domine as execuções corretas para ambos e também fique sabendo das diferenças entre eles.

Segurança

Este exercício pode ser realizado por pessoas que sintam que seus cotovelos ou ombros estejam um pouco tensos demais durante a prática do crucifixo com halteres (sobretudo se o bíceps não for tão flexível quanto o peitoral e, com isso, passar a ser um fator limitante). Certifique-se de controlar a ação excêntrica ao longo de todo o exercício e considere fazer uma pausa de um segundo na parte descendente do exercício, para diminuir as forças de amortização e garantir uma segurança extra. Prossiga apenas até a profundidade na qual suas articulações dos ombros se sentirem confortáveis. Com o passar do tempo, você poderá ir mais fundo.

Variações

Você pode fazer esse exercício deitado, em declive ou inclinado. Também pode experimentar variações com envolvimento de cabos, em vez de halteres.

CAPÍTULO 2

Ombros

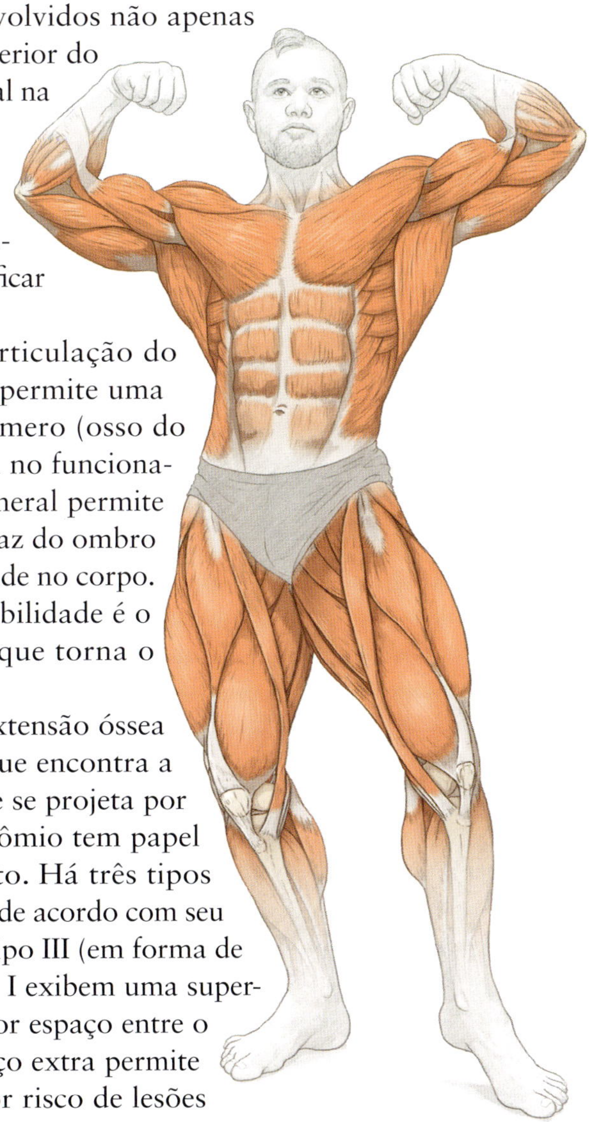

Os ombros constituem um grupo muscular fundamental para a musculação, contribuindo tanto para que se tenha um físico impressionante na parte superior do corpo como para a força. Ombros bem desenvolvidos não apenas melhoram a aparência geral da parte superior do corpo, mas também têm papel fundamental na estabilização de uma gama variada de movimentos dos membros superiores. Este capítulo proporcionará ao leitor uma visão geral abrangente dos exercícios que trabalham essa região de forma eficaz, sem sacrificar a estabilidade da articulação do ombro.

A articulação glenoumeral (i.e., a articulação do ombro) é uma articulação esférica que permite uma junção dinâmica entre a escápula e o úmero (osso do braço) e desempenha um papel essencial no funcionamento do ombro. A articulação glenoumeral permite grande amplitude de movimento, o que faz do ombro uma das articulações com maior mobilidade no corpo. Mas uma desvantagem dessa maior mobilidade é o aumento da instabilidade articular, o que torna o ombro mais propenso a sofrer lesões.

Vale salientar que o acrômio é uma extensão óssea situada na parte superior da escápula que encontra a clavícula no ponto mais alto do ombro e se projeta por sobre a articulação glenoumeral. O acrômio tem papel importante na amplitude de movimento. Há três tipos comuns de acrômio, que são classificados de acordo com seu formato: tipo I (plano), tipo II (curvo) e tipo III (em forma de gancho). Os subtipos de acrômio do tipo I exibem uma superfície inferior plana, o que resulta no maior espaço entre o acrômio e a cabeça do úmero. Esse espaço extra permite maior amplitude de movimento e menor risco de lesões decorrentes de impactos no ombro, pois os tendões do manguito rotador atravessam esse espaço. Os subtipos de acrômio do tipo II apresentam um formato ligeiramente encurvado, com um espaço menor em comparação com o tipo I. Se seu acrômio é do tipo II, poderá observar menos amplitude de movimento no ombro, principalmente com movimentos acima da cabeça ou se elevar seu membro superior acima de 90 graus. Os subtipos de acrômio do tipo III exibem uma projeção inclinada e descendente, o que diminui consideravelmente o espaço entre o acrômio e o úmero. Por outro lado, se seu acrômio for do tipo III, você poderá ter dificuldade para realizar alguns dos exercícios listados neste capítulo, por exemplo, a elevação lateral com halteres com amplitude elevada de movimento. Mas fique tranquilo: incluímos diversas variações que trabalharão seus músculos sem irritar a articulação do ombro.

Na composição do ombro, participam diversos músculos importantes: os músculos deltoides, os músculos trapézios e os músculos do manguito rotador (supraespinal, infraespinal, redondo menor e subescapular) (Fig. 2.1). Embora sob o ponto de vista puramente do fisiculturismo os músculos do manguito rotador não sejam totalmente visíveis, em comparação com outros músculos, vale a pena ressaltar que os músculos do manguito rotador são extremamente importantes para a estabilidade e força do ombro.

O deltoide é um músculo grande, de formato triangular, responsável pelo contorno arredondado do ombro. O deltoide está anatomicamente dividido em três seções, ou partes: clavicular (anterior), acromial (medial) e espinal (posterior). A parte clavicular do deltoide tem origem na porção externa da clavícula, sendo basicamente responsável por mover os membros superiores para a frente (flexão do ombro). A parte acromial origina-se da escápula na altura do acrômio, sendo basicamente responsável pelo afastamento do membro superior com relação ao corpo no plano frontal (i.e., abdução do ombro). A parte espinal do deltoide tem sua origem na espinha da escápula, sendo responsável tanto pela extensão como pela abdução horizontal do ombro. Todas as três partes do deltoide convergem para um único tendão que se insere no úmero, o osso do braço.

O músculo trapézio é também um músculo grande, plano e em forma de losango, estando localizado na parte superior das costas. O trapézio se estende desde a base do crânio, descendo até o meio das costas e até as escápulas. O trapézio está dividido em três partes: descendente (superior), transversa (média) e ascendente (inferior). As fibras superiores têm sua origem na base do crânio e na nuca e se inserem na clavícula. Essa parte do músculo é responsável pela elevação da escápula para que possamos elevar os ombros durante uma remada vertical ou uma elevação lateral. As fibras transversais originam-se da parte superior das costas e se inserem no acrômio e na espinha da escápula e são basicamente responsáveis pela retração da escápula, permitindo que os ombros sejam tracionados para trás. As fibras inferiores têm sua origem no meio das costas, inserindo-se na espinha da escápula. Essa parte do trapézio é responsável pela depressão inferior da escápula.

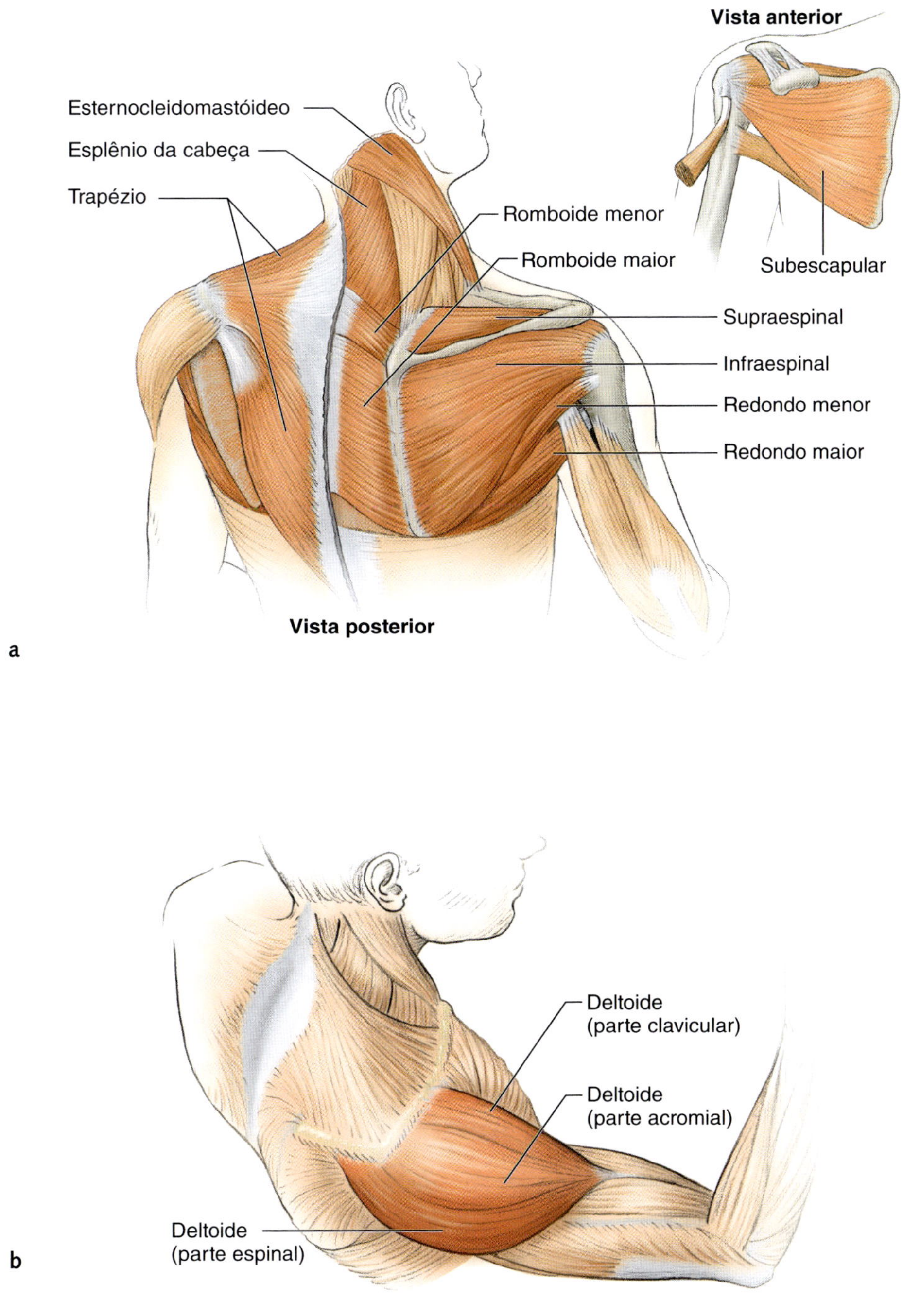

Figura 2.1 (*a*) Escápula e manguito rotador; (*b*) deltoide.

ELEVAÇÃO LATERAL COM HALTERES

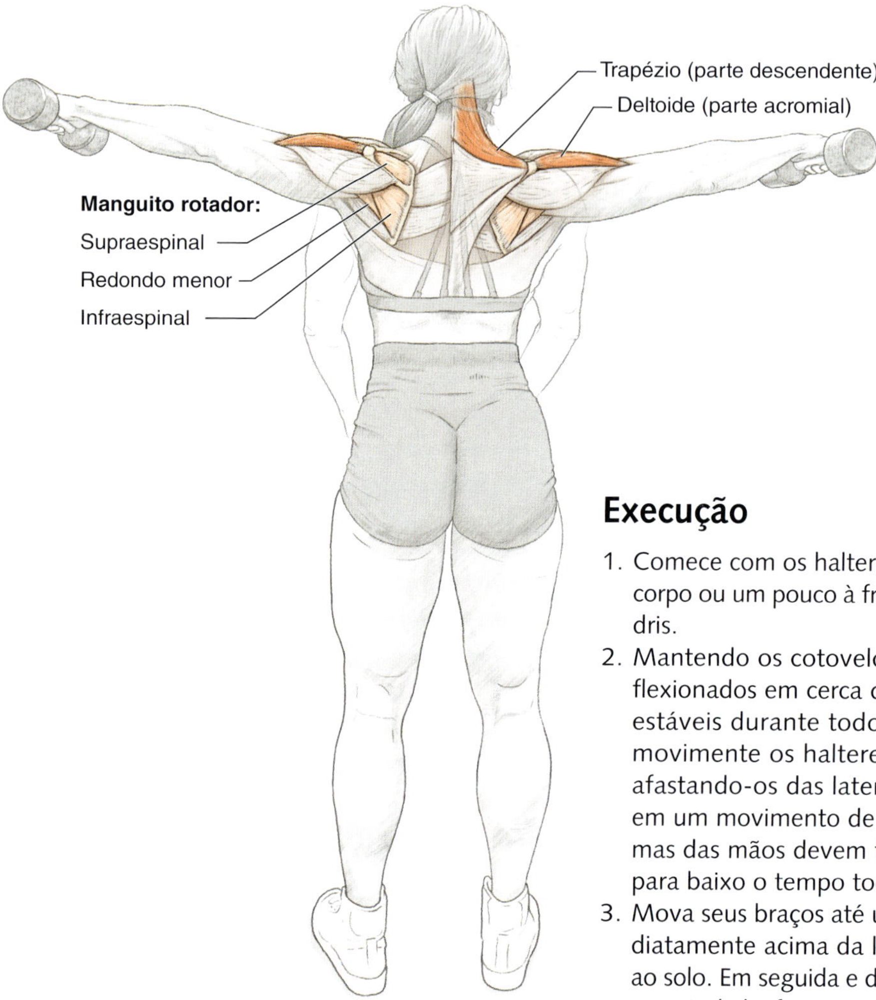

Execução

1. Comece com os halteres ao lado do corpo ou um pouco à frente dos quadris.
2. Mantendo os cotovelos levemente flexionados em cerca de 10 graus e estáveis durante todo o exercício, movimente os halteres para cima, afastando-os das laterais do corpo em um movimento de arco. As palmas das mãos devem ficar voltadas para baixo o tempo todo.
3. Mova seus braços até um nível imediatamente acima da linha paralela ao solo. Em seguida e de forma lenta e controlada, faça com que os braços retornem para as laterais do corpo.

Músculos envolvidos

Primários: Deltoide (parte acromial), trapézio (parte descendente).
Secundários: Manguito rotador (infraespinal, supraespinal, subescapular, redondo menor).

Considerações sobre o exercício

Se você mantiver as palmas das mãos para baixo, estará trabalhando principalmente a parte acromial do deltoide (i.e., o aspecto lateral do músculo deltoide), mesmo que não esteja tracionando os braços diretamente para os lados. Você pode avançar até 45 graus em direção ao plano sagital (i.e., a parte frontal do corpo) e voltar até 15 graus atrás do plano frontal com ótimo estímulo para a parte acromial do deltoide. Experimente fazer algumas trajetórias de movimento diferentes e veja qual delas resulta em uma boa combinação de estímulo da parte acromial sem que ocorra irritação da articulação do ombro. A melhor sugestão para conseguir um estímulo robusto consiste em mover os halteres até pelo menos 15 graus acima de uma linha paralela ao solo; assim, algumas trajetórias nessa posição podem funcionar melhor do que outras.

Quanto mais você conseguir inclinar os dedos mínimos para cima (e apontar os polegares para baixo), menor será a ativação da parte clavicular e maior a ativação das partes acromial e espinal do deltoide. Mas, quanto mais fizer essa inclinação das mãos como se estivesse "derramando um copo d'água", maior será a chance de sentir desconforto na articulação dos ombros em amplitudes maiores de movimento. Embora você deva usar esse posicionamento, esteja preparado para fazer um ajuste: vá o mais alto possível com os dedos mínimos para cima, mas apenas até o ponto em que seus ombros se sintam confortáveis. Pode haver várias maneiras "corretas" de executar o movimento; então escolha uma técnica e permaneça com ela por alguns meses de treino (podendo ajustá-la depois – ou simplesmente continuar com ela indefinidamente).

Conselhos semelhantes se aplicam ao ângulo do cotovelo. Embora a maioria das pessoas sinta irritação na articulação do ombro ou do cotovelo por causa do travamento dos cotovelos, algumas pessoas preferem essa situação, enquanto outras preferem usar uma flexão de cotovelo bem ampla, em lugar de uma flexão bem pequena. Seja qual for a flexão escolhida, na qual você se sinta melhor com relação a suas articulações, continue com ela por alguns meses antes de mudar – e jamais faça a escolha simplesmente porque lhe permite levantar mais peso. Sempre haverá a possibilidade de fazer uma remada vertical, se você pretende levantar halteres mais pesados.

Considerações sobre o tempo

A elevação lateral é um exercício ideal para uso em superséries de remadas verticais com halteres. Logo depois de terminar uma série de elevações laterais, prossiga com a remada vertical, usando os mesmos halteres. Essa prática efetivamente *queimará* a parte acromial de seus deltoides da melhor maneira possível.

Segurança

Se você descer bem devagar com os halteres (levando de 3 a 5 segundos na fase excêntrica), essa estratégia maximizará o estímulo de crescimento e reduzirá a tensão incidente nos tecidos conjuntivos. Essa pode ser uma tarefa impossível se os halteres estiverem balançando para chegar no topo do movimento. Então, pare de fazer isso. Repetições controladas resultam em resultados controlados; a longo prazo, esses também serão os melhores resultados para o crescimento muscular e a saúde das articulações.

Variações

Se você estiver procurando variar um pouco, experimente fazer elevações laterais durante alguns meses com uma pausa completa de um segundo no topo do movimento, seguida da fase excêntrica lenta, como de costume. Você também pode tentar fazer o exercício com uma inclinação de aproximadamente 15 graus para a frente no tronco. Nesse caso, será necessário usar menos carga, e você não conseguirá levantar os braços tão alto, para que o estímulo para as partes acromial e espinal do deltoide possa ser intenso.

ELEVAÇÃO LATERAL COM HALTERES EM GRANDE AMPLITUDE DE MOVIMENTO

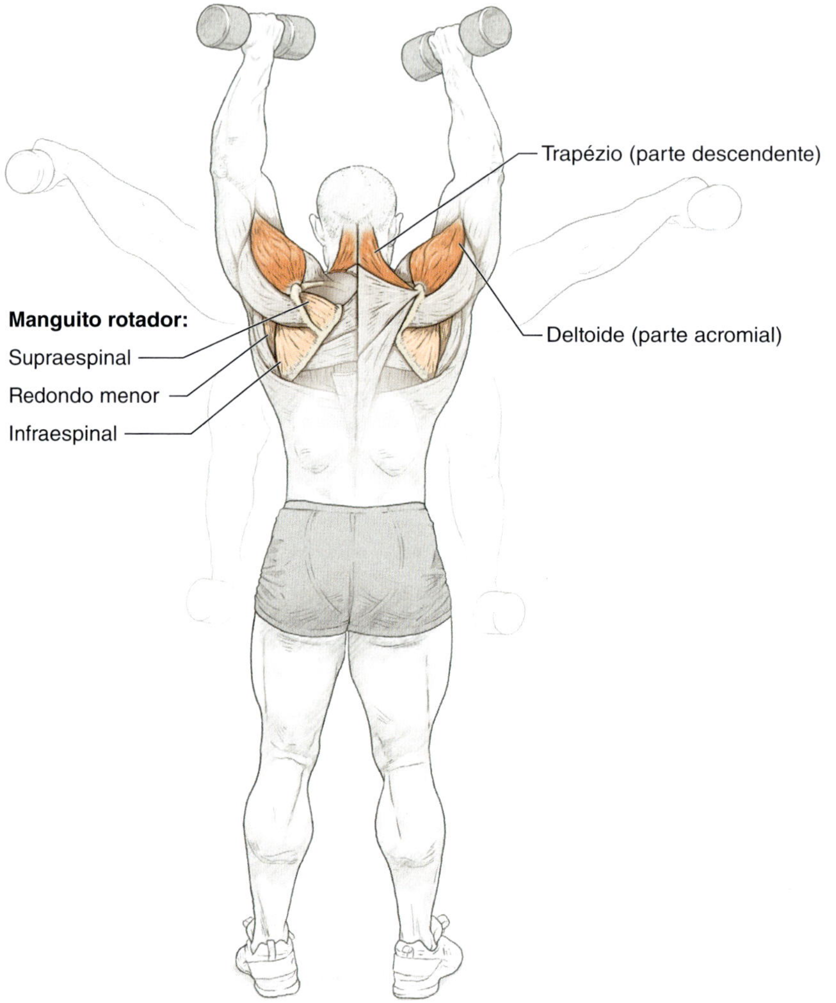

Execução

1. Comece com os halteres aos lados do corpo ou imediatamente à frente dos quadris.
2. Mantendo os cotovelos levemente flexionados em cerca de 10 graus e estáveis durante todo o exercício, movimente os halteres para cima, afastando-os das laterais do corpo em um movimento de arco. As palmas das mãos devem ficar voltadas para baixo o tempo todo.
3. Mova os braços o mais alto possível acima da cabeça. Em seguida, lentamente e com controle, retorne-os para as laterais do corpo.

Músculos envolvidos

Primários: Deltoide (parte acromial), trapézio (parte descendente).
Secundários: Manguito rotador (infraespinal, supraespinal, subescapular, redondo menor).

Considerações sobre o exercício

Este movimento é mais fácil e natural de executar se você mantiver os dedos mínimos abaixados e os polegares levantados o tempo todo – mas, nesse caso, o movimento também envolverá principalmente a parte clavicular do deltoide, e não sua porção lateral. Para um melhor envolvimento da parte acromial do deltoide, mantenha os dedos mínimos o mais alto possível até que fiquem acima da linha paralela e, em seguida, gire os polegares para cima o suficiente para que a parte superior do corpo fique confortável nas articulações dos ombros. Tão logo você tenha chegado ao topo, gire lentamente os dedos mínimos para cima e os polegares para baixo enquanto faz o movimento de descida. Se isso lhe parece complicado, não se preocupe – em breve parecerá um movimento natural.

No topo, você pode tocar as palmas das mãos, mas não há necessidade disso. Desde que seus braços estejam altos o suficiente para não sentir mais a gravidade puxando os halteres, você poderá começar a descer a qualquer momento.

Quando chegar ao topo e começar a descer, não apresse a volta. Ative a parte acromial de seus deltoides imediatamente para controlar lentamente a fase excêntrica até o final. É um longo caminho até embaixo, então prepare-se para um estímulo intenso de crescimento dos deltoides. São particularmente importantes o envolvimento e a manutenção do controle da ação excêntrica nos 90 graus médios do movimento (de 45 graus acima da linha paralela até 45 graus abaixo da linha), em que as forças são maiores.

Considerações sobre o tempo

Tendo em vista que esse movimento é um pouco mais complexo, provavelmente faz mais sentido dominar a elevação lateral com halteres antes de experimentar a elevação lateral com amplitude elevada de movimento.

Segurança

Se você sentir uma dor constante na articulação do ombro ao executar este exercício, diminua a amplitude de movimento no final, pare de fazer essa parte final ou mesmo interrompa completamente o exercício durante algum tempo. Não há nada de muito especial na prática desse exercício que você não possa obter com outros exercícios. Além disso, tenha em mente que as articulações do ombro de algumas pessoas são mais sensíveis.

Variações

Se tiver acesso a um aparelho de elevação lateral Atlantis, poderá se beneficiar com a prática desse exercício e obter ganhos ainda maiores. Esse aparelho aplica uma tensão praticamente uniforme durante todo o movimento, inclusive nas partes inferior e superior, nas quais a gravidade não oferece muita resistência na versão com halteres. Tanto com esse aparelho como com halteres, você poderá testar uma variação durante alguns meses; nessa variação, deve elevar seus braços só até 45 graus acima da linha paralela ao solo e 45 graus abaixo da paralela, mantendo uma tensão constante e elevada no músculo. Essa não é uma variação superior, mas também é eficaz.

ELEVAÇÃO LATERAL EM Y NO APARELHO FREEMOTION

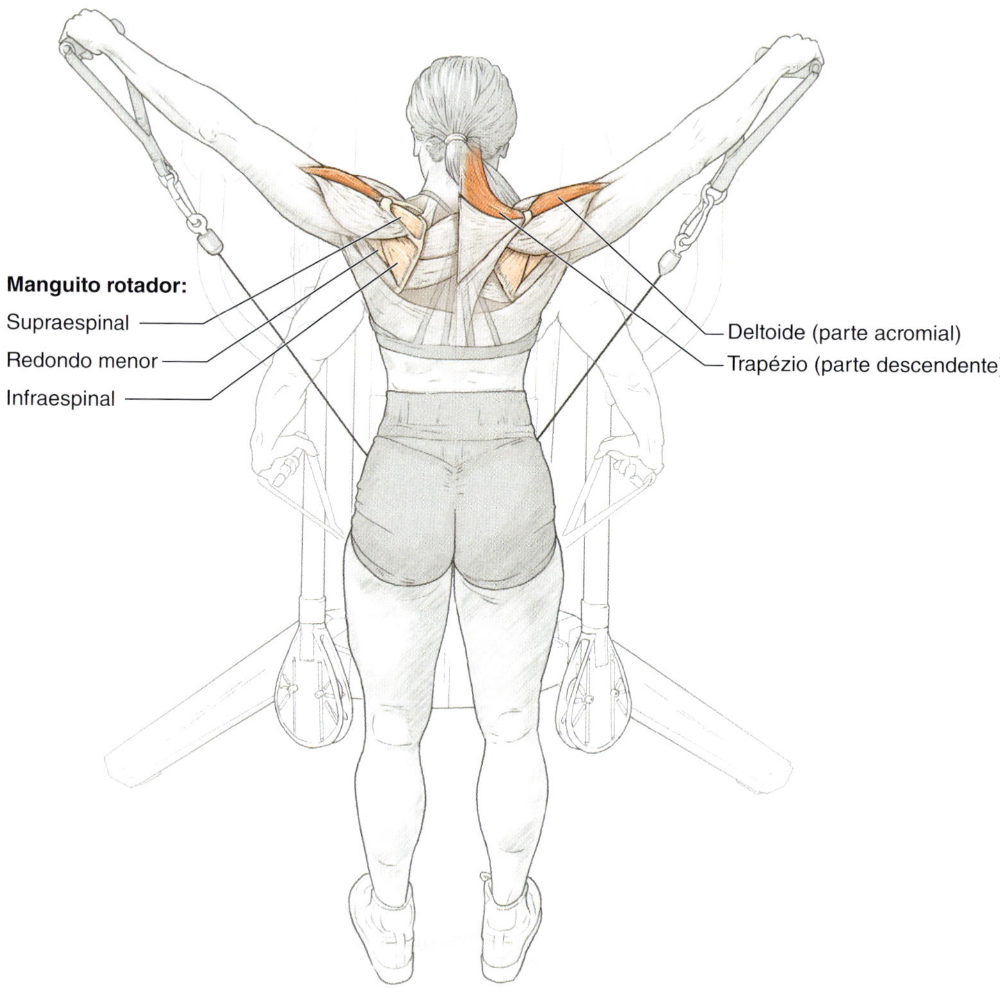

Execução

1. Posicione os cabos na posição baixa. Comece segurando as alças dos cabos ao lado do corpo ou um pouco à frente dos seus quadris.
2. Mantendo os cotovelos levemente flexionados (por volta de 10 graus) e estáveis durante todo o movimento, puxe os cabos para cima, afastando-os dos lados do seu corpo em um movimento de arco. As palmas das mãos devem ficar voltadas para baixo o tempo todo.
3. Eleve os braços o mais alto que puder acima da cabeça. Em seguida, volte os braços até os lados do corpo, de maneira lenta e controlada.

Músculos envolvidos

Primários: Deltoide (parte acromial), músculo trapézio (parte descendente).
Secundários: Manguito rotador (infraespinal, supraespinal, subescapular, redondo menor).

Considerações sobre o exercício

Tente sentir as partes acromial e espinal dos deltoides trabalhando; para tanto, tente encontrar posições dos braços que proporcionem a melhor conexão mente–músculo. Tal posição pode significar qualquer coisa, desde uma elevação totalmente para os lados no plano frontal até uma elevação quase que totalmente para a frente no plano sagital. Na maioria dos casos, você verificará que um ponto entre esses dois extremos será melhor para seus músculos e articulações.

Os cabos permitem uma tensão elevada e contínua ao longo de toda a amplitude de movimento. Não perca essa oportunidade. Certifique-se de aproveitar ao máximo a fase excêntrica lenta em cada repetição. Isso permite usar menos carga e, ainda assim, conseguir mais crescimento muscular. O único preço a pagar é a dor aguda que você vai sentir na parte acromial de seus deltoides, sendo *queimada* com seus próprios metabólitos.

Considerações sobre o tempo

Este exercício pode lhe dar a oportunidade de fazer uma pausa do trabalho de ombros exclusivamente com halteres, que poderá se tornar monótono se você não variar durante muito tempo. Suspeitamos que a maioria das pessoas não tenha conhecimento desse exercício, por ser tão raramente praticado nas academias.

Segurança

Não comece a flexionar os cotovelos para conseguir repetições extras, nem fique pausando no topo de cada repetição para tentar travar o movimento. Se quiser, você até poderá fazer a "dança do esforço-pausa, esforço-pausa" com o uso de cabos, mas essa abordagem poderá ter alto custo psicológico, sem oferecer benefícios substanciais para o crescimento muscular. Além disso, essa prática tornará muito difícil acompanhar seu desempenho. Mantenha todas as repetições de forma suave e controlada. No caso de você parar momentaneamente no meio da fase concêntrica de uma última repetição, dê a si mesmo mais uma chance de continuar – nada de várias tentativas dentro da mesma série ou mesmo em determinada repetição.

Variações

O posicionamento dos cabos e a forma como movimenta as mãos são fatores extremamente importantes na criação das variações. Você poderá trabalhar diferentes partes dos seus deltoides e fazer com que o movimento pareça melhor ou pior simplesmente pelo ajuste do posicionamento dos cabos e pela variação da distância de seu afastamento desses implementos. Experimente algumas variantes e escolha aquelas que lhe parecerem melhores – mas mantenha sua mente aberta para a ideia de que futuramente poderá encontrar variantes ainda melhores.

REMADA ALTA COM BARRA EZ

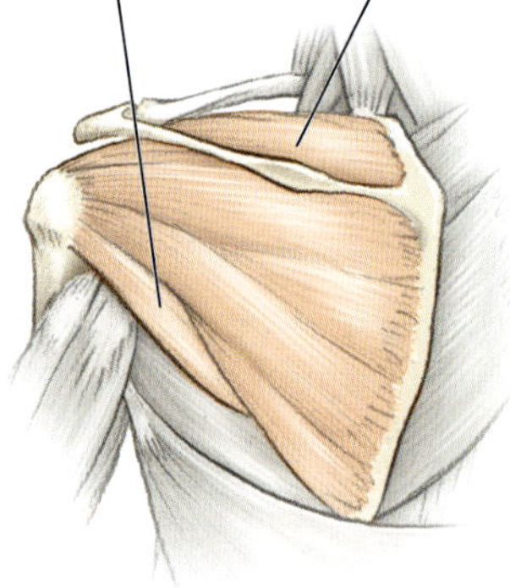

Execução

1. Segure a barra EZ ao longo da curva externa de modo que seus polegares apontem para longe do seu corpo e seus dedos mínimos fiquem apontando para o seu corpo. Isso exigirá que a curva da barra EZ fique posicionada paralelamente ao solo.
2. Mantendo a barra junto ao seu corpo e flexionando os cotovelos, levante os cotovelos aproximadamente até o nível da cabeça. Em seguida, retorne lentamente, até que seus braços (cotovelos) fiquem totalmente estendidos.

Posição inicial

Músculos envolvidos

Primários: Deltoide (parte acromial), trapézio (parte descendente).

Secundários: Manguito rotador (infraespinal, supraespinal, subescapular, redondo menor), bíceps braquial, braquiorradial, braquial.

Considerações sobre o exercício

Uma dica importante na remada alta: conduza o movimento com os cotovelos. Isso pode ajudá-lo a sentir e a ativar melhor a parte acromial dos deltoides, em vez de conduzir o movimento com as mãos, o que resultará em maior uso dos flexores do antebraço, como ocorre em um movimento de rosca. Além disso, à medida que os cotovelos forem ultrapassando o nível do tórax durante a subida, puxe-os para trás e também para cima. Essa estratégia pode melhorar a conexão mente–músculo com a parte acromial de seu deltoide; além disso, pode também ativar um pouco mais o aspecto posterior do músculo.

Considerações sobre o tempo

Embora este exercício nunca seja uma má escolha por si só, ele é também uma boa opção para quem sente desconforto nos punhos ao fazer remadas altas com barra reta.

Segurança

Nem todos têm a mesma estrutura nos ombros para dar preferência ou tolerar a mesma posição das mãos e a amplitude final de movimento nas remadas altas. Se esse exercício causar dor nas articulações dos ombros, considere a possibilidade de ajustar sua pegada, tornando-a mais estreita ou mais aberta. Se essa medida não resolver o problema, diminua a amplitude do movimento na parte alta do exercício, até que você tenha encontrado a maior amplitude de movimento possível que não esteja irritando seus ombros.

Variações

São inúmeras as maneiras de variar este exercício. Em primeiro lugar, você pode alterar a largura da pegada – desde as curvaturas externas da barra EZ até as internas, ou até mesmo segurar nas dobras entre elas. Nesse exercício, a preferência pela pegada costuma ser algo muito pessoal: algumas pessoas atestam que a pegada mais fechada é melhor, já outras preferem a pegada mais aberta, e há ainda quem consiga usar as duas variações durante vários meses seguidos.

Em segundo lugar, você pode variar a distância que permite que a barra se afaste para a frente à medida que passa do primeiro para o segundo estágio da puxada. Algumas pessoas conseguem melhor conexão mente–músculo puxando um pouco para a frente na parte inicial e, depois, puxando para trás no topo do exercício. Já outras pessoas preferem manter a barra subindo em linha reta e próxima ao corpo.

Por fim, contanto que você esteja puxando até pelo menos a linha dos mamilos, não existe uma altura "certa" ou "errada" para a puxada. Pode encerrar o movimento em qualquer ponto entre a linha dos mamilos e acima da cabeça, dependendo do ponto onde você sentir melhor o exercício – ou mesmo apenas para variar a intervalos de alguns meses.

CRUCIFIXO UNILATERAL NO CABO PARA DELTOIDE (PARTE ESPINAL)

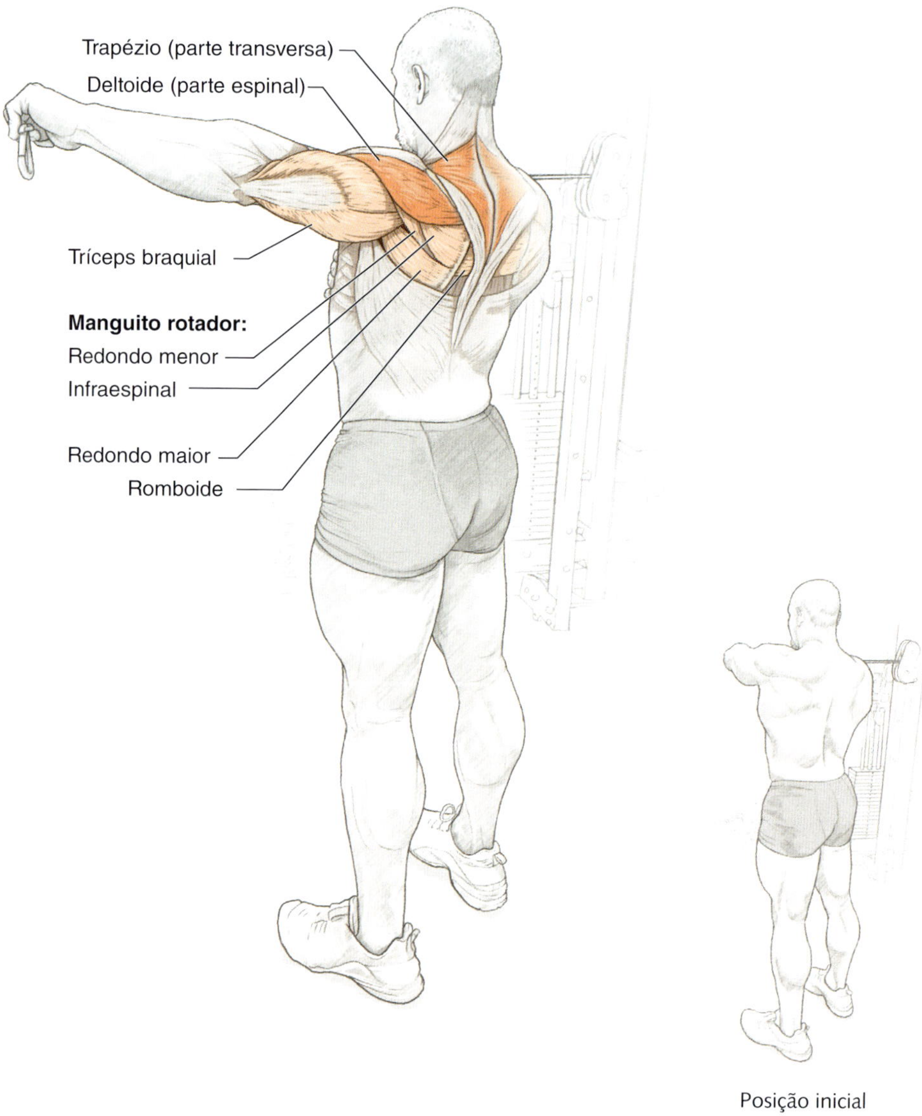

Posição inicial

Execução

1. Ajuste a altura da polia do cabo em qualquer ponto entre o nível do quadril e dos ombros.
2. Segure o cabo com uma das mãos e afaste-se do aparelho. Mantenha o ombro oposto próximo à torre, de modo que o cabo passe transversalmente, na frente do seu corpo.
3. Mantendo o cotovelo estendido ou travado, puxe o braço na frente do corpo em um movimento de arco até que ele aponte para a direção oposta ao cabo. Lentamente e com controle, retorne à posição inicial.
4. Troque de lado após completar toda a série.

Músculos envolvidos

Primários: Deltoide (parte espinal), trapézio (parte transversa).

Secundários: Manguito rotador (infraespinal, supraespinal, subescapular, redondo menor), redondo maior, romboide, tríceps braquial.

Considerações sobre o exercício

Certifique-se de que seu corpo esteja perpendicular à torre do cabo e que seu braço esteja cruzado sobre o abdome ou o tórax, de modo que a parte espinal do deltoide seja alongada ao máximo possível no início do movimento. Pode ser tentador inclinar-se em direção ao aparelho para ter mais alavanca na puxada, mas a inclinação em afastamento expõe a parte espinal do deltoide a mais tensão – que é exatamente o principal objetivo do exercício.

Ao movimentar o braço para a frente, pense em um movimento em arco que posicione seu braço o mais longe possível do corpo (imagine tentar derramar uma lata de tinta no solo o mais longe do seu corpo que puder). Aqui, a tentação será flexionar o cotovelo e retrair a escápula, diminuindo assim a magnitude do arco; embora essa estratégia permita que você levante mais peso, também diminui sua conexão mente–músculo com a parte espinal do deltoide. No movimento de descida, tente novamente percorrer o maior arco possível, ao mesmo tempo em que projeta a escápula e estende o braço para a frente. O controle excêntrico também é importante aqui, pois se você apressar demais a descida, o exercício se tornará menos eficaz (em particular, perderá grande parte da conexão mente–músculo).

Considerações sobre o tempo

Tendo em vista que esse exercício depende de bastante espaço para o uso da torre de cabos, pode ser tarefa difícil montar a configuração em uma academia muito movimentada. Além disso, o exercício também leva bastante tempo para ser concluído, por envolver o uso de um braço de cada vez. Se você estiver com pressa e em uma academia movimentada, nessas condições este não é o exercício ideal.

Segurança

O ângulo da puxada exerce grande impacto no que você sente nas articulações dos ombros. Se você se sentir incomodado nas articulações dos ombros com o uso de um ângulo baixo (i.e., com a altura do cabo começando nos quadris), tente um ângulo mais alto (i.e., a altura do cabo começando logo acima do nível dos ombros) e veja em que ponto você se sente menos incomodado com a articulação do ombro.

Variações

Se você não se importar em lidar com o cabo atrapalhando um pouco e em fazer um movimento ligeiramente diferente com cada braço a cada repetição, uma ótima opção é executar esses exercícios bilateralmente (ao mesmo tempo com duas torres de cabo). A cada série, alterne qual mão vai mais alto e qual vai mais baixo.

PUXADA DE CABO EM DIREÇÃO AO ROSTO

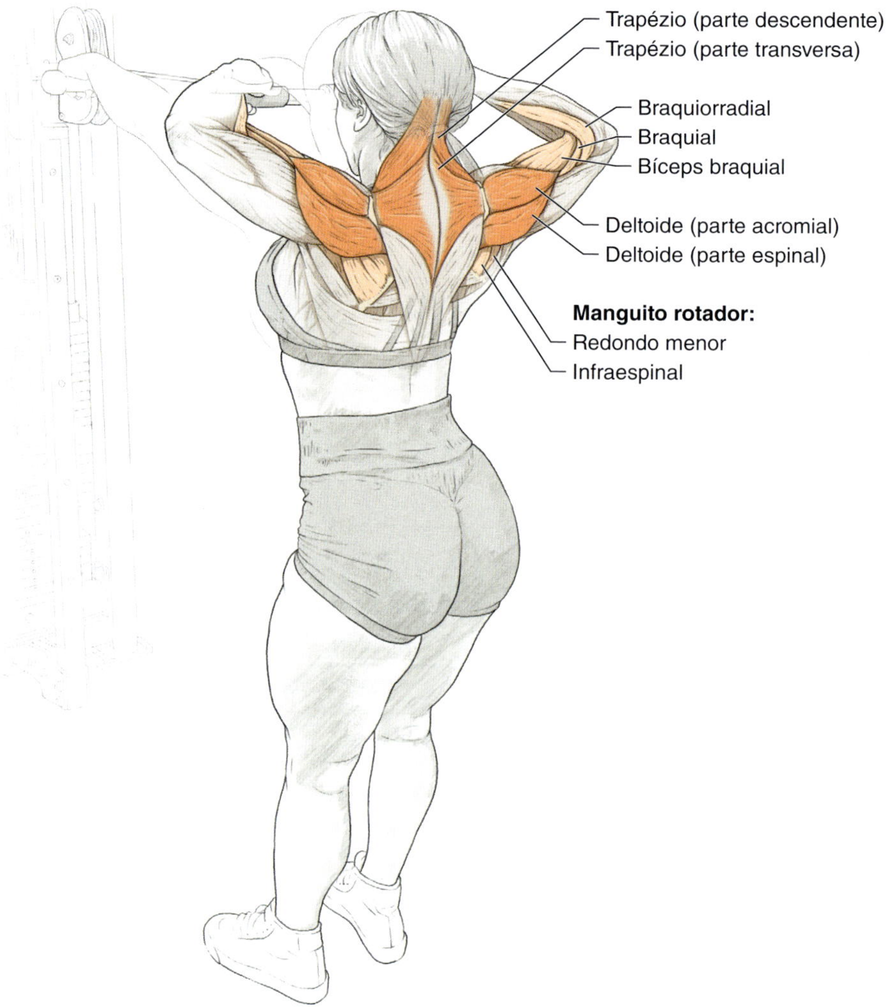

Execução

1. Posicione o cabo em qualquer altura entre os quadris e a cabeça e caminhe para trás com as mãos nas pontas dos cabos até eliminar a folga e conseguir total tensão.
2. Projete os cotovelos para trás e para cima até que estejam atrás da cabeça ao máximo possível. Pare por um segundo. Em seguida, retorne lentamente seus cotovelos à extensão total.

Músculos envolvidos

Primários: Deltoide (partes acromial e espinal), trapézio (partes descendente e transversa).

Secundários: Manguito rotador (infraespinal, supraespinal, subescapular, redondo menor), bíceps braquial, braquiorradial, braquial.

Considerações sobre o exercício

Você pode variar a altura da puxada dependendo do seu foco no deltoide, seja na parte acromial ou espinal do músculo, ou com base no que considerar mais confortável para a articulação do ombro. Não existe uma altura certa ou errada para a puxada, desde que sinta a parte do deltoide que deseja trabalhar e que não sinta demasiada irritação nas articulações dos ombros.

Neste exercício, é altamente recomendável fazer uma pausa no topo. A pausa permitirá que você inicie a fase excêntrica com uma altíssima conexão mente–músculo com seus deltoides; por outro lado, a pausa garantirá que os deltoides estejam maximamente ativos ao longo da fase excêntrica, que promove o crescimento muscular. Essa pausa não é obrigatória, mas é uma boa ideia, que deve ser tentada pela maioria.

Considerações sobre o tempo

Seria fácil simplesmente executar os movimentos neste exercício com o uso de bastante força nos flexores do antebraço e no trapézio para completá-los. Se optar por essa estratégia, certifique-se de estar focado e cultivar uma forte conexão mente–músculo em cada repetição. Se você for iniciante e ainda não sabe como fazer isso, ou se estiver com pressa e deseja apenas fazer um treino rápido e completo, na maioria dos casos poderá recorrer a movimentos melhores para os ombros (p. ex., as remadas verticais).

Segurança

Nunca repita movimentos que causem dor nas articulações dos ombros. Se esse exercício estiver sacrificando seu ombro, tente encontrar um ângulo de puxada diferente ou um grau de flexão dos cotovelos que não lhe cause desconforto.

Variações

Você pode usar tanto a pegada pronada (palmas para baixo) como a supinada (palmas para cima) na barra reta, pois ambas parecem trabalhar os deltoides de maneiras sutilmente diferentes. Você também pode usar um acessório de corda em vez da barra reta. Se gostar de apenas uma dessas pegadas, pode utilizá-la exclusivamente, mas se gostar das duas, uma ótima opção é fazer a alternância entre as pegadas a intervalos de alguns meses.

CRUCIFIXO INVERSO NO APARELHO PARA DELTOIDE (PARTE ESPINAL)

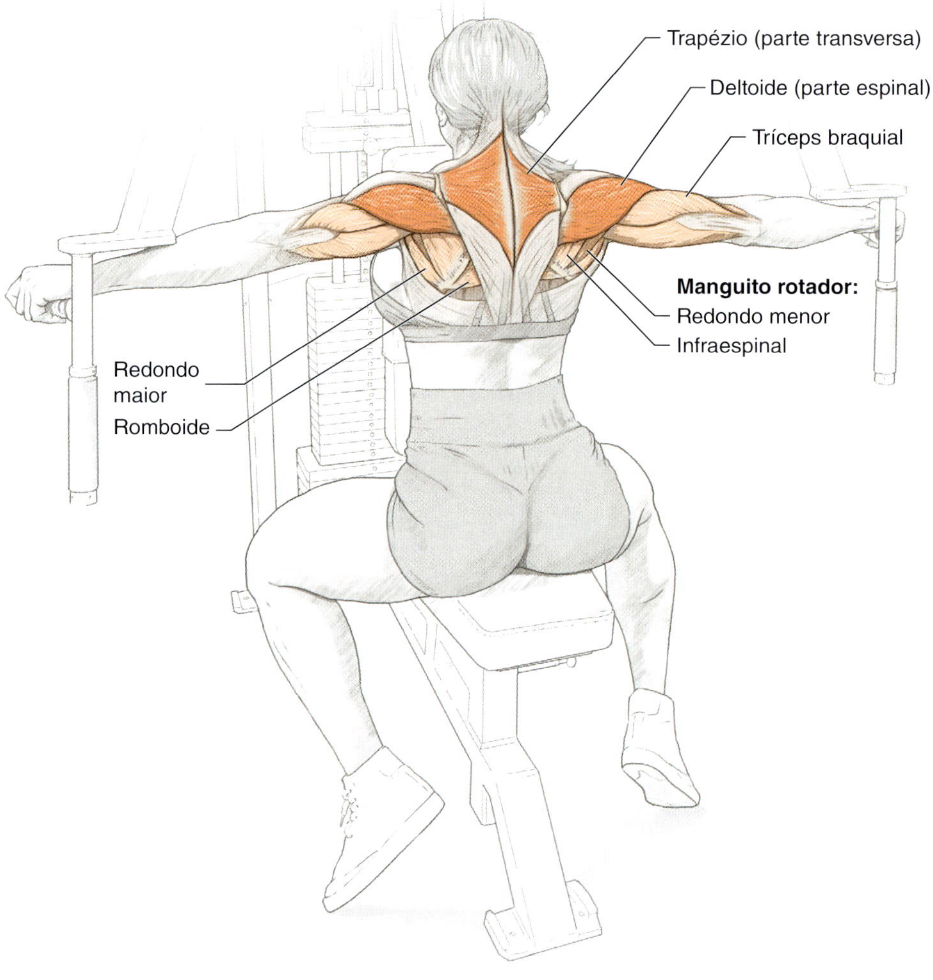

Execução

1. Ajuste o apoio do tórax no aparelho de forma que possa se projetar bem à frente (com as escápulas em protração) para segurar as alças. Ajuste a altura do assento de forma que seus braços fiquem paralelos ao solo.
2. Conduza os braços para fora e para longe do corpo até que fiquem atrás de você. Em seguida, movimente-os lentamente de volta à posição inicial. Durante todo o exercício, mantenha pouquíssima ou nenhuma flexão dos cotovelos.

Músculos envolvidos

Primários: Deltoide (parte espinal), trapézio (parte transversa).

Secundários: Manguito rotador (infraespinal, supraespinal, subescapular, redondo menor), redondo maior, romboide, tríceps braquial.

Considerações sobre o exercício

No início do exercício, protraia as escápulas para, com isso, aumentar o braço de alavanca e fazer com que o movimento se torne mais desafiador para a parte espinal dos deltoides. Esse movimento também pode ajudar a melhorar sua conexão mente–músculo com a parte espinal dos deltoides. Pode ser tentador retrair as escápulas (já que esse movimento permitiria levantar mais peso), mas isso fará com que a musculatura das costas sinta mais o movimento, em vez da parte espinal dos deltoides. Para reforçar ainda mais a conexão mente–músculo, pense em tentar "desenhar" o maior arco possível com as alças. Isso ajudará a manter as escápulas protraídas e também os cotovelos bem estendidos, o que pode contribuir para aumentar a conexão mente–músculo. Por fim, a conexão mente–músculo também será beneficiada se você fizer uma pausa no topo do movimento e tentar contrair ativamente a parte espinal dos deltoides, ao iniciar a fase excêntrica.

Considerações sobre o tempo

Se estiver precisando de trabalho extra na parte espinal dos deltoides, faça esse exercício logo no início ou nas primeiras partes do seu treino. Não o deixe por último, pois isso diminuirá seus efeitos estimulantes. Você também pode perceber que não há necessidade de muito trabalho extra na parte espinal dos deltoides se estiver treinando suas costas de forma adequada – assim como não há necessidade de muito esforço para a parte clavicular dos deltoides se você estiver treinando corretamente o tórax.

Segurança

O uso de cargas excessivas neste exercício poderá irritar seus ombros. Concentre-se na técnica; na conexão mente–músculo e na realização de uma fase excêntrica suave e lenta para maximizar o efeito – o que diminuirá a necessidade do uso de grandes cargas externas.

Variações

Sinta-se à vontade para experimentar a altura do assento, para ver qual a posição que ativa mais adequadamente a parte espinal dos deltoides e que seja menos irritante para as articulações dos ombros. Se perceber que há várias alturas de assento igualmente adequadas, de maneiras diferentes, sinta-se também à vontade para usar qualquer dessas alturas durante alguns meses. Depois, poderá mudar para outra altura do assento.

SUPINO COM BARRA

Execução

1. Retire a barra do suporte. Com os cotovelos travados, deixe a barra pairar diretamente sobre a articulação glenoumeral.
2. Destrave os cotovelos e abaixe a barra até tocar as clavículas, mantendo-a o mais próxima possível do rosto durante o movimento.
3. À medida que a barra for descendo, eleve o tórax em seu encontro. Assim que tocar as clavículas, impulsione a barra de volta para cima.
4. Assim que a barra passar pelo rosto, comece a movê-la levemente para trás e para cima, até atingir a extensão completa.
5. Repita o movimento.

Músculos envolvidos

Primários: Deltoide (parte clavicular), tríceps braquial.
Secundário: Peitoral maior (parte clavicular).

Considerações sobre o exercício

Mantenha a barra o mais próximo possível do rosto, tanto na descida como na subida. Isso vai padronizar o movimento e permitirá que você planeje sobrecargas e acompanhe a progressão. Se a barra se afastar muito para a frente, a alavanca para os deltoides ficará drasticamente reduzida, e pode se tornar quase impossível igualar o desempenho da semana precedente. À medida que você for ficando mais forte, poderá começar a fazer uma pausa em cada repetição, assim que a barra tocar as clavículas. Essa estratégia pode prolongar o alongamento sob carga nos deltoides (gerando mais estímulo para o crescimento), além de tornar o movimento mais seguro.

Considerações sobre o tempo

A maioria das pessoas que treinam o peitoral de forma inteligente e intensa não precisa de trabalho extra para a parte clavicular dos deltoides. Se precisar, este exercício é uma ótima opção para ser executado no início de uma sessão, quando você ainda está descansado e forte.

Segurança

Retire e recoloque a barra no suporte com cuidado e de forma estável. Você não vai querer se machucar por deixar o suporte muito para trás ou por bater na estrutura ao empurrar a barra para cima, caso esteja muito perto. Ajuste a posição do suporte até encontrar a configuração mais funcional possível. Idealmente, peça a um parceiro de treino para ajudá-lo a retirar e devolver a barra ao suporte.

Variações

Você pode fazer o desenvolvimento sentado em um aparelho ou com halteres. Também pode realizá-lo em pé, com barra, halteres ou em um aparelho. Não faltam variações de desenvolvimento para os ombros, sobretudo se você variar a largura da pegada. Vale lembrar que as opções de desenvolvimento em pé causam mais fadiga axial (coluna vertebral), em comparação com as opções de desenvolvimento com a pessoa sentada. Esse ponto deve ser levado em consideração, se o seu programa já exige muito da musculatura de suporte da coluna (p. ex., em treinos com muitos levantamentos-terra, "bom-dia" e remadas).

CAPÍTULO 3

Costas

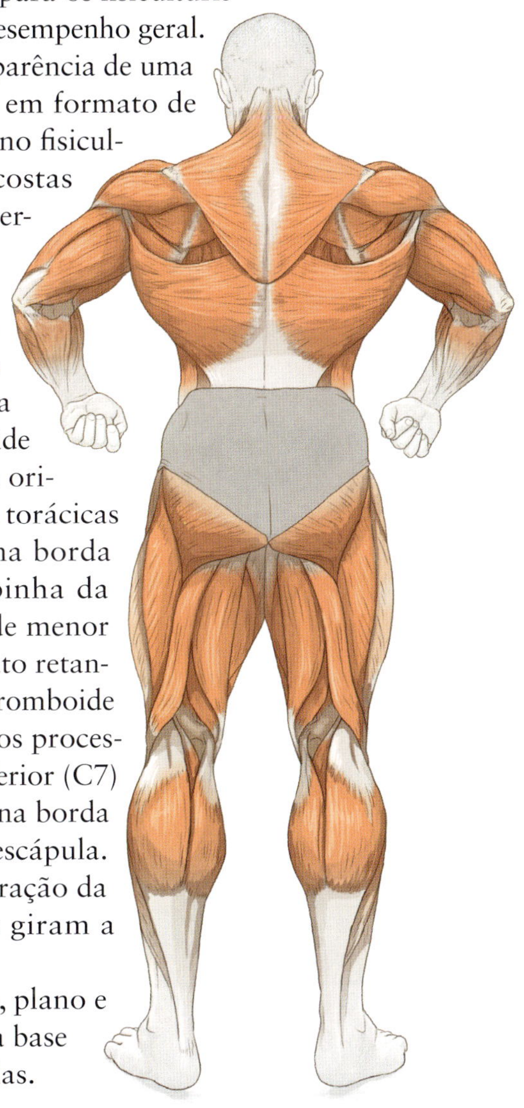

As costas, também conhecidas como parte posterior (i.e., dorsal) do tronco, constituem outro grupo muscular essencial no fisiculturismo. Ter costas bem desenvolvidas e condicionadas é um objetivo crucial para os fisiculturistas que buscam otimizar seu físico (corpo) e desempenho geral. Costas largas e bem desenvolvidas geram a aparência de uma cintura mais fina, e o resultado é um corpo em formato de "V" – uma meta que todos tentam alcançar no fisiculturismo. De modo geral, os músculos das costas (Fig. 3.1) podem ser divididos em grupo superficial e grupo profundo.

O grupo superficial – que inclui os romboides (maior e menor), trapézio e latíssimo do dorso – é responsável principalmente pelos movimentos e pela estabilização da cintura escapular (i.e., clavícula e escápula). O romboide maior é um músculo retangular que tem sua origem nos processos espinhosos das vértebras torácicas superiores (de T2 até T5), indo se inserir na borda medial da escápula, desde o nível da espinha da escápula até seu ângulo inferior. O romboide menor é um músculo menor que também tem formato retangular. Esse músculo está localizado acima do romboide maior. O romboide menor tem sua origem nos processos espinhosos das vértebras cervical mais inferior (C7) e torácica mais superior (T1), indo se inserir na borda medial da escápula, no nível da espinha da escápula. Em conjunto, os romboides promovem a retração da escápula em direção à coluna vertebral e giram a escápula para baixo.

O músculo trapézio é um músculo grande, plano e em formato losangular, estendendo-se desde a base do crânio até o meio das costas e as escápulas.

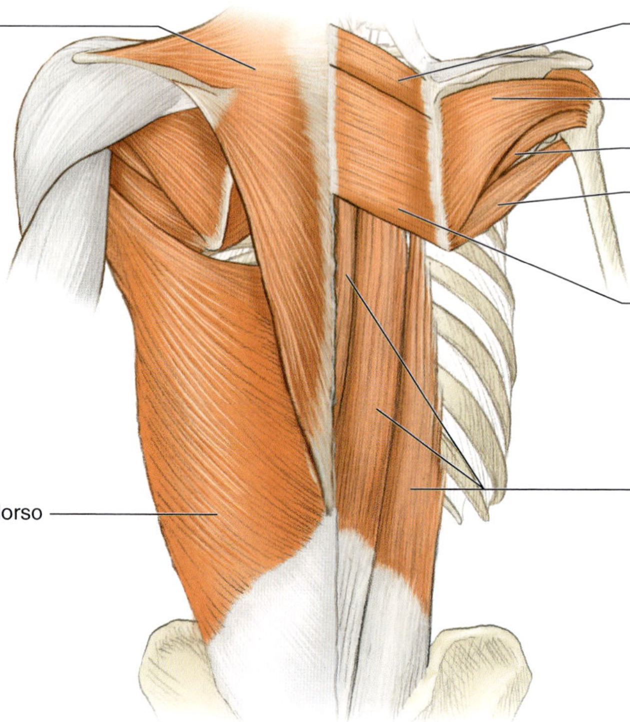

Esse músculo está dividido em três partes distintas: descendente (superior), transversa (média) e ascendente (inferior). As fibras superiores têm sua origem na base do crânio e na nuca, indo se inserir na clavícula. A parte descendente do trapézio é responsável pela elevação das escápulas, permitindo que possamos elevar os ombros. As fibras transversais têm sua origem na parte superior das costas, indo se inserir no acrômio e na espinha da escápula. A parte descendente do trapézio é a principal responsável pela retração escapular; isso permite que os ombros sejam puxados para trás durante a maioria dos exercícios de remada (se não, em todos os exercícios). Por fim, as fibras inferiores têm sua origem no meio das costas, indo se inserir na espinha da escápula. A parte ascendente do trapézio é responsável pela depressão e rotação superior da escápula. Muitos dos exercícios para ombros descritos no capítulo anterior também trabalham o músculo trapézio, sobretudo na parte descendente. Neste capítulo, os exercícios dão maior ênfase às partes transversa e ascendente para máximo desenvolvimento.

O latíssimo do dorso é um músculo grande, em forma de leque e com origem em vários locais: desde a metade inferior das vértebras torácicas (T7 até T12), da fáscia toracolombar e da crista ilíaca dos ossos do quadril. A partir dessa ampla origem, suas fibras musculares convergem para um tendão espesso que se insere no úmero, perto do peitoral maior. Não é de se surpreender que os músculos dorsais são os responsáveis por alguns movimentos essenciais do braço, por exemplo, a extensão, adução e rotação medial do ombro. Exercícios como puxadas, barras fixas e remadas são ótimos exemplos de exercícios que trabalham eficazmente os dorsais.

Nas costas, o grupo muscular profundo consiste no eretor da espinha (composto pelos músculos iliocostal, longuíssimo e espinal), o multífido e muitos outros músculos menores. Em conjunto, esse grupo muscular desempenha um papel vital na sustentação da coluna vertebral, no controle dos movimentos da coluna e na manutenção do alinhamento postural. Embora as remadas com flexão possam trabalhar e fortalecer especificamente esses músculos menores, você perceberá que muitos dos exercícios descritos em outros capítulos também envolvem o eretor da espinha como estabilizador estático. Tenha isso em mente ao elaborar seu programa de exercícios.

FLEXÃO NA BARRA FIXA COM PEGADA PRONADA

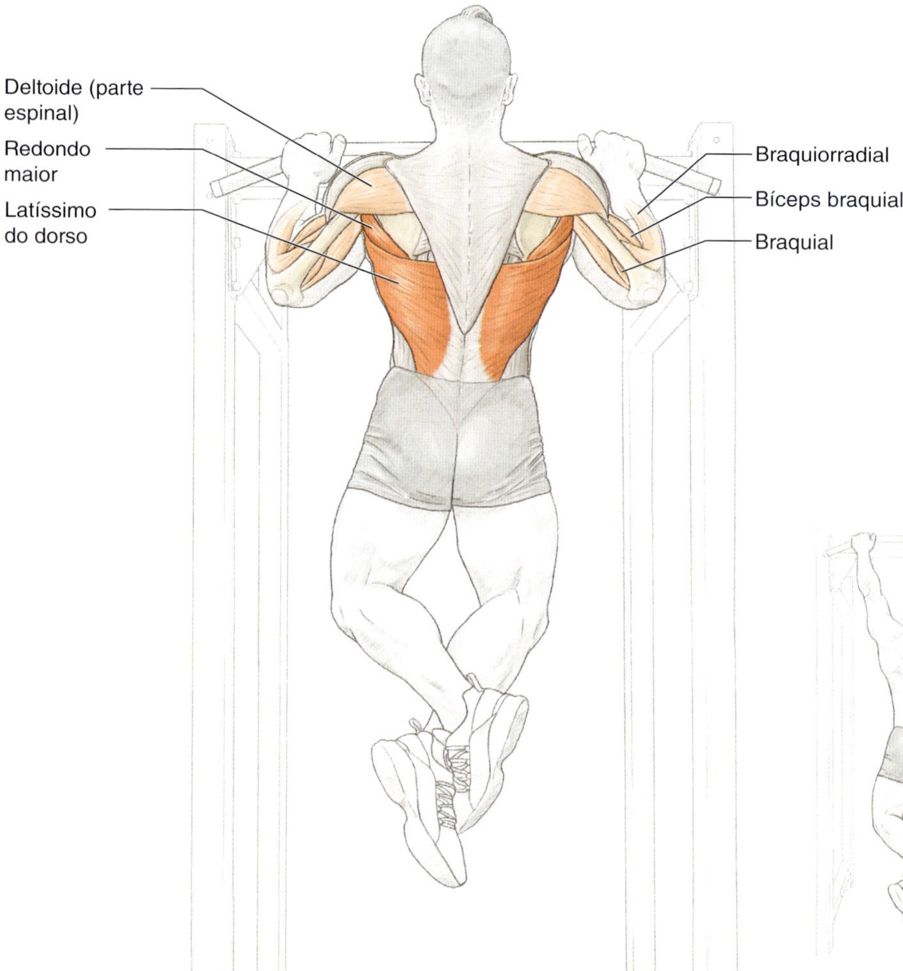

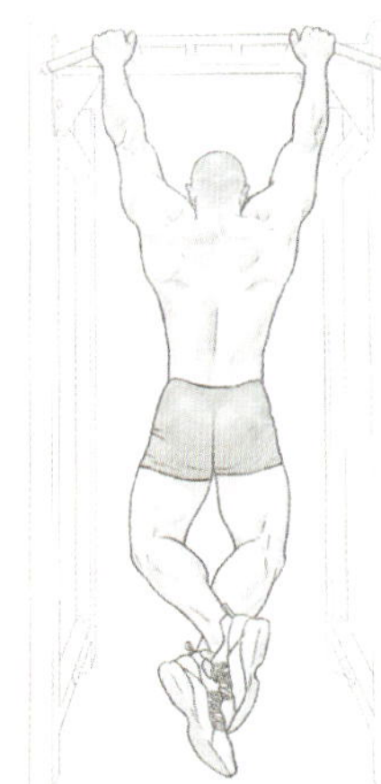

Posição inicial

Execução

1. Com uma pegada pronada na barra e com as mãos afastadas a uma distância equivalente à largura dos seus ombros, pendure-se na barra de puxada. Seus braços devem estar completamente estendidos e as escápulas totalmente relaxadas e elevadas.
2. Sem forçar muito a subida, acelere gradualmente o corpo até que seu queixo esteja acima da barra.
3. Ao subir, tente projetar os cotovelos para baixo e perto dos lados do corpo, em direção à parte lateral dos quadris.
4. Controle sua lenta descida até retornar à posição inicial.

Músculos envolvidos

Primários: Latíssimo do dorso, redondo maior.
Secundários: Deltoide (parte espinal), bíceps braquial, braquial, braquiorradial.

Considerações sobre o exercício

Durante a descida, use uma pegada mais solta e fique com os cotovelos mais relaxados; com isso, você maximizará a estimulação dos latíssimos do dorso. Mas existem outras pegadas e posições que também são adequadas, como variação. As pessoas raramente controlam a fase excêntrica nas flexões, porque o controle dificulta mais as flexões, mas também torna o exercício muito mais eficaz. Não economize no alongamento profundo nem na suspensão passiva na parte inferior do movimento. A manutenção dos músculos ativos durante esse momento da fase passiva da suspensão é muito menos importante do que realmente conseguir chegar a essa posição. Portanto, não importa se você usar suspensão passiva ou suspensão ativa: vá fundo no movimento.

Considerações sobre o tempo

Se você ainda não estiver suficientemente forte para fazer pelo menos cinco repetições estando descansado, pense em fazer barras fixas assistidas e flexões na polia durante algum tempo, até que tenha desenvolvido mais força de tração ou tenha ficado mais leve, quando então poderá fazer mais repetições de barra fixa.

Segurança

Não salte na parte inferior, não importa quantas repetições extras você consiga. Se quiser aumentar suas chances de lesão sem nenhum benefício, vá em frente e fique à vontade para dar seus trancos.

Variações

Um dos benefícios da barra fixa é a variedade de posições de pegada possíveis. Entre elas, você poderá usar a pegada neutra (com o uso de alças paralelas voltadas uma para a outra) e a pegada supinada (na qual as palmas ficam voltadas para você). Essas pegadas trabalham músculos diferentes: a pegada neutra trabalha principalmente o braquial e o braquiorradial, enquanto a pegada supinada foca o bíceps braquial. Além das variações de pegada, a largura da pegada também pode ser ajustada para trabalhar áreas específicas das costas. Você também poderá fazer variações de puxada com o uso de diferentes amplitudes de movimento, por exemplo, elevar o corpo até que o esterno toque a barra (deve ser tentada somente por praticantes mais avançados), ou apenas até o queixo, as clavículas ou até mesmo até a altura dos olhos (para praticantes ainda não tão fortes). Essas variações podem proporcionar um treino mais completo e ajudar a prevenir uma estagnação.

REMADA CURVADA COM HALTERE

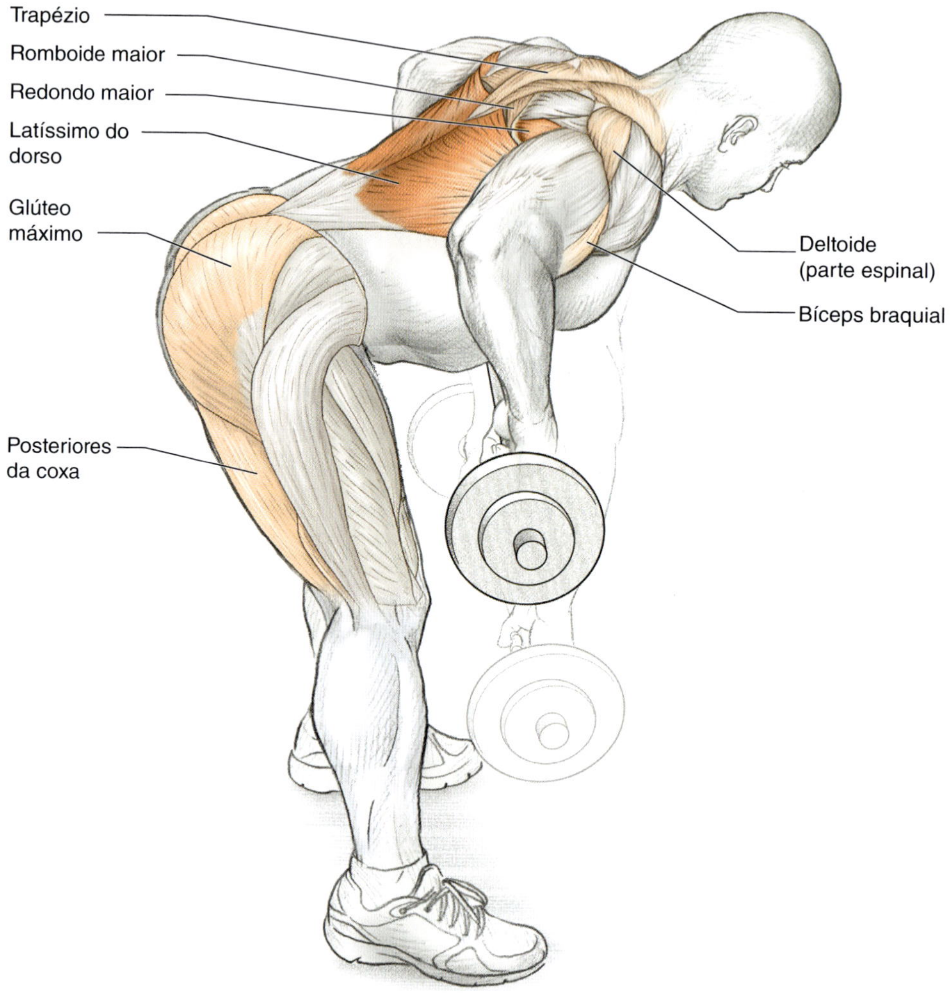

Execução

1. Com o haltere à sua frente, incline-se flexionando os quadris, com mínima flexão dos joelhos. Mantendo as costas retas e o tórax projetado para cima, incline-se o suficiente para segurar a barra com firmeza, com uma pegada pronada.
2. Puxe a barra em direção à parte inferior do abdome. Toque brevemente a barra no abdome sem fazer pausa e, em seguida, retorne a barra lentamente, na fase excêntrica.
3. Procure manter sempre exatamente a mesma posição do quadril, de modo que os braços e as escápulas totalmente estendidos permitam que a barra toque suavemente o solo ao final do movimento. Esse ponto marca o início de outra repetição.

Músculos envolvidos

Primários: Latíssimo do dorso, redondo maior.

Secundários: Deltoide (parte espinal), romboide, trapézio (partes ascendente e transversa), bíceps braquial, braquial, braquiorradial, eretores da espinha (iliocostal, longuíssimo, espinal), glúteo máximo, posteriores da coxa (semitendíneo, semimembranáceo, bíceps femoral).

Considerações sobre o exercício

À medida que suas escápulas se protraem no movimento de descida, mantenha o tórax ereto para que suas costas não arredondem e causem perda de força. Ao manter o tórax ereto, você também alongará significativamente a parte transversa dos trapézios e os romboides sob carga, o que favorecerá o crescimento muscular nessa região. Mantenha a região lombar reta, para garantir força e segurança. Além disso, mantenha-se bem inclinado (com os quadris flexionados); isso treinará toda a musculatura das costas, em vez de focar principalmente nas partes transversa e descendente dos trapézios e nos romboides, como ocorre com uma postura mais ereta. Há um motivo para que esse exercício tenha o nome de remada *curvada* com haltere. Mas tenha o cuidado de não abaixar tanto a ponto de tocar o solo antes que suas escápulas estejam totalmente protraídas no final do movimento, pois isso comprometeria um alongamento eficaz. Apenas mantenha-se alto o suficiente para permitir que suas escápulas se elevem completamente no momento em que o peso tocar o solo suavemente.

Considerações sobre o tempo

Em razão do suporte antigravitacional necessário para os eretores da espinha, glúteos e posteriores da coxa, é possível que este exercício não seja ideal se você estiver no final de uma fase de ganho muscular. Nessa situação, seu maior peso corporal provocará fadiga lombar, limitando o número de repetições que você poderá fazer. Caso contrário, a remada curvada com haltere é um ótimo exercício para séries de 10 a 20 repetições.

Segurança

Evite balançar. Balançar não é nada benéfico e aumenta o risco de ocorrência de lesões e de fadiga; além disso, também compromete a capacidade de acompanhar seu desempenho. Concentre-se primeiro na técnica e movimente os braços em vez dos quadris. Lembre-se: esse não é um exercício de extensão dos quadris.

Variações

Experimente diferentes larguras de pegada. Você também pode puxar a barra até a parte inferior do abdome ou até a parte inferior do tórax; assim, o estímulo ficará mais focado na parte superior das costas e na parte espinal dos deltoides.

PUXADA ASSISTIDA COM PEGADA PARALELA

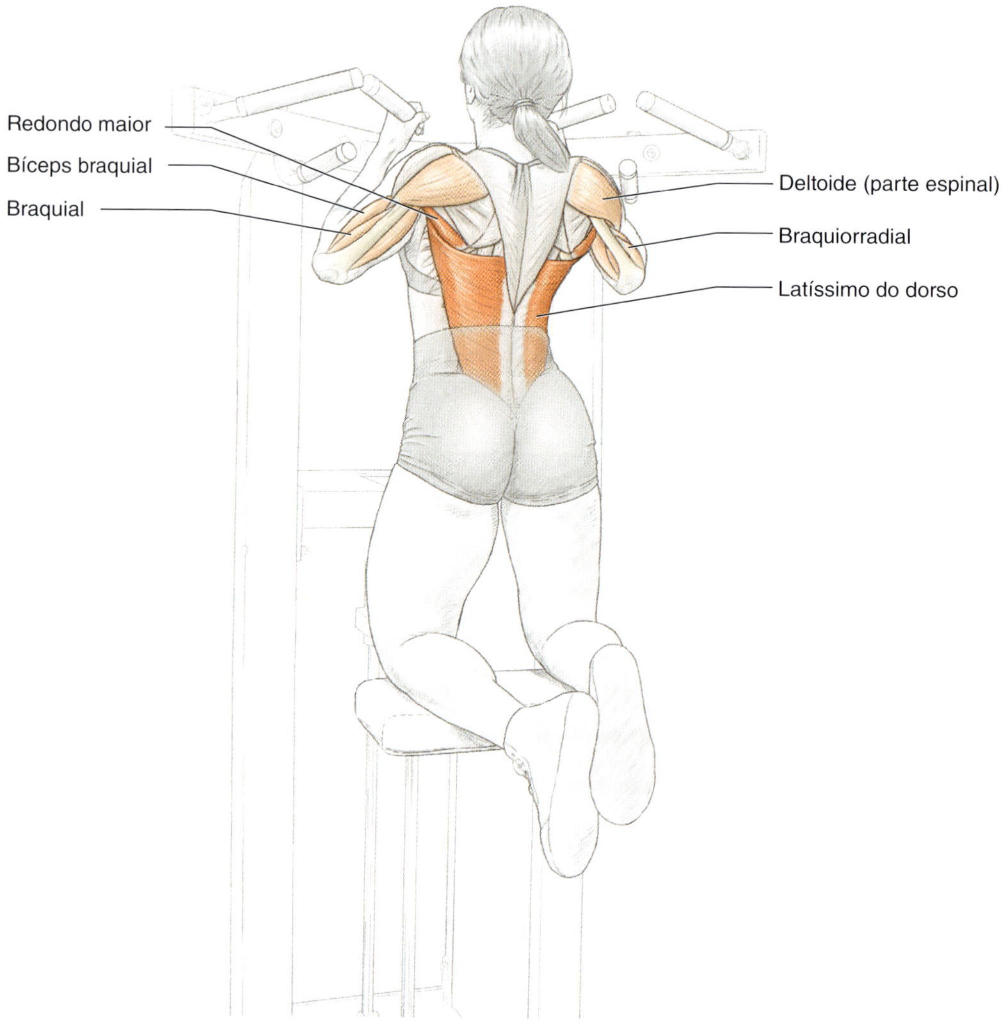

Execução

1. No aparelho de barra fixa assistida, ajuste o peso para que suas repetições possam ser suaves e controladas. Comece segurando a barra com uma pegada paralela. Pendure-se com os braços totalmente estendidos enquanto eleva e relaxa suas escápulas.
2. Acelere gradualmente a subida sem fazer movimentos bruscos ou súbitos, até que o queixo esteja situado acima da barra. Durante a ascensão, concentre-se em fazer com que os cotovelos fiquem para baixo, aos lados do corpo, na direção da parte lateral dos quadris.
3. Faça a descida de forma controlada e gradual até chegar à posição inicial.

Músculos envolvidos

Primários: Latíssimo do dorso, redondo maior.
Secundários: Deltoide (parte espinal), bíceps braquial, braquial, braquiorradial.

Considerações sobre o exercício

Tente obter um alongamento profundo em cada repetição e, na fase de subida, mantenha os cotovelos junto ao corpo; com isso, os latíssimos do dorso serão mais ativados. No topo do movimento, considere fazer uma brevíssima pausa para contrair as costas e se reconectar com os latíssimos do dorso, antes de descer lentamente. Essa opção de fazer uma pausa no topo do exercício é característica exclusiva da barra fixa assistida, fazendo com que esse movimento seja bem diferente do movimento na barra fixa sem assistência. Esse exercício tem a ver muito mais com o estabelecimento de uma conexão mente–músculo com as costas – sobretudo com os latíssimos do dorso – do que com a força bruta, como acontece na versão sem assistência.

Considerações sobre o tempo

Este exercício é ótimo tanto para pessoas com menos força (que ainda não conseguem fazer muitas repetições da barra fixa sem assistência) como para levantadores de peso mais fortes e mais avançados (cujo objetivo pode ser a busca de uma conexão mente–músculo mais profunda). Para os praticantes mais experientes, a execução desse exercício depois da prática de algumas séries de barras fixas sem assistência – ou até mesmo com carga – pode ser extremamente eficaz para estimular a hipertrofia.

Segurança

Tenha cuidado ao subir e descer do aparelho. Isso é particularmente importante ao finalizar uma série, porque você poderá estar muito cansado para se elevar até a altura correta e depois descer com segurança, pois isso exige um nível extra de atenção.

Variações

Para variar, você pode usar qualquer tipo de pegada ou até mesmo se pendurar nas alças do cabo no aparelho. Você também pode colocar um tapete de ioga sobre o aparelho para aumentar a amplitude máxima de movimento na parte alta do exercício.

REMADA COM BARRA CURVADA

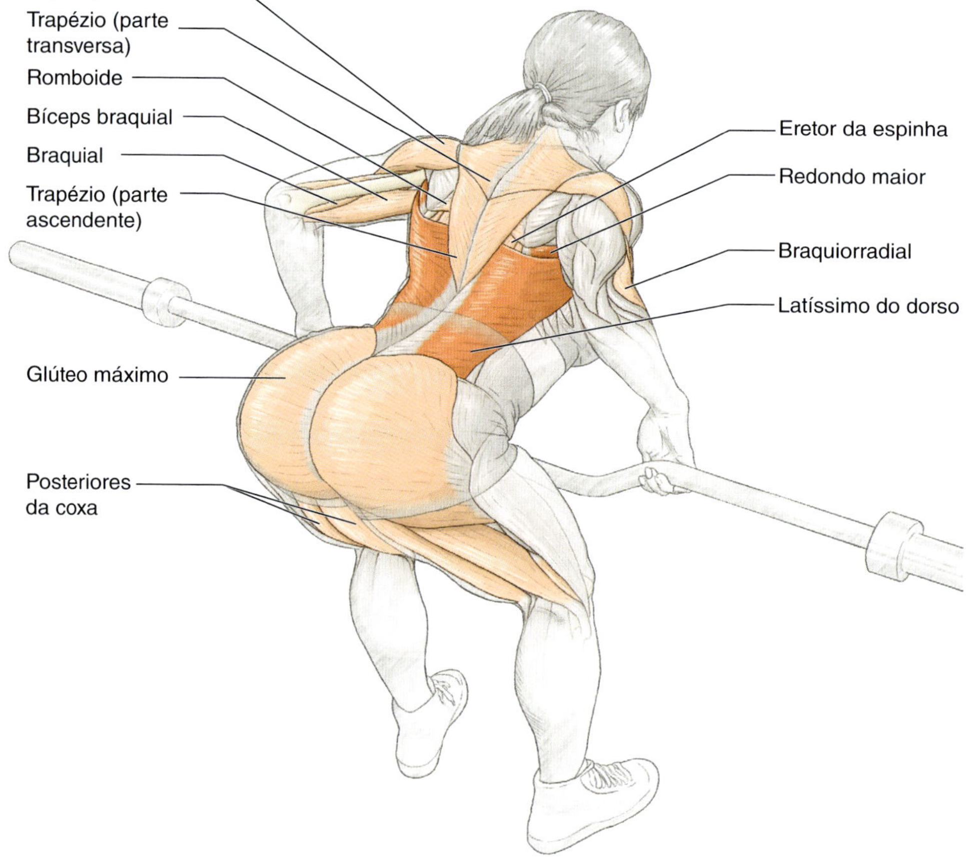

Execução

1. Comece com a barra à frente do corpo. Flexione os quadris, mantendo os joelhos minimamente flexionados. Mantenha uma firme pegada pronada na barra. Em seguida, incline-se para a frente, mantendo as costas retas e o tórax elevado.
2. Puxe a barra em direção à parte inferior do abdome e faça um breve contato com o abdome. Então, ao retornar a barra à sua posição inicial, garanta a execução de uma fase excêntrica controlada. É importante que você mantenha exatamente a mesma posição do quadril durante toda a realização do exercício, para maximizar o alongamento dos braços e dos músculos das escápulas totalmente estendidos.
3. Na parte descendente de cada repetição, toque suavemente a barra no solo antes de iniciar a próxima repetição.

Músculos envolvidos

Primários: Latíssimo do dorso, redondo maior.

Secundários: Deltoide (parte espinal), romboide, trapézio (partes ascendente e transversa), bíceps braquial, braquial, braquiorradial, eretores da espinha (iliocostal, longuíssimo, espinal), glúteo máximo, posteriores da coxa (semitendíneo, semimembranáceo, bíceps femoral).

Considerações sobre o exercício

Em cada repetição, incline-se o suficiente para conseguir tocar a parte inferior do abdome com a barra. Essa parte do levantamento é muito importante neste exercício; assim, não deixe de fazer isso. Ao puxar, tente direcionar o movimento para a parte mais baixa do abdome, pois isso geralmente resultará na melhor contração máxima dos músculos das costas. Assim que inverter a direção do movimento, controle a fase excêntrica de cima até embaixo, mesmo quando os cotovelos ainda estiverem posicionados atrás das costas.

Considerações sobre o tempo

Essa contração na parte alta do movimento comprime intensamente a região central das costas (romboides, eretor da espinha, parte transversa dos trapézios e redondo maior). Tendo em vista que esse exercício também ultrapassa o ponto de alavanca dos latíssimos do dorso, você deve optar por sua execução como um exercício completo para as costas – e não apenas como um exercício específico para os latíssimos do dorso.

Segurança

Pode ser tentador usar o impulso e o movimento do quadril na parte alta para completar a repetição, mas não faça isso. Utilize apenas os músculos-alvo na execução do trabalho. Assim, você obterá mais crescimento com menos fadiga.

Variações

Se você não tiver acesso a uma barra curvada, use halteres e aparelho que replicarão, até certo ponto, esse movimento.

PUXADA COM PEGADA SUPINADA

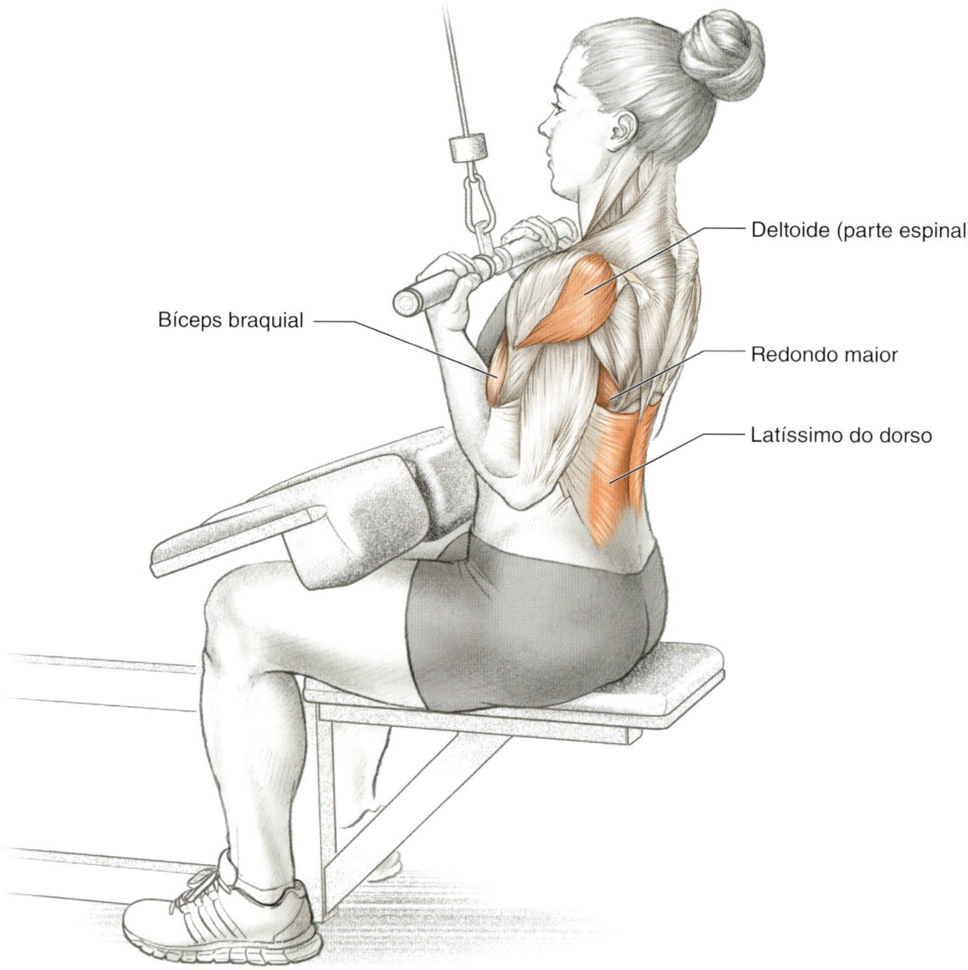

Execução

1. Sente-se no aparelho de puxada na polia com a barra conectada a uma polia alta. Para começar o exercício, use uma pegada supinada na barra mantendo os braços totalmente estendidos. Eleve e relaxe os músculos das escápulas.
2. Acelere gradualmente a descida (sem movimentos bruscos ou trancos) até que a barra toque nas suas clavículas. Ao puxar para baixo, concentre-se em trazer os cotovelos na direção dos lados do corpo, em vez de estendê-los.
3. Certifique-se de fazer uma subida controlada e gradual de volta à posição inicial.

Músculos envolvidos

Primários: Latíssimo do dorso, redondo maior, deltoide (parte espinal).
Secundários: Bíceps braquial, braquial, braquiorradial.

Considerações sobre o exercício

Mantenha seus cotovelos voltados para dentro e alinhados com os lados do corpo durante a descida, para que seja obtido o melhor estímulo para os latíssimos do dorso. Ao descer, toque com a barra no ponto que lhe for mais confortável e onde sua conexão mente–músculo com os latíssimos for mais eficaz. Se para tanto você tiver que tocar as clavículas enquanto estiver sentado e completamente ereto, ou se tiver que tocar a parte inferior do tórax com o tronco um pouco inclinado para trás, tudo bem. Nesse caso, não há resposta errada. Mesmo que não seja muito confortável, não deixe de fazer o mega alongamento na parte alta deste exercício.

Considerações sobre o tempo

Qualquer pessoa poderá se beneficiar com a prática deste exercício, mas ele é um movimento ótimo para que você foque a conexão mente–músculo. Praticantes de musculação mais avançados poderão tirar mais proveito do exercício se contraírem intencionalmente os latíssimos do dorso na parte descendente do movimento e se executarem a fase excêntrica com grande atividade dos latíssimos do dorso na subida.

Segurança

Se você sentir desconforto nos punhos ou cotovelos com a pegada na barra, experimente usar um acessório para barra EZ para ver se fica mais confortável.

Variações

Além da alça para barra EZ, existem muitos acessórios especiais que você pode usar como variação, por exemplo, alças Prime ou MAG Grips.

REMADA COM FLEXÃO NO CABO

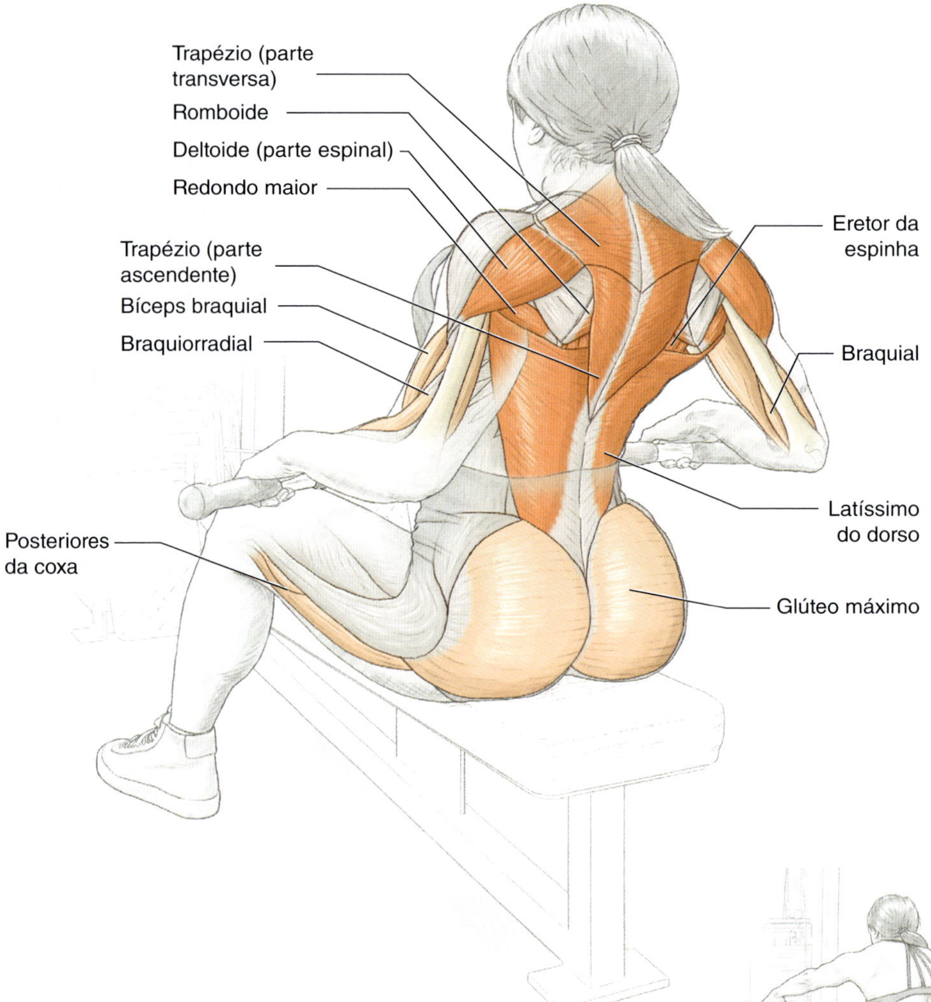

Posição inicial

Execução

1. Comece sentando-se a alguns passos de distância de uma polia baixa, com o tronco ereto. Segure uma barra de puxada conectada à polia baixa e faça uma pegada pronada.
2. Flexione o tronco e projete as escápulas enquanto se alonga lentamente. Interrompa o alongamento quando não conseguir mais descer.

3. Comece lentamente a ascensão curvando suavemente as costas, flexionando os cotovelos e retraindo as escápulas.
4. Conclua o movimento com o tronco ereto e o tórax projetado para cima, as escápulas para trás ao máximo que você puder e com a barra tocando o abdome.

Músculos envolvidos

Primários: Latíssimo do dorso, eretores da espinha (iliocostal, longuíssimo, espinal), redondo maior, deltoide (parte espinal), romboide, trapézio (partes ascendente e transversa).

Secundários: Bíceps braquial, braquial, braquiorradial, glúteo máximo, posteriores da coxa (semitendíneo, semimembranáceo, bíceps femoral).

Considerações sobre o exercício

Você pode prender a respiração durante a descida, expirando apenas na metade da fase concêntrica. Isso ajudará a manter alguma contração dos músculos do *core*. Mas não tente manter as costas retas; flexione a coluna ao máximo que puder. Se fizer um alongamento profundo na parte descendente do movimento, ocorrerá desenvolvimento de praticamente todas as regiões das costas, mesmo que só consiga esse efeito com o uso de uma carga mais leve. Ao curvar o tronco na parte alta do movimento, certifique-se de que sua região lombar esteja, no máximo, perpendicular ao solo. Você não ganhará nada em inclinar-se para trás – isso apenas faz com que o exercício fique desnecessariamente mais fácil.

Considerações sobre o tempo

Este exercício, quando feito corretamente, aquecerá seus eretores da coluna da melhor maneira possível e estimulará bastante o desenvolvimento e a fadiga. Para isso, tenha cuidado. Planeje quando e quanto você precisará dos seus eretores da coluna para outros treinos de costas e membros inferiores em seu programa atual, para que eles possam se recuperar a tempo e não o limitem mais tarde na sua semana de treinamento.

Segurança

Comece de forma leve (i.e., 20 ou 30 repetições, no máximo) e mantenha seus movimentos suaves tanto na fase excêntrica quanto na fase concêntrica. Com isso, o risco de ocorrência de lesões na região lombar diminui. Na verdade, visto que este exercício desenvolve a musculatura da região lombar e a competência dinâmica dos movimentos lombares, é bem provável que ele diminua o risco geral de lesões ou de dores lombares persistentes com a continuação de suas atividades.

Variações

Como variação, você pode usar qualquer tipo de pegador. Também pode executar este exercício com halteres, barra e até mesmo no aparelho Smith. Se posicionar o apoio do tórax na região do abdome em vez do tórax, também poderá executar este exercício em um aparelho de remada.

REMADA ALTA

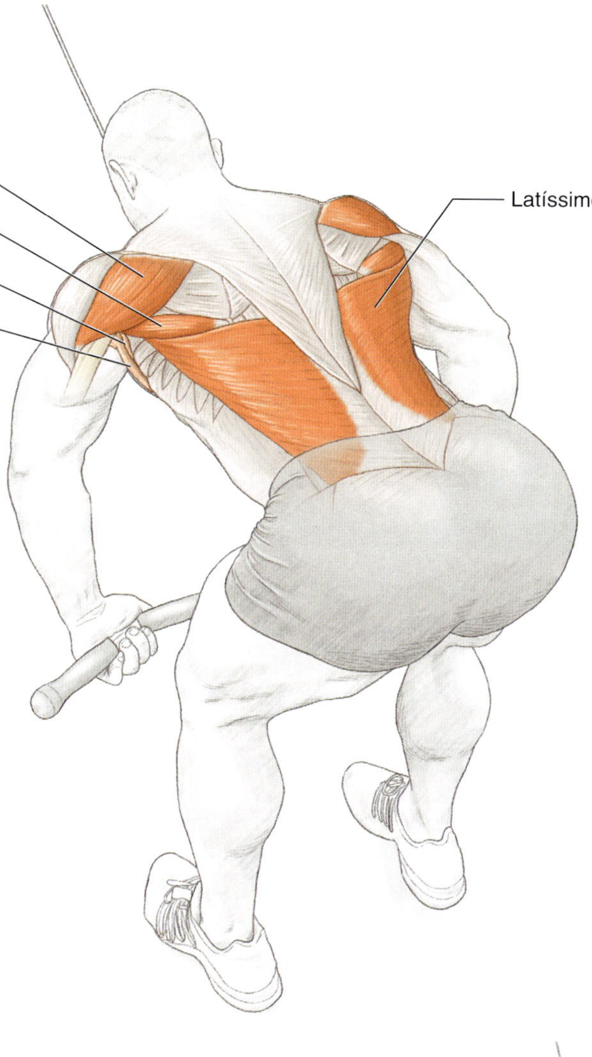

Execução

1. Ajuste a altura do cabo do aparelho para que fique aproximadamente na mesma altura das suas clavículas quando estiver em pé. Segure o acessório do cabo que você estiver usando.
2. Recue um pouco e incline a parte superior do corpo para a frente na altura dos quadris, de modo que os braços fiquem totalmente estendidos na parte alta do movimento. A alça do cabo deve se situar um pouco acima dos seus ombros, e os latíssimos devem ficar completamente alongados.

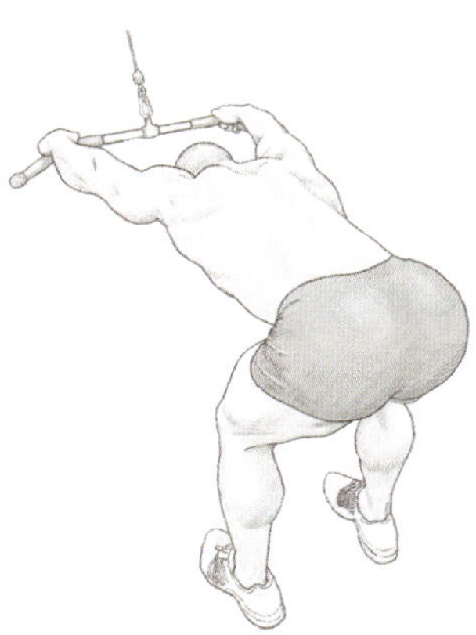
Posição inicial

3. Puxe a barra para baixo em um movimento em arco, na direção dos seus pés. Quando o cabo estiver se aproximando do seu rosto, levante um pouco o tórax, certificando-se de que o cabo não o atingirá.
4. Toque suavemente as coxas ou avance com o acessório do cabo ligeiramente para fora delas. Em seguida, retorne lentamente à posição inicial (i.e., o alongamento completo).

Músculos envolvidos

Primários: Latíssimo do dorso, redondo maior, deltoide (parte espinal).
Secundários: Peitoral maior, peitoral menor.

Considerações sobre o exercício

Tendo em vista que cada repetição leva muito tempo para ser executada, você poderá se beneficiar bastante se controlar a fase excêntrica. Ao chegar ao último terço da fase excêntrica, tente inclinar um pouco o tórax para baixo. Esse movimento promoverá um alongamento dos músculos das costas e da parte espinal dos deltoides com mais carga na parte superior do movimento, antes que você inverta as direções. No terço inferior do movimento, ao levantar o tórax, eleve-o apenas o suficiente para que o cabo avance sem bater no seu rosto. Se você elevar o tórax um pouco mais, isso prejudicará a curva de força do exercício. Além disso, também ocorrerá limitação do seu pico de contração, em comparação com o que seria ideal para o crescimento muscular, pois o estímulo no alongamento com carga ficará diminuído.

Considerações sobre o tempo

Você pode executar este exercício em primeiro lugar na sessão, mas ele também funcionará muito bem depois de um movimento composto de puxada vertical.

Segurança

Fazer uma reversão rápida é má ideia, pois há muita carga para ser transferida pelos músculos quando estão em suas posições mais alongadas e quando a articulação glenoumeral se situa em sua amplitude final. Ao executar este exercício, tome sempre muito cuidado na reversão da fase excêntrica para a fase concêntrica. Se você não puder fazer um alongamento completo por causa de algum desconforto nos ombros, tente uma largura de pegada diferente ou outro acessório de cabo. Se isso não funcionar, pare na maior amplitude de movimento possível na qual você ainda se sinta confortável com seus ombros.

Variações

Na maioria dos casos, uma pegada fechada neutra é a melhor opção para trabalhar os latíssimos, mas sempre poderá ser tentada outra pegada na qual você se sinta confortável. Neste exercício, realmente não há respostas erradas – apenas pequenas mudanças na ênfase entre os diversos músculos envolvidos.

REMADA NO APARELHO

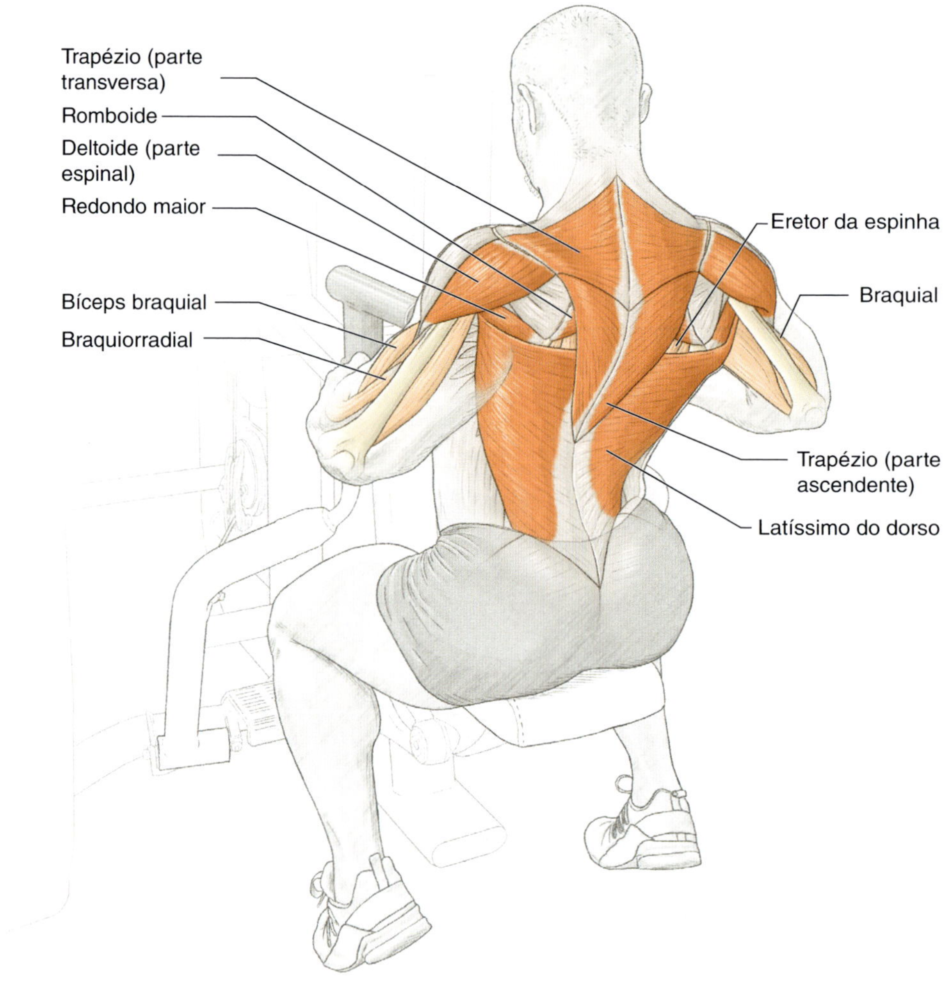

Execução

1. Comece sentando-se no apoio do aparelho com o tronco na posição vertical, costas retas e abdome apoiado na almofada.
2. Arredonde as costas para a frente e protraia as escápulas enquanto faz um lento alongamento. Interrompa o alongamento quando não conseguir mais descer.
3. Comece a subida suavemente, estendendo o tronco, flexionando os cotovelos e retraindo as escápulas.
4. Finalize o movimento com o tronco na posição vertical e o tórax elevado, escápulas para trás ao máximo possível e cotovelos o mais puxados possível para trás, enquanto o abdome ainda está apoiado no encosto.

Músculos envolvidos

Primários: Latíssimo do dorso, redondo maior, deltoide (parte espinal), romboide, trapézio (partes ascendente e transversa).

Secundários: Bíceps braquial, braquial, braquiorradial, eretores da espinha (iliocostal, longuíssimo, espinal).

Considerações sobre o exercício

É raro conseguir enfatizar o pico de contração com o uso de pesos livres, pois esses implementos tendem a influenciar demais o alongamento com carga em suas curvas de força. Em um aparelho, geralmente a curva de força costuma ser mais equilibrada ou facilita a contração máxima. Pode valer a pena fazer uma pausa na parte alta do movimento, com os cotovelos, escápulas e toda a musculatura das costas contraídos por 1 ou 2 segundos antes da fase de descida. Durante a descida, faça a fase excêntrica lentamente e deixe que a fase o puxe para protração das escápulas e a flexão do tronco na parte descendente do movimento. Isso diminuirá o volume de peso que você consegue levantar, mas saiba que ninguém se importa com o quanto você consegue remar no aparelho.

Considerações sobre o tempo

Um aparelho de remada – sobretudo do tipo com apoio para o tórax (a maioria delas) – é uma ótima opção se você estiver cansado. Esse aparelho também será útil se você estiver com a região lombar fatigada e precisa estar descansado para suportar o treino de outro grupo muscular em breve. Você pode simplesmente sentar, se posicionar e desenvolver as costas sem precisar gastar muita energia física ou mental para sustentar o corpo contra a gravidade.

Segurança

Remadas em aparelhos são muito seguras, mas escolha suas pegadas e alturas do assento que causem o mínimo desconforto possível na articulação do ombro. A escolha da altura do assento e as pegadas podem fazer grande diferença no modo como você sente este exercício.

Variações

Você pode fazer remadas tradicionais com apoio peitoral. Nesse caso, o apoio deve ficar posicionado sobre seu tórax, sem estender as regiões média e baixa do tronco na parte final do movimento. Também pode experimentar, aumentando a altura do assento e posicionando o abdome em contato com o apoio. Isso vai liberar seu tórax, permitindo que você faça a flexão do tronco na parte baixa da remada. Essas são alternativas ótimas. Considere usar uma dessas variações durante alguns meses; depois, tente a outra opção.

REMADA UNILATERAL ALTA NA POLIA

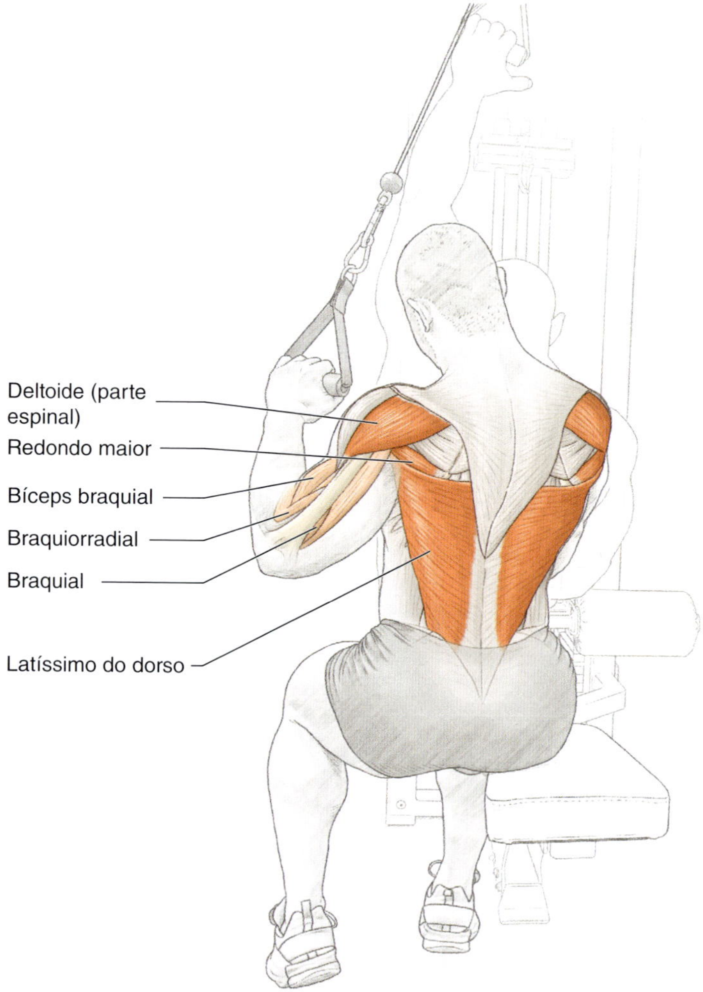

Execução

1. Na estação de puxada alta, segure a alça com um braço e sente-se a cerca de 15 cm do centro. Nessa posição, haverá maior distância para tração com o braço em atividade. Certifique-se de que o movimento seja iniciado com um alongamento máximo dos latíssimos do dorso, deltoides (parte espinal), bíceps e escápulas. O tronco também deve se inclinar um pouco na direção da alça.
2. Ao tracionar para baixo, traga o cotovelo o mais próximo possível do quadril, inclinando-se levemente para trás na outra direção e deprimindo as escápulas.
3. Retorne lentamente à posição inicial com máximo alongamento e repita. Você deverá trocar de lado apenas depois de concluída a série.

Músculos envolvidos

Primários: Latíssimo do dorso, redondo maior, deltoide (parte espinal).
Secundários: Bíceps braquial, braquial, braquiorradial.

Considerações sobre o exercício

É possível fazer este exercício sentado no centro da estação de puxada. Mas se você se sentar deslocado para o lado, poderá pré-alongar ainda mais os latíssimos do dorso, com a possibilidade de proporcionar um estímulo ainda maior de hipertrofia para esses músculos. No ponto mais alto do movimento, sentirá que se trata mais de uma puxada vertical, já que estará em uma orientação bastante ereta. Na parte descendente do movimento, pode valer a pena inclinar-se um pouco para trás e para o lado. Com isso, simulará um movimento de remada para contrair os dorsais em suas fibras mais inferiores. Para obter maior conforto nos ombros e maior amplitude de movimento para os músculos envolvidos, considere pronar a mão na parte alta do alongamento para, em seguida (ao tracionar o cotovelo para baixo e para trás em direção ao quadril), supinar a mão. Na parte alta do exercício, incline-se em direção ao suporte do cabo; na parte descendente do movimento, incline-se afastando-se; com isso, conseguirá um alongamento e uma ativação ainda maiores dos dorsais.

Considerações sobre o tempo

Provavelmente este exercício será mais adequado para levantadores de peso mais avançados, que obterão maiores ganhos com a conexão mente–músculo exigida pelo exercício. Para muitos levantadores iniciantes e intermediários, talvez seja mais sensato investir seu tempo em variações de barras fixas e remadas.

Segurança

Neste movimento, o uso de impulso não é uma escolha inteligente. Não vale a pena arriscar uma lesão e a irritação nos latíssimos, deltoides e tríceps, e na articulação glenoumeral.

Variações

Você talvez já tenha visto este exercício sendo demonstrado com uma amplitude de movimento limitada na sua parte alta; essa limitação impede que as escápulas se elevem completamente nessa fase do exercício. Esse estilo limita o alongamento sob carga dos músculos das costas – especialmente os latíssimos do dorso – tanto quanto poderiam. Portanto, é bem provável que essa não seja a melhor abordagem para promover crescimento muscular.

CAPÍTULO 4

Membros superiores

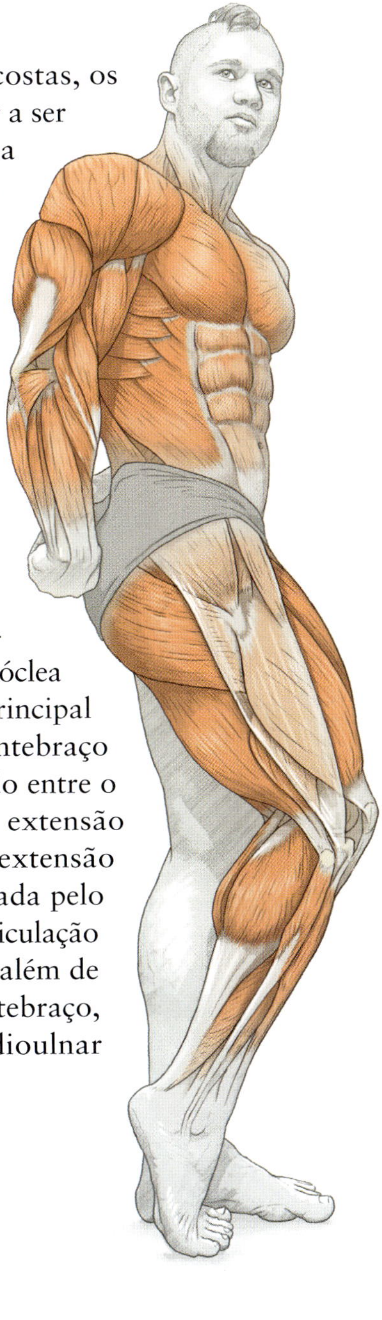

Em combinação com o tórax, os ombros e as costas, os membros superiores são o último grupo muscular a ser considerado no desenvolvimento de uma estética adequada do tronco para a musculação. Para os fisiculturistas, os membros superiores bem desenvolvidos e simétricos não são apenas esteticamente atraentes, mas o desenvolvimento desses músculos também é crucial para a otimização do desempenho.

A articulação do cotovelo – formada pela articulação entre o úmero (braço) e o rádio e a ulna (antebraço) – é uma articulação do tipo dobradiça que serve como fulcro (i.e., ponto de apoio) para a maioria dos exercícios de braço. A articulação do cotovelo se divide ainda em duas articulações distintas: a umeroulnar e a umerorradial. A articulação umeroulnar é formada pela tróclea do úmero e pela incisura troclear da ulna. Sua principal função é possibilitar a flexão e a extensão do antebraço no nível do cotovelo. Normalmente, a articulação entre o úmero e a ulna é a que limita a capacidade de extensão completa do cotovelo, e pode até causar hiperextensão nessa região. A articulação umerorradial é formada pelo capítulo do úmero e pela cabeça do rádio. Essa articulação possibilita os movimentos de flexão e extensão, além de contribuir para a pronação e a supinação do antebraço, quando em combinação com a articulação radioulnar proximal.

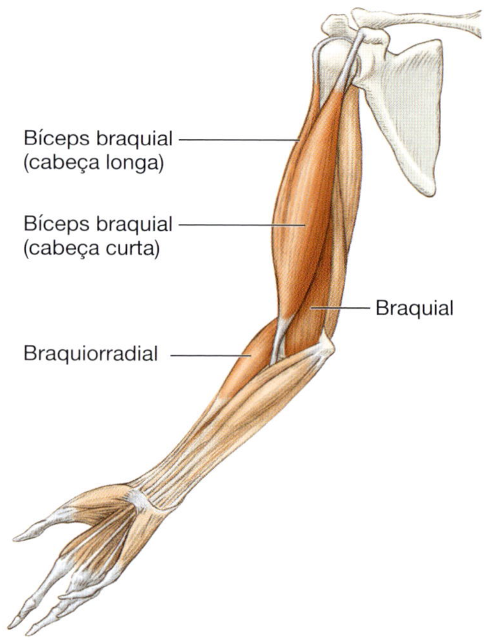

Figura 4.1 Músculos bíceps, braquial e braquiorradial.

Em termos gerais, os músculos do braço (membros superiores) podem ser categorizados em duas regiões principais: o compartimento anterior (frontal), que contém os músculos flexores, e o compartimento posterior (traseiro), que abriga os músculos extensores. Basicamente, o compartimento anterior do braço compreende os músculos bíceps braquial, braquial e braquiorradial, que coletivamente contribuem para a flexão e supinação do antebraço. Já o compartimento posterior do braço é dominado pelo tríceps braquial, o músculo responsável pela extensão do antebraço e pela estabilização da articulação do cotovelo. O antebraço também é dividido em compartimentos semelhantes.

O bíceps braquial (Fig. 4.1), também conhecido como "bíceps", está localizado no compartimento anterior do braço. Trata-se de um músculo com duas cabeças; cada uma delas tem origem em um ponto diferente da escápula e ambas convergem para um mesmo tendão que se insere na tuberosidade radial do rádio, no antebraço. A cabeça longa do bíceps tem sua origem no tubérculo supraglenoide da escápula, acima da articulação do ombro. A cabeça curta do bíceps origina-se no processo coracoide da escápula. O bíceps tem como principal função flexionar o cotovelo e girar o antebraço até uma posição supinada. A rosca direta do bíceps e suas diversas variações trabalham consideravelmente esse músculo. Tendo em vista que a cabeça longa do bíceps tem sua origem acima da articulação do ombro, esse músculo pode contribuir, em pequeno grau, para a flexão do ombro.

Além do bíceps braquial, os outros dois músculos presentes no compartimento anterior do braço são o braquial e o braquiorradial. O músculo braquial é uma estrutura plana e retangular, que se localiza sob o bíceps braquial. O braquial tem origem na metade distal do úmero, indo se inserir no processo coronoide e na tuberosidade da ulna, no antebraço. Sua função principal é promover a flexão do cotovelo. O músculo braquiorradial origina-se na crista supracondilar do úmero, indo se inserir no processo estiloide do rádio. Sua principal função é a flexão do cotovelo, mas o músculo também contribui para a pronação e supinação do antebraço, sobretudo quando o cotovelo está em posição flexionada.

O tríceps braquial (Fig. 4.2), também conhecido como "tríceps", é um músculo volumoso com três cabeças, localizado no compartimento posterior do braço. A cabeça longa do tríceps tem sua origem na escápula, logo abaixo da articulação do ombro. A cabeça curta origina-se na face posterior do úmero. A cabeça medial também tem sua origem na face posterior do úmero. As três cabeças do tríceps convergem em um tendão único, que se insere no processo olecraniano da ulna, no antebraço. A principal função do tríceps é promover a extensão do cotovelo, o que é essencial para a realização dos movimentos de empurrar e pressionar.

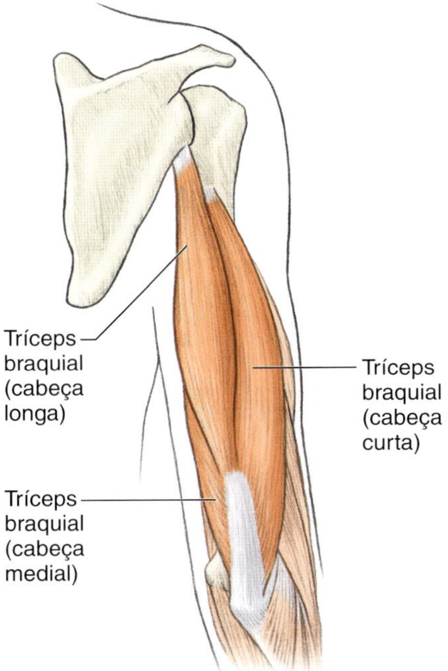

Figura 4.2 Tríceps.

Por fim, o antebraço (Fig. 4.3) contém cerca de 20 músculos, apresentando uma organização semelhante à do braço (i.e., parte superior do membro). Os músculos flexores estão situados no compartimento anterior, que está voltado para o lado da palma da mão, enquanto os músculos extensores estão localizados no compartimento posterior, que está voltado para o lado oposto. No total, o compartimento anterior contém de 7 a 8 músculos, com 2 a 3 deles sendo responsáveis pela flexão do punho (palmar longo [esse músculo está ausente em algumas pessoas], flexor radial do carpo e flexor ulnar do carpo); três músculos responsáveis pela flexão dos dedos (flexor superficial dos dedos, flexor profundo dos dedos e flexor longo do polegar); e dois músculos responsáveis pela pronação do antebraço (pronador redondo e pronador quadrado).

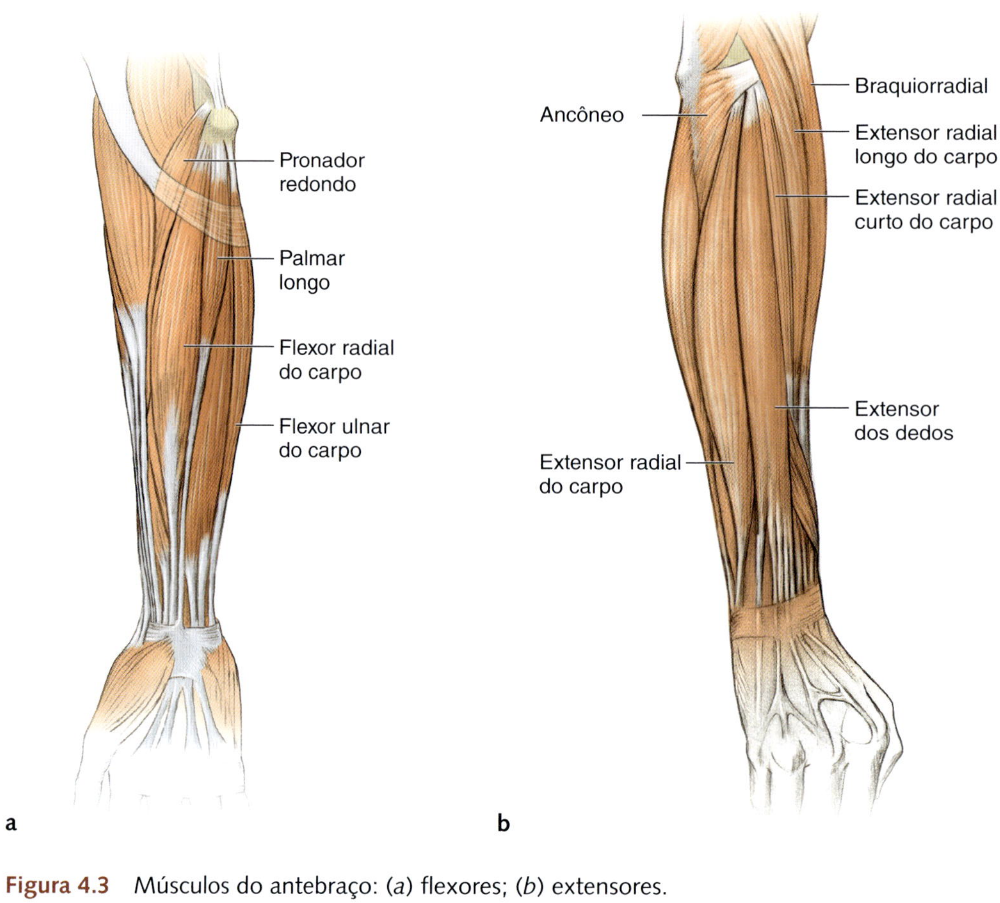

Figura 4.3 Músculos do antebraço: (*a*) flexores; (*b*) extensores.

O compartimento posterior contém 12 músculos, sendo três deles responsáveis pela extensão do punho (extensor radial longo do carpo, extensor radial curto do carpo e extensor ulnar do carpo); seis músculos responsáveis pela extensão dos dedos (extensor longo do polegar, extensor curto do polegar, abdutor longo do polegar, extensor dos dedos, extensor do indicador e extensor do dedo mínimo); e um músculo responsável pela supinação do antebraço (supinador). Os dois músculos restantes no compartimento posterior são o ancôneo e o braquiorradial. O ancôneo é um músculo muito pequeno que tem como função principal auxiliar o tríceps na extensão do cotovelo. O braquiorradial é uma exceção, pois o músculo se localiza no compartimento posterior, mas sua função principal é a flexão do antebraço.

Rosca com barra

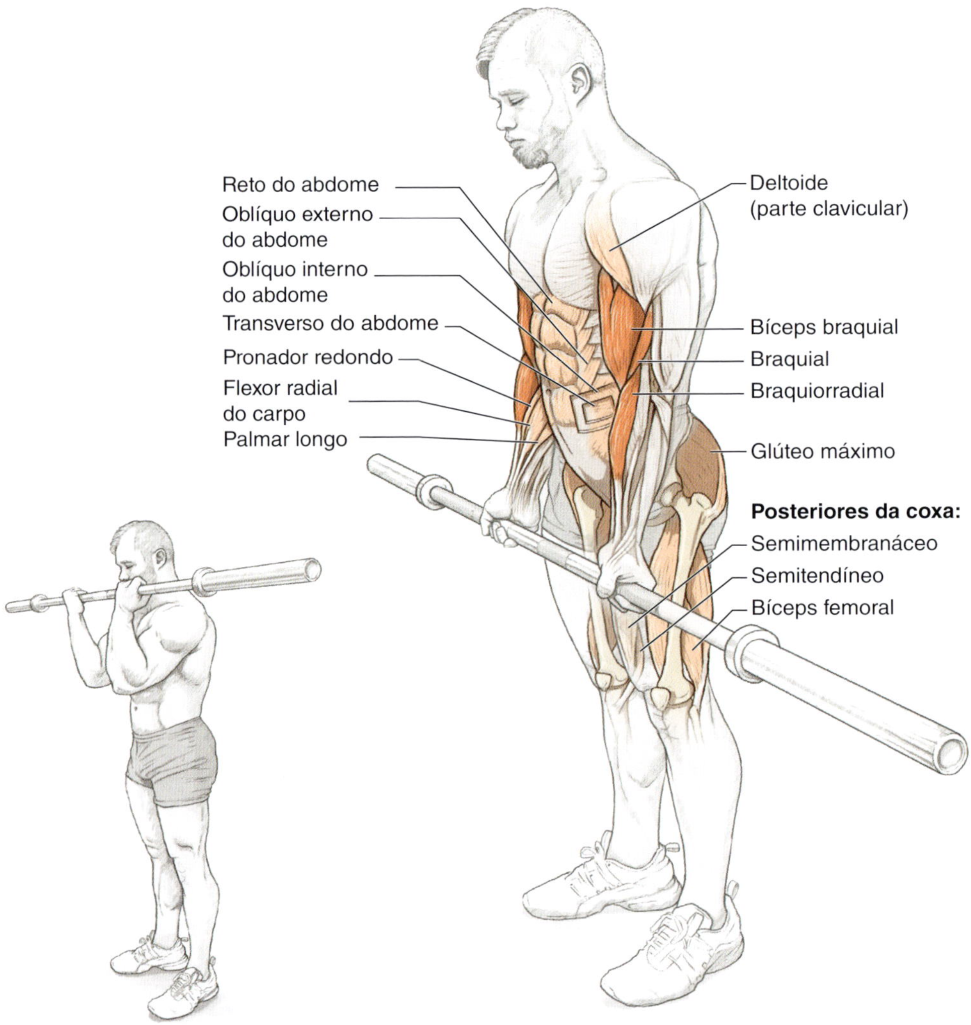

Execução

1. Fique em pé com os pés em uma posição confortável e distanciados aproximadamente na largura dos ombros. Comece o exercício com as mãos sob a barra, ligeiramente menos que a largura dos ombros, com os braços estendidos para baixo e o tórax elevado.
2. Flexione os cotovelos, elevando a barra em um movimento em arco até que os antebraços toquem os bíceps. Ao fazer a flexão, evite que os cotovelos se afastem, empurrando-os ativamente para dentro.
3. Retorne lentamente à posição inicial.

Músculos envolvidos

Primários: Bíceps braquial, braquial, braquiorradial.

Secundários: Pronador redondo, flexor radial do carpo, palmar longo, deltoide (parte clavicular), reto abdominal, transverso abdominal, oblíquo interno do abdome, oblíquo externo do abdome, eretores da espinha (iliocostal, longuíssimo, espinal), glúteo máximo, posteriores da coxa (semitendíneo, semimembranáceo, bíceps femoral).

Considerações sobre o exercício

Não interrompa a parte descendente do exercício revertendo o movimento em 10 ou 15 graus antes da extensão dos cotovelos. Isso poderá privá-lo de um alongamento extra sob estímulo de carga. Tendo em vista que você sentirá as maiores forças quando os antebraços estiverem paralelos ao solo na metade do movimento, é nesse ponto que você deve se concentrar em mais desaceleração excêntrica e no controle da barra (que é justamente o ponto no qual terá mais vontade de apressar o movimento, quando estiver cansado).

Para intensificar o alongamento na parte descendente do movimento, eleve o tórax e incline-se levemente para trás ao final do exercício. Isso resultará em um pré-alongamento dos bíceps e proporcionará melhor estímulo.

Considerações sobre o tempo

Este exercício fundamental é ótimo para pessoas flexíveis, iniciantes e intermediários. Se dominar a rosca direta, todos os demais tipos de rosca se tornarão mais eficazes. Por isso, esse é um investimento que vale a pena.

Segurança

Preste atenção na pegada e na posição dos cotovelos, pois este exercício pode causar incômodo nos punhos, cotovelos ou ombros, dependendo de qual articulação esteja em uma posição menos ideal, para compensar as demais articulações. Se a posição das mãos funcionar, tente usar uma barra EZ. Com frequência, praticantes mais musculosos e avançados precisam fazer essa troca. Além disso, este exercício pode causar um estresse significativo na região lombar. Isso não é ruim em si, mas pode interferir na recuperação da região lombar em outros exercícios do seu programa de treinamento, por exemplo, nos agachamentos e levantamentos-terra. Para minimizar o estresse na região lombar, use um cinto de levantamento de peso durante a execução da rosca com barra (mesmo que isso pareça um pouco estranho para alguns profissionais).

Variações

Durante este movimento, levante a parte superior dos braços ou mantenha-os completamente perpendiculares ao solo ao longo de toda a prática. Essas duas variações podem ser eficazes. Você pode até fazer o exercício com uma dessas variações durante alguns meses; e depois, poderá substituí-la pela outra.

Rosca direta com barra EZ

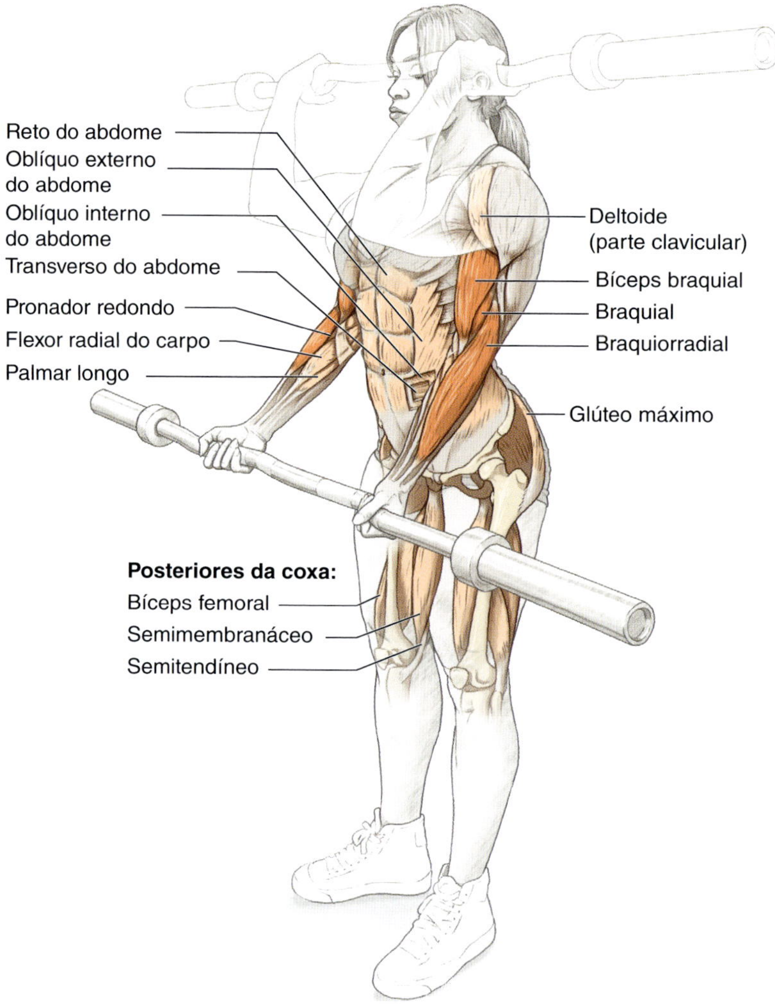

Execução

1. Fique em pé, com os pés em uma posição confortável e distanciados aproximadamente na largura dos ombros. Comece com as mãos nas dobras externas ou internas da barra EZ, com os braços estendidos para baixo e o tórax ereto.
2. Eleve a barra em um movimento de arco até que os antebraços toquem seus bíceps. Ao fazer a flexão, evite que os cotovelos se afastem, empurrando-os ativamente para dentro.
3. Retorne lentamente à posição inicial.

Músculos envolvidos

Primários: Bíceps braquial, braquial, braquiorradial.

Secundários: Pronador redondo, flexor radial do carpo, palmar longo, deltoide (parte clavicular), reto abdominal, transverso abdominal, oblíquo interno do abdome, oblíquo externo do abdome, eretores da espinha (iliocostal, longuíssimo, espinal), glúteo máximo, posteriores da coxa (semitendíneo, semimembranáceo, bíceps femoral).

Considerações sobre o exercício

Se durante este movimento você tentar empurrar ativamente os cotovelos em direção ao tórax, isso poderá melhorar a conexão mente–músculo do bíceps (sobretudo se você desacelerar ativamente durante a parte intermediária da fase excêntrica do exercício). Se tiver acesso a um banco no qual possa posicionar a barra entre as séries, poderá deixar de ter que fazer o levantamento-terra todas as vezes, antes e depois de uma série. Assim, poderá economizar energia para a rosca direta em si.

Considerações sobre o tempo

Este exercício é uma ótima variação para qualquer tipo de rosca direta com barra; roscas diretas com barra podem irritar as articulações dos punhos, cotovelos ou ombros.

Segurança

Este exercício é muito seguro, especialmente nas séries de 10 ou mais repetições. Mas não comece a balançar na fase concêntrica, na tentativa de usar mais peso do que seus flexores do antebraço são capazes de levantar sozinhos.

Variações

Varie as posições das mãos nas posições de pegada interna e externa na barra EZ. Nesse caso, não há resposta certa ou errada: então, sinta-se à vontade para usar alternadamente as duas pegadas, trocando a cada período de alguns meses.

Rosca com halteres no banco inclinado

Execução

1. Regule um banco inclinado para que fique em um ângulo de aproximadamente 45 ou 60 graus. Deite-se em decúbito dorsal.
2. Com um haltere em cada mão, mantenha os membros inferiores juntos à sua frente, com os pés apoiados no solo. Se seus pés não puderem alcançar o solo, poderá manter apenas os dedos dos pés apoiados no solo. Como opção, considere colocar uma anilha sob os pés.
3. Deixe que os halteres desçam completamente e retornem, mantendo a coluna lombar ligeiramente em lordose e o tórax apontando para o teto. Em seguida, flexione os cotovelos e eleve os halteres até que os antebraços toquem seus bíceps.
4. Retorne lentamente os halteres para baixo para obter máximo alongamento, mantendo o tórax ereto o tempo todo.

Músculos envolvidos

Primários: Bíceps braquial, braquial, braquiorradial.
Secundários: Pronador redondo, flexor radial do carpo, palmar longo, deltoide (parte clavicular).

Considerações sobre o exercício

Ajuste o ângulo do assento para obter um alongamento amplo, com conforto para os ombros. Se posicionar o assento muito verticalmente, não obterá um alongamento significativo no bíceps; se o posicionar muito horizontalmente, poderá irritar as articulações dos ombros. Comece com um ângulo de 60 graus do assento e abaixe-o o máximo que puder, mantendo as articulações dos ombros confortáveis. Para suportar o máximo possível de alongamento com carga, não reinicie o movimento concêntrico assim que seus braços estiverem próximos da posição inferior. Em vez disso, estenda os braços ativamente para trás na extremidade excêntrica de cada repetição, permitindo o alongamento máximo antes do início do movimento concêntrico da próxima repetição. Ao fazer a rosca direta, deverá manter os joelhos unidos; se os afastar, os halteres colidirão com seus membros inferiores durante a subida. Por fim, ao realizar este exercício, certifique-se de desacelerar e controlar bastante a fase excêntrica. Com esse controle, não sentirá cansaço na região lombar (como pode acontecer nas roscas em pé); assim, esse é o momento ideal para que se concentre em fazer uma fase excêntrica de qualidade.

Considerações sobre o tempo

Este é um exercício muito estável, com uma grande exposição ao alongamento com carga e uma amplitude de movimento incrível. Este é um dos exercícios mais eficazes entre todos os exercícios para o bíceps. Se você está em busca do melhor crescimento dos bíceps a longo prazo, pratique-o ao final de uma fase de treinamento intensa ou durante um bloco de especialização para o bíceps, quando for necessário o maior estímulo possível. Para conseguir um estímulo extra, experimente algumas séries para ativação muscular com este exercício: faça o máximo de repetições que puder, descanse os halteres sobre os joelhos por cerca de 5 a 10 segundos e, em seguida, faça novamente o máximo de repetições que conseguir e repita 2 ou 3 vezes seguidas.

Segurança

Acelere a fase excêntrica. Se usar muito peso e o movimento ficar muito dinâmico, você poderá correr o risco de se lesionar na posição de alongamento deste exercício.

Variações

Para variar, tente segurar os halteres na parte interna das barras, em vez de pegá-los na parte externa. Ao segurar na parte interna, será possível usar mais carga e você poderá se concentrar mais na trajetória do haltere e no controle excêntrico. Ao segurar na parte externa, terá que se concentrar em levantar os dedos mínimos para trabalhar parte do componente de supinação da função do bíceps. Isso limitará as cargas utilizadas e outras oportunidades de foco técnico, mas também propiciará um estímulo único para o bíceps.

BÍCEPS E ANTEBRAÇOS

Rosca com alongamento no aparelho Freemotion

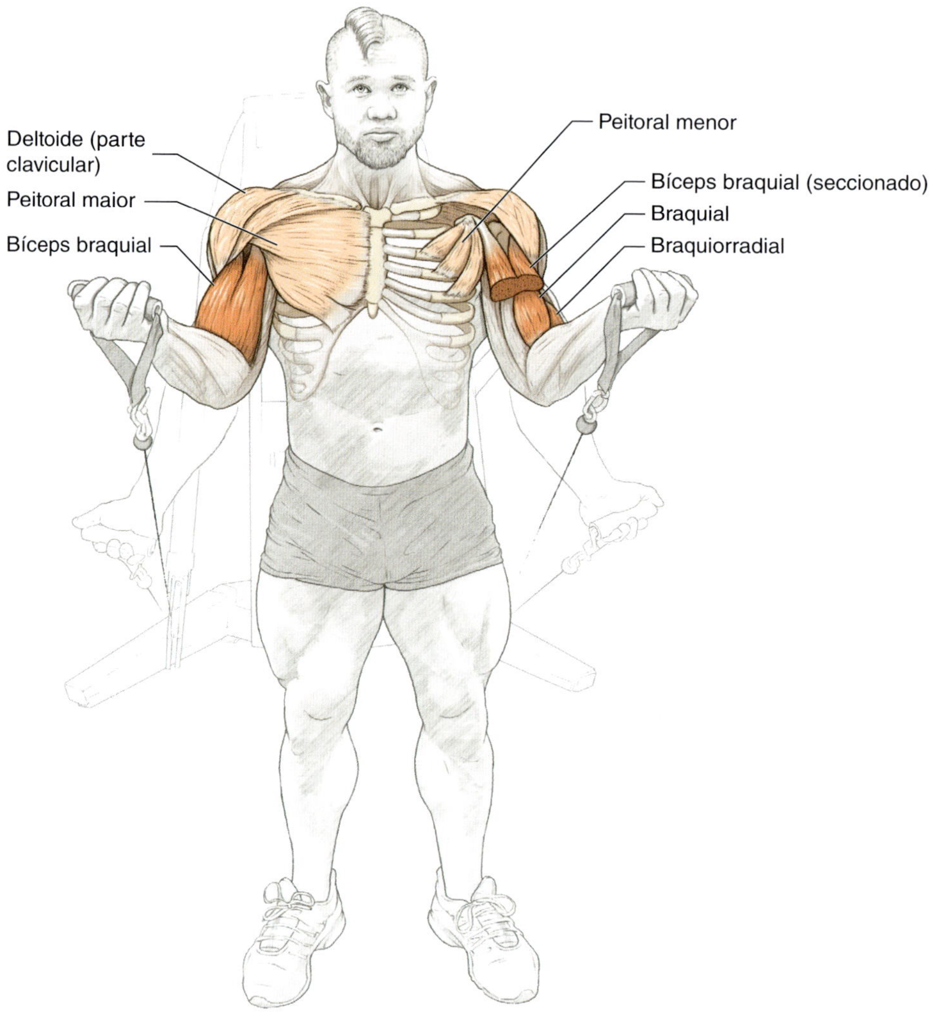

Execução

1. Ajuste a posição dos cabos para que eles se localizem em algum ponto entre seus pés e os quadris, e regule a largura escolhendo qualquer distância entre a largura dos ombros e o local mais afastado que quiser experimentar. Você pode ficar em pé com uma postura escalonada (i.e., com um pé ligeiramente à frente do outro, com os dois pés plantados no solo) ou com um afastamento dos pés equivalente à largura dos ombros – escolha a posição que for mais confortável.
2. De costas para o aparelho, segure as duas alças e caminhe para a frente até eliminar a folga dos cabos e sentir bastante tensão na posição de alongamento máximo.
3. Com o tórax ereto, faça a flexão dos cotovelos (rosca) até que os antebraços toquem os bíceps. Em seguida, retorne ao ponto inicial.

Músculos envolvidos

Primários: Bíceps braquial, braquial, braquiorradial.

Secundários: Pronador redondo, flexor radial do carpo, palmar longo, deltoide (parte clavicular), peitoral maior, peitoral menor.

Considerações sobre o exercício

Se optar por uma postura escalonada, poderá aumentar a estabilidade durante a execução da rosca direta. Mantenha o tórax elevado na parte inferior do movimento e deixe as mãos se projetarem bem para trás; essa estratégia proporcionará o maior alongamento possível nos bíceps, sem chegar ao ponto de irritar as articulações dos ombros. Se não estiver sentindo muita tensão no alongamento na parte descendente do exercício, dê alguns passos para a frente com as alças nas mãos. Quanto mais para trás suas mãos estiverem (com o tórax alto) na parte descendente do movimento, melhor; mas você não precisará mover os braços para cima ao final do movimento nem levantar os ombros. Faça a rosca direta até que os antebraços toquem os bíceps.

Considerações sobre o tempo

Este exercício é eficaz porque oferece uma tensão contínua e enfatiza o alongamento com carga. Como opção mais inteligente, você poderá praticar o exercício ao final de uma fase de treinamento desafiadora, ou durante um bloco de especialização para os bíceps – ocasião em que precisará de máximo estímulo.

Segurança

Desça lentamente e faça uma pausa na parte descendente do exercício. Ao ocorrerem as forças mais intensas durante o alongamento, tome o cuidado de não fazer movimentos explosivos nessa parte da amplitude de movimento.

Variações

É fácil descansar entre as séries, por ser possível retornar ao suporte do cabo simplesmente andando para trás e se inclinando, sem nem mesmo soltar as alças. Essa possibilidade torna este exercício ideal para repetições mioelétricas – então, divirta-se. Para obter mais variações, experimente posicionar os cabos em diferentes alturas e larguras. Veja se você consegue encontrar algumas combinações de ângulos que lhe proporcionem grande estímulo, mantendo ainda o conforto nas articulações.

Rosca "Jerry" no cabo (rosca com pegada pronada no cabo)

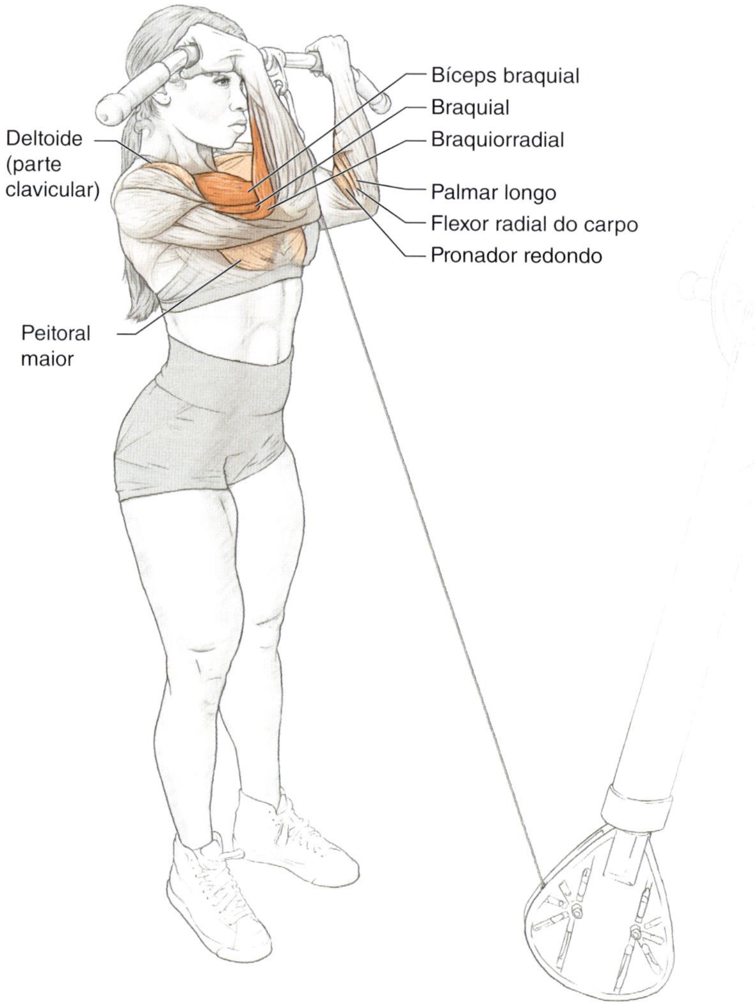

Execução

1. Denominado em homenagem ao seu maior divulgador, Jared "Jerry" Feather (coautor deste livro), esse exercício começa como uma rosca direta na polia convencional, mas com uma pegada mais fechada do que o normal. O ideal é que seus cotovelos estejam posicionados sobre o abdome, logo acima dos ossos do quadril. Prenda uma barra de puxada em uma polia baixa do aparelho de cabos. Fique em pé de frente para o aparelho, com os pés afastados na largura dos ombros e segure a barra com uma pegada fechada.
2. Mantendo os cotovelos encostados no abdome, um pouco para dentro e acima dos quadris, incline-se para trás e projete o tórax para cima antes de iniciar o movimento. Isso promoverá um alongamento significativo nos bíceps.

3. Assim que você começar a rosca direta, concentre-se em juntar seus cotovelos ao máximo possível.
4. Quando seus antebraços tocarem os bíceps na parte superior do movimento, retorne de forma extremamente controlada. Na parte descendente do movimento, mantenha os cotovelos voltados para dentro o suficiente, de modo que voltem a tocar o abdome (e não os lados do abdome).
5. Ao realizar a flexão na fase excêntrica (i.e., na descida), mantenha o tórax ereto, de modo que os bíceps sejam forçados a se alongar o bastante para que você seja capaz de fazer com que os cotovelos retornem o suficiente para tocar o abdome ao final do movimento.

Músculos envolvidos

Primários: Bíceps braquial, braquial, braquiorradial.

Secundários: Pronador redondo, flexor radial do carpo, palmar longo, deltoide (parte clavicular), peitoral maior, peitoral menor.

Considerações sobre o exercício

Comece com o tórax bem ereto e os cotovelos voltados para dentro, de modo que seus bíceps se alonguem ao máximo possível na parte descendente do movimento. Se isso fizer com que você não consiga tocar o abdome no final do movimento, tudo bem – contanto que sinta um grande alongamento e esteja ativamente tentando aproximar os cotovelos o máximo possível durante o movimento. Você pode desenvolver a habilidade de manter os cotovelos para dentro, ao fazer uma ativação consciente, tentando encostar um no outro o tempo todo, como se estivesse prendendo uma bola entre eles e não pudesse deixar a bola cair. Durante o movimento de descida, resista à tentação de abaixar o tórax. Mantenha seu tórax bem elevado – você pode até se inclinar um pouco para trás, para que os bíceps sejam maximamente alongados.

Considerações sobre o tempo

Este exercício exigirá de você bastante foco mental; portanto, ele não deverá ser realizado no final da sessão, quando estiver mentalmente cansado. Os iniciantes podem ter dificuldade em dominar essa técnica avançada. Diante disso, provavelmente é melhor que este exercício fique reservado para praticantes intermediários e avançados.

Segurança

Este exercício é muito seguro, pois seu potencial de carga é baixo, quando executado corretamente. Mas ocasionalmente o movimento de pressionar e juntar os cotovelos pode causar câibras nos peitorais. Assim, talvez não seja uma boa ideia realizar este exercício na véspera de um treinamento focado no tórax.

Variações

Este exercício pode ser realizado com barras e halteres, e também com cabos.

Rosca Scott unilateral no aparelho

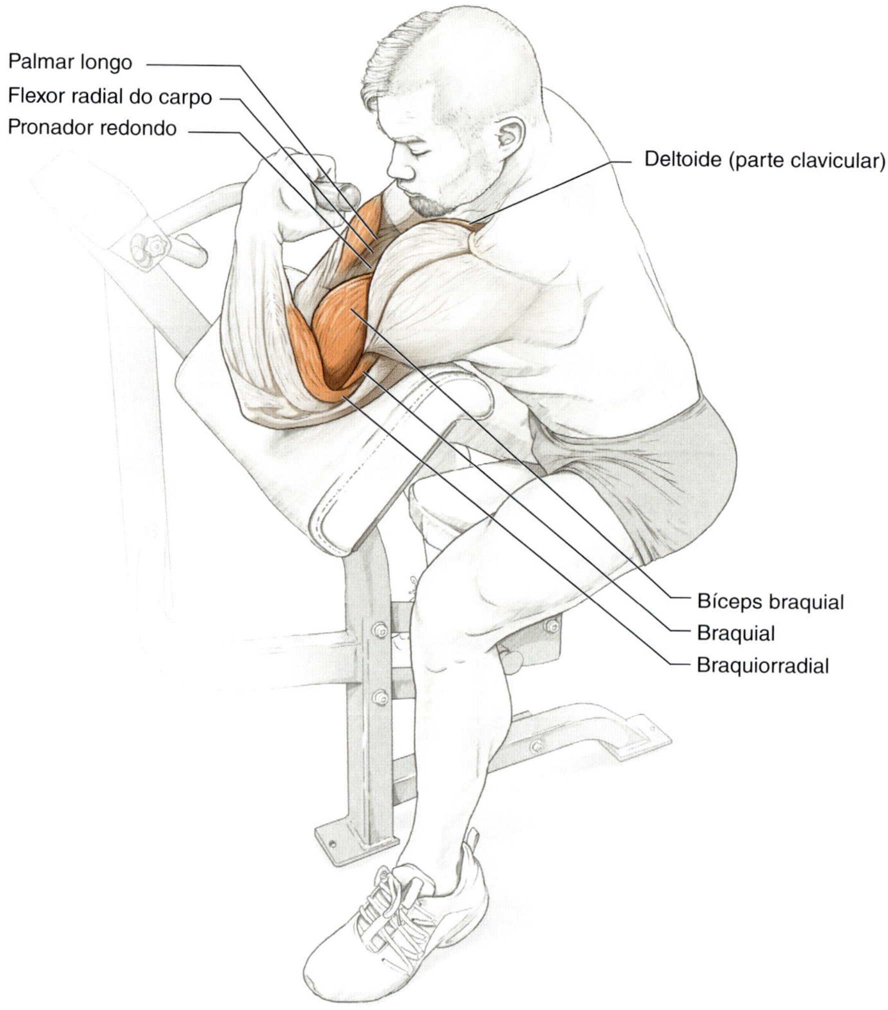

Execução

1. No aparelho de rosca Scott, ajuste a altura do banco de forma que seja possível conseguir um alongamento completo dos bíceps (com o cotovelo totalmente estendido) na parte descendente do movimento. Sente-se no aparelho e posicione um dos braços com a palma da mão voltada para cima (em vez de voltada para dentro) o máximo possível. A articulação do cotovelo deve ficar localizada diretamente abaixo do antebraço, e não deslocada para o lado.
2. Sinta o bíceps alongar completamente na parte descendente do movimento. Flexione o braço totalmente, tentando fazer o antebraço encostar no bíceps. Concentre-se em manter a palma da mão em supinação máxima, apontando o dedo mínimo para o alto.
3. Na fase excêntrica, retorne lentamente; em seguida, repita. Alterne os braços ao final de cada série.

Músculos envolvidos

Primários: Bíceps braquial, braquial, braquiorradial.
Secundários: Pronador redondo, flexor radial do carpo, palmar longo, deltoide (parte clavicular).

Considerações sobre o exercício

Não fique de frente para o aparelho de rosca Scott e faça apenas um braço de cada vez, da mesma forma que você se sentaria se estivesse fazendo a flexão simultaneamente com os dois braços. Em vez disso, sente-se levemente virado para o lado oposto do braço que está fazendo a rosca, para conseguir mais supinação e maior exposição do bíceps. Para maior eficácia do exercício, controle a fase excêntrica e faça pausas, tanto na parte superior quanto na parte inferior do movimento; se você pausar no topo do movimento e até mesmo contrair o bíceps por um segundo, poderá desenvolver uma conexão mente–músculo mais satisfatória com seu bíceps, além de aproveitar muito mais a fase excêntrica.

Considerações sobre o tempo

Este exercício será mais demorado, por ser unilateral. Reserve-o para as fases de especialização para os bíceps, ou para quando tiver bastante tempo disponível para se dedicar à academia.

Segurança

Não é recomendável "dar trancos" durante a realização deste exercício. Embora seja rara a ocorrência de ruptura do bíceps durante a rosca Scott (especialmente com o uso de aparelhos), sair do ponto mais baixo do movimento com um impulso súbito com o uso de muita carga aumentará o risco de sofrer uma lesão.

Variações

Sinta-se à vontade para ajustar as configurações do banco do aparelho até que encontre uma posição confortável que permita a melhor ativação do bíceps. Você também pode testar diferentes alturas do assento ou do encosto da rosca, já que, em alguns aparelhos, é possível fazer esses ajustes independentemente.

Rosca de punho unilateral no banco

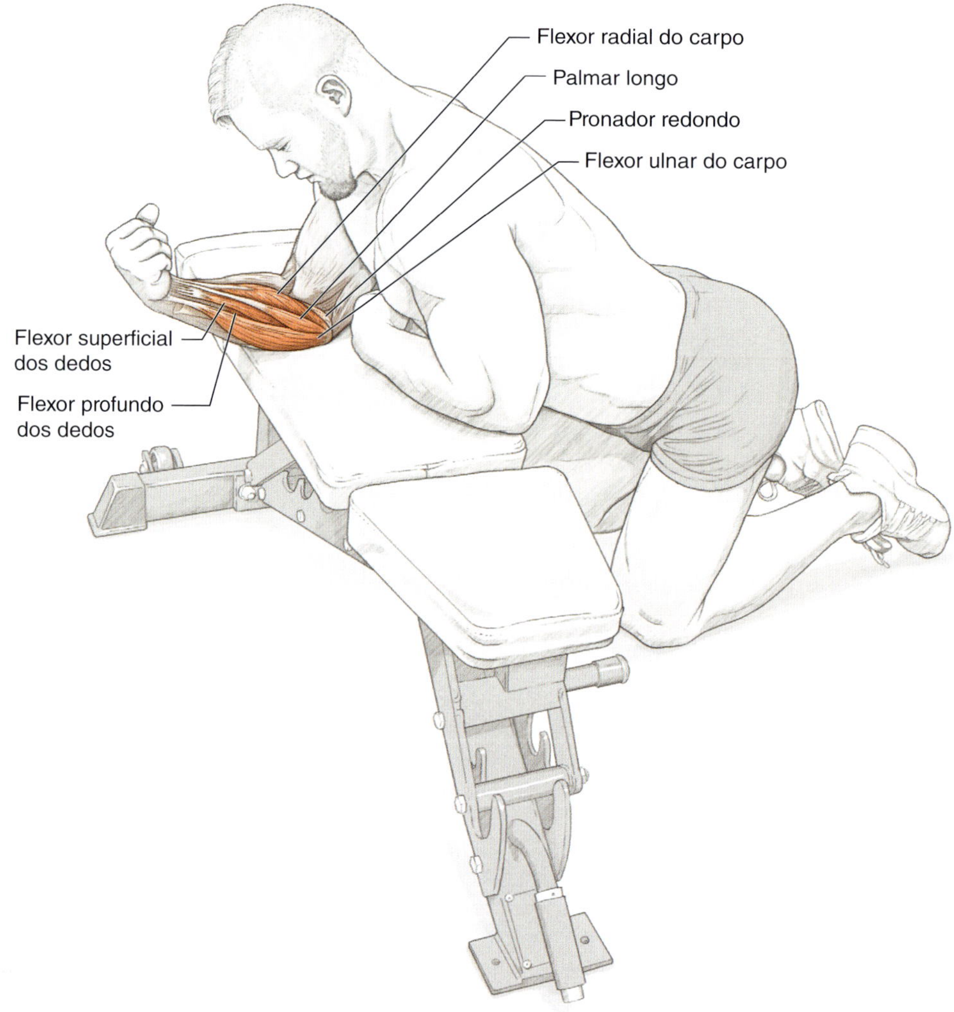

Execução

1. Pegue um haltere, ajoelhe-se ao lado de um banco plano e apoie seu antebraço sobre o banco com a palma da mão voltada para cima, segurando o haltere. O haltere deve estar levemente para a lateral da borda do banco, para que você não bata com ele no banco durante o exercício.
2. Controle o haltere até que o punho fique completamente estendido; depois, flexione o punho para cima, ultrapassando a linha paralela.
3. Inicie a próxima repetição com um movimento excêntrico lento. Ao final da série, troque de mão.

Nota: O haltere não aparece na ilustração para melhor visualização dos músculos do punho.

Músculos envolvidos

Primários: Flexor radial do carpo, palmar longo, flexor ulnar do carpo, flexor superficial dos dedos, flexor profundo dos dedos.

Secundário: Pronador redondo.

Considerações sobre o exercício

Se você executar este movimento de forma apressada, usará muita força de rebote dos tendões, impedindo que os músculos recebam o melhor estímulo possível para o crescimento. Diminua a velocidade na fase excêntrica e reinicie suavemente a fase concêntrica a partir da posição mais baixa do movimento. Quanto mais você conseguir descer sem que o haltere escorregue das suas mãos, melhor; você obterá os melhores resultados com o alongamento máximo sob carga. Na fase concêntrica, pode subir o haltere até um pouco acima da linha paralela ou até que o punho fique totalmente flexionado, dependendo de qual opção lhe proporciona a melhor conexão mente–músculo sem causar desconforto na articulação do punho.

Considerações sobre o tempo

Não faça este exercício antes do treino de costas ou para os bíceps, pois sua pegada passará a ser o fator limitante no treino de costas, e seus antebraços serão o fator limitante no treino para os bíceps. Você poderá optar por essa estratégia se usar *straps* ou alças de punho (p. ex., Versa Gripps), mas até mesmo a sensação de uma pegada mais fraca poderá interferir nos resultados dos treinos para costas e bíceps.

Segurança

Para maior conforto, ajuste a posição do seu punho sobre o banco. Você pode posicionar o punho mais perto ou mais longe da borda do banco – o que permitir a livre movimentação do haltere com um mínimo de desconforto no punho.

Variações

Em vez de posicionar seu antebraço transversalmente ao banco, experimente posicionar todo o braço ao longo do comprimento do banco. O movimento é idêntico, com a diferença de que o braço e o antebraço formarão um segmento rígido e com a articulação do cotovelo travada. Essa variação pode ativar mais eficientemente alguns dos músculos flexores do punho que entram em insuficiência ativa quando o cotovelo está flexionado (p. ex., pronador redondo, flexor radial do carpo e palmar longo).

Rosca de punho em pé com barra

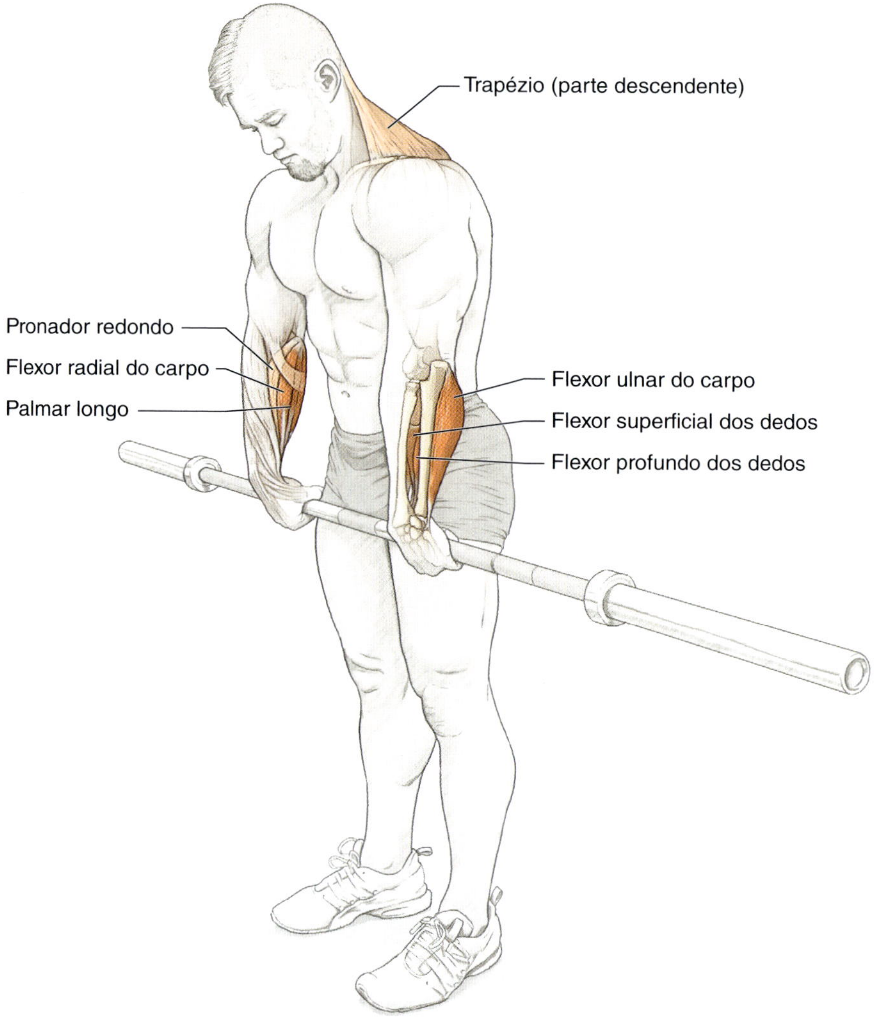

Execução

1. Segure uma barra com pegada pronada, na largura dos ombros, e fique em pé.
2. Flexione apenas seus punhos, até que as articulações não possam mais se movimentar.
3. Mantenha essa posição de pico por um segundo inteiro. Abaixe lentamente a barra até que ela esteja apenas se mantendo em suas mãos.

Músculos envolvidos

Primários: Flexor radial do carpo, palmar longo, flexor ulnar do carpo, flexor superficial dos dedos, flexor profundo dos dedos.

Secundários: Pronador redondo, trapézio (parte descendente).

Considerações sobre o exercício

A contração de pico com pausa de um segundo na parte alta do exercício é uma ótima estratégia para monitoramento, pois isso evitará que você conte as "quase repetições" que podem ocorrer mais para perto de falhar, quando estiver apenas momentaneamente chegando à posição mais alta. Essa estratégia também permite que contraia intensamente os músculos do antebraço e estabeleça uma forte conexão mente–músculo, que poderá ser explorada durante a descida. Embora não seja obrigatório, você poderá usar magnésio, permitindo que seus antebraços trabalhem mais, sem que fique atrapalhado com o escorregamento da barra. Por fim, evite elevar os ombros ou dar trancos usando os membros inferiores para impulsionar a carga, quando ficar difícil fazer as repetições; esse movimento causará uma fadiga sistêmica desnecessária, além de dificultar a execução e a progressão neste exercício.

Considerações sobre o tempo

Embora as cargas utilizadas sejam pequenas no contexto geral, este exercício é realizado em pé, o que causará alguma fadiga axial. Se seu programa já inclui muitos movimentos que causem fadiga axial (p. ex., remadas, levantamentos-terra, levantamentos "bom-dia" e agachamentos), pode ser melhor ideia escolher outra variação de rosca para os antebraços.

Segurança

Ao fazer este movimento, as articulações de seu punho devem permanecer confortáveis. Se isso não estiver ocorrendo, experimente ajustar a largura da pegada (i.e., mais fechada ou mais aberta).

Variações

Variar a largura da pegada é uma forma simples de expandir o uso deste exercício. Considere realizar roscas de antebraço com pegada fechada durante alguns meses, e em seguida mude para uma pegada aberta nos meses seguintes.

Impulsão com os antebraços

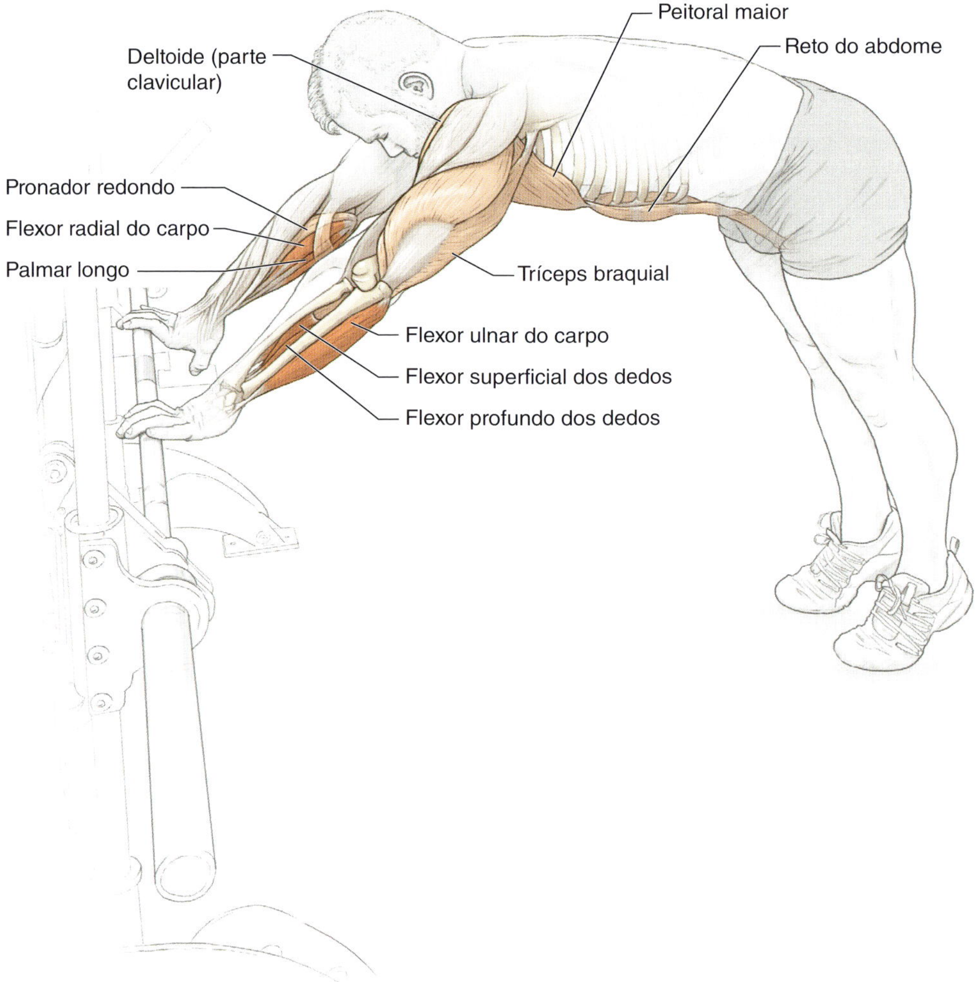

Execução

1. Posicione a barra do aparelho Smith na altura do quadril ou coloque uma barra comum em um *rack* de potência na mesma altura.
2. Fique afastado da barra a uma distância de aproximadamente um metro. Estenda os braços para a frente e apoie as pontas dos dedos na barra, mantendo todo o corpo – parte superior e inferior – como um único segmento rígido.
3. Estenda os punhos e os dedos para abaixar o corpo até que estejam totalmente estendidos.
4. Retorne à posição inicial flexionando os punhos e os dedos, até que as palmas das mãos estejam fazendo cerca de 15 graus da paralela com os antebraços.

Músculos envolvidos

Primários: Flexor radial do carpo, palmar longo, flexor ulnar do carpo, flexor superficial dos dedos, flexor profundo dos dedos.

Secundários: Pronador redondo, deltoide (parte clavicular), peitoral maior, peitoral menor, reto abdominal, transverso abdominal, oblíquo interno do abdome, oblíquo externo do abdome, tríceps braquial.

Considerações sobre o exercício

Durante o exercício, o braço de alavanca se alonga à medida que você for exercendo a ação excêntrica, maximizando a carga durante o alongamento. Dedique-se à fase excêntrica com calma (cerca de 2 a 3 segundos no total) e aproveite bem a parte descendente do movimento, permitindo uma pausa dolorosa com duração de cerca de 1 ou 2 segundos. Pode ser tentador usar o impulso para retornar à posição inicial, sobretudo pela projeção dos quadris para trás e se inclinando para longe do movimento. Em vez disso, tente se inclinar para a frente, para fazer com que o exercício fique mais difícil para os antebraços, e não mais fácil.

Considerações sobre o tempo

Tendo em vista que este exercício expõe a musculatura do antebraço a um grande alongamento sob carga, reserve-o para mesociclos subsequentes em um bloco de treinamento, para um macrociclo no qual você dependa de maior estímulo, ou para as fases de especialização para antebraços.

Segurança

Se, ao fazer este exercício, chegar até a falha muscular, esteja preparado para dar um passo à frente para não cair de cara no solo.

Variações

Experimente usar barras rotativas ou barras Smith para ver qual opção proporcionará a melhor sensação. As barras rotativas permitem que o movimento seja mais suave; no entanto, às vezes, elas acabam reduzindo o atrito necessário para que você consiga a melhor pegada.

Mergulho na paralela

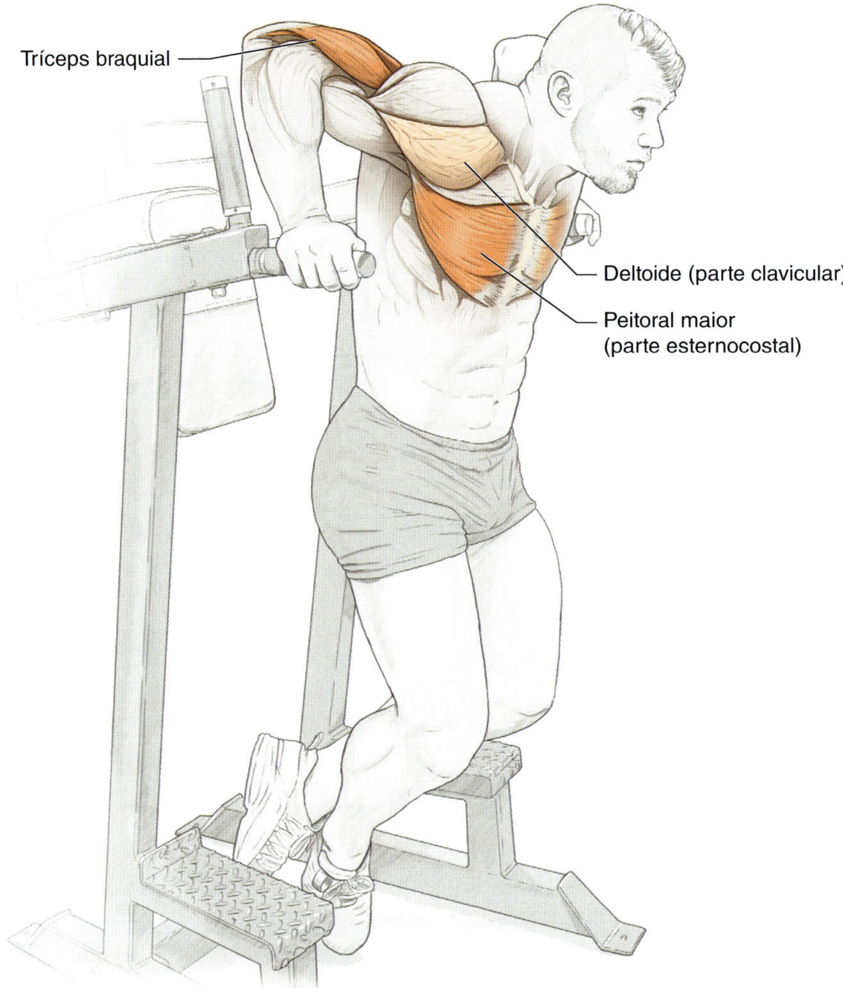

Execução

1. Segure as barras paralelas, que devem estar espaçadas na largura dos ombros. Erga o corpo até ficar suspenso com os braços estendidos e os cotovelos travados. Mantendo o tórax apontando para cima e os pés apontados para baixo ou dobrados para trás, desça lentamente, empurrando os cotovelos para trás. Continue empurrando os cotovelos para trás durante sua descida.
2. Quando não conseguir mais descer, suba suavemente, acelerando o movimento até que os cotovelos estejam completamente estendidos. Em seguida, recomece.

Músculos envolvidos

Primários: Tríceps braquial, peitoral maior (parte esternocostal).
Secundário: Deltoide (parte clavicular).

Considerações sobre o exercício

Os mergulhos são muito eficazes, mas sua prática pode representar algum risco para as articulações dos ombros e para os músculos peitorais. Assim, sempre faça descidas lentas e controladas. A vantagem dessa descida é que você terá mais tempo para aplicar sua melhor técnica, além de estimular bastante o crescimento do tríceps. Durante a descida, você poderá se sentir tentado a se inclinar para a frente e usar a parte clavicular dos deltoides e os peitorais para contribuir com a fase de maior esforço. Resista a essa tentação, projetando os cotovelos para trás durante a descida. Esse aumento no ângulo dos cotovelos estimula diretamente os tríceps, principalmente no ponto de alongamento profundo na parte descendente do movimento. Isso significa mais crescimento muscular, mas o uso dessa técnica fará com que sua força por repetição seja consideravelmente menor do que com a técnica tradicional. Assim, esteja preparado para essa diferença. Para ajudar na impulsão dos cotovelos para trás, procure manter o tórax elevado.

Considerações sobre o tempo

Mergulhos na paralela são um excelente exercício para praticantes leves ou que sejam suficientemente fortes para fazer pelo menos 5 (mas, com sorte, 10 ou mais) repetições. Se você não puder cumprir essa tarefa, tudo bem: faça então mergulhos na paralela com a ajuda de um parceiro de treino ou outros exercícios para tríceps.

Segurança

Existem duas maneiras de aumentar a segurança ao fazer mergulhos na paralela: primeiro, desça devagar e faça uma breve pausa na parte descendente do movimento de subir. Isso minimizará os picos de força e o risco de lesões. Em segundo lugar, não desça além do que o conforto dos seus ombros permitir. Se você sentir uma dor constante nas articulações dos ombros ao fazer os mergulhos, pare antes da profundidade que estiver causando a dor, ou troque para outro exercício. Mas a maioria das pessoas consegue fazer o mergulho o mais baixo possível que podem sem ter problemas nos ombros.

Variações

Tenha em mente que o fator mais importante para que os mergulhos sejam um exercício eficaz é: encontre a posição das mãos que você mais gosta. Se tiver uma barra de mergulho formato de "V", experimente pegadas mais estreitas e mais largas, até descobrir qual pegada resultará no maior estímulo para os tríceps. O melhor estímulo será aquele que gera maior tensão nos tríceps, proporciona o maior alongamento e resulta em maior bombeamento dos músculos.

Tríceps na polia (puxada de tríceps no cabo)

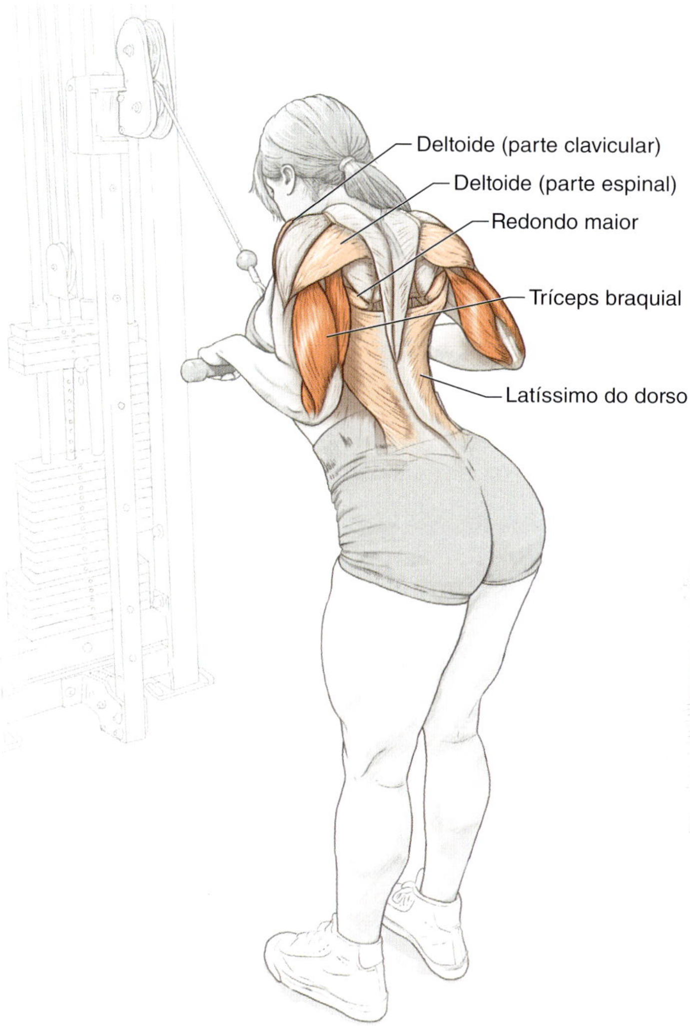

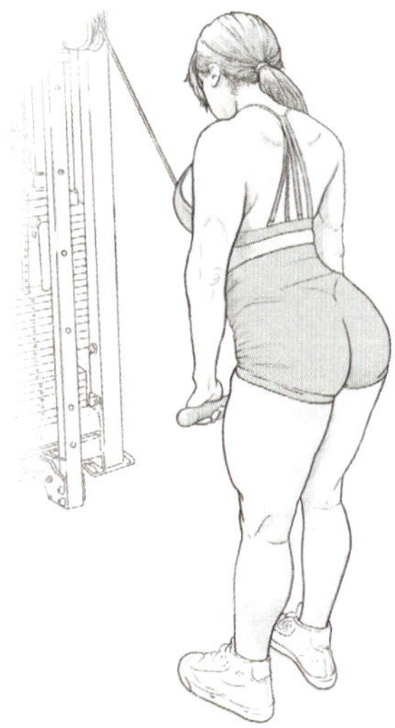

Puxada de tríceps na polia

Execução

1. Coloque um acessório de cabo com uma barra de sua escolha (uma barra reta é uma ótima opção para começar) no aparelho de cabos, aproximadamente na altura dos olhos.
2. Fique bem perto da barra e, em seguida, segure-a com uma pegada pronada. Puxe a barra para baixo até que o dorso das suas mãos chegue o mais perto possível de tocar a parte clavicular dos deltoides.
3. Mantendo os cotovelos para trás e voltados para dentro, empurre o cabo para baixo até que os cotovelos fiquem completamente estendidos.
4. No movimento de subida, empurre os cotovelos para dentro e para trás, gerando tensão máxima sob alongamento nos tríceps.

Músculos envolvidos

Primário: Tríceps braquial.
Secundários: Deltoide (partes espinal e clavicular), redondo maior, latíssimo do dorso.

Considerações sobre o exercício

Mantenha o tórax ereto o tempo todo. Isso fará com que o antebraço suba mais, para alcançar a parte clavicular do deltoide, aumentando a amplitude de movimento (sobretudo no importantíssimo alongamento sob carga). Essa postura também evitará que o peitoral participe na maior parte da produção de força, o que, por sua vez, ajudará na sua recuperação e adaptação ao próprio treinamento. Ao puxar os cotovelos para trás durante a subida, você poderá maximizar o alongamento sob carga nos tríceps. E também poderá tornar mais tranquila a tarefa de estabilização dinâmica necessária para os músculos dorsais e o redondo maior, diminuindo a fadiga desses músculos e favorecendo o rendimento nos treinamentos específicos. Mantendo o tórax ereto e deixando os cotovelos recuarem durante o movimento de subida, desacelere a fase excêntrica para maximizar os ganhos, enquanto realiza o movimento de forma suficientemente lenta para que tenha tempo de corrigir erros técnicos. Com isso, também aprimorará sua técnica.

Considerações sobre o tempo

O tríceps no cabo é um exercício mais adequado para praticantes intermediários e avançados. Os iniciantes devem se concentrar em movimentos com pesos livres para desenvolver sua competência motora geral.

Em razão do uso da torre com seleção de carga e de sua proximidade com o aparelho, este exercício é excelente para séries descendentes (i.e., *drop sets*), se você optar por incorporá-las.

Segurança

Posicione as mãos da forma que for mais confortável para seus punhos, cotovelos e ombros. Aqui, não existe uma posição "errada", desde que suas articulações estejam confortáveis – e seus tríceps, nem um pouco à vontade.

Rosca JM

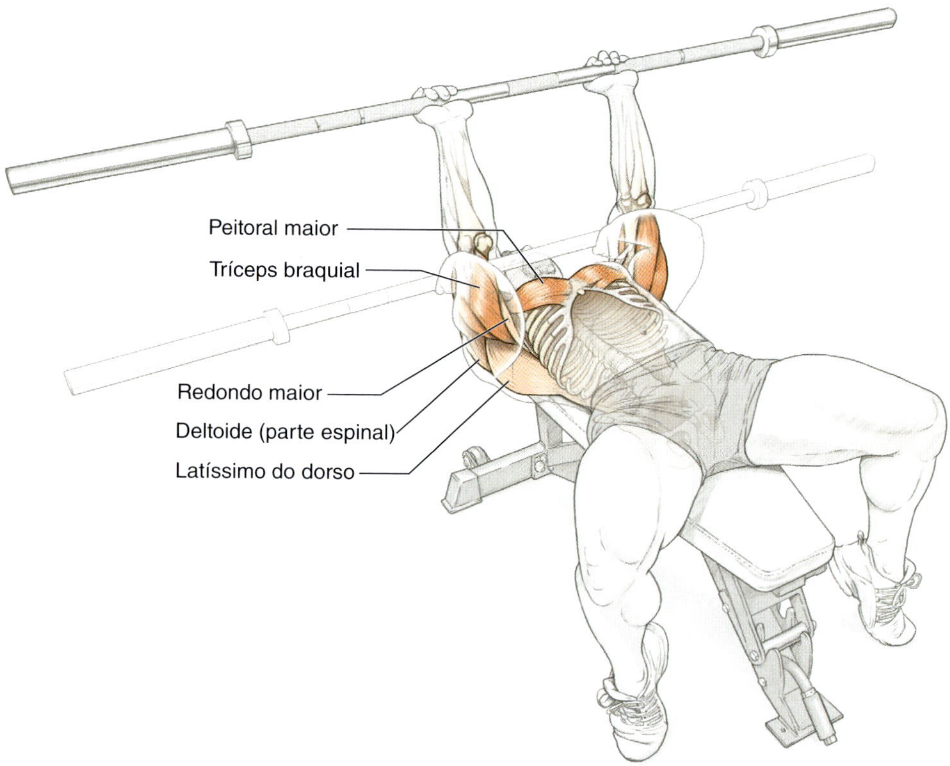

Execução

1. Deite-se em decúbito dorsal em um banco plano, com os pés firmes no solo. Se os seus pés não alcançarem o solo, poderá manter apenas os dedos dos pés apoiados no solo; como opção, considere colocar uma anilha embaixo dos pés. Segure a barra com os polegares envolvendo--a e retire-a do suporte. Comece com os braços totalmente estendidos, como na posição inicial de um supino com pegada fechada, com as mãos na largura dos ombros ou um pouco mais fechadas. Atletas avançados podem achar mais confortável usar uma pegada falsa.
2. Flexione os cotovelos e mova-os lentamente em direção aos quadris, evitando que se afastem para os lados.
3. Continue o movimento de descida, tentando fazer com que os dorsos das mãos cheguem o mais próximo possível de tocar a parte clavicular dos deltoides.
4. Ao atingir o ponto mais baixo que a flexão dos cotovelos permitir, retorne a barra à posição inicial estendendo os braços para cima.

Músculos envolvidos

Primários: Tríceps braquial, peitoral maior.
Secundários: Deltoide (parte espinal), redondo maior, latíssimo do dorso.

Considerações sobre o exercício

Ao afastar os cotovelos, seu tórax acabará contribuindo mais para o movimento. Isso não é necessariamente algo ruim, mas, para o isolamento dos tríceps, o ideal é manter os cotovelos maximamente fechados – o quanto você puder. Ao empurrar os cotovelos em direção aos quadris durante o movimento de descida, você garante que os tríceps recebam a maior parte da carga e também experimentem o maior alongamento sob carga na posição baixa do movimento – o que será muito benéfico para a hipertrofia muscular. Um movimento excêntrico (i.e., na fase de descida) lento é mais seguro e possivelmente ainda mais eficaz para a hipertrofia. Além disso, a desaceleração dessa fase facilita o domínio da técnica.

Considerações sobre o tempo

Se você gosta da rosca JM porque é um exercício mais suave para os cotovelos do que a rosca testa, poderá gostar ainda mais se realmente se se concentrar bastante na dica "cotovelos na direção dos quadris". Uma das maiores diferenças entre a rosca JM (especialmente como é tradicionalmente executada) e a rosca testa é o movimento dos cotovelos em direção aos quadris, em vez de em direção à cabeça.

Segurança

Não apresse a parte baixa deste exercício. Você aplicará muita força nos tendões do tríceps; por isso, o ideal é manter o controle e fazer uma execução lenta.

Variações

Experimente este exercício no aparelho Smith. Com o uso do aparelho, você poderá se concentrar ainda mais na conexão mente–músculo, já que parte do controle do movimento ficará a cargo do trilho do próprio aparelho.

Tríceps testa com barra

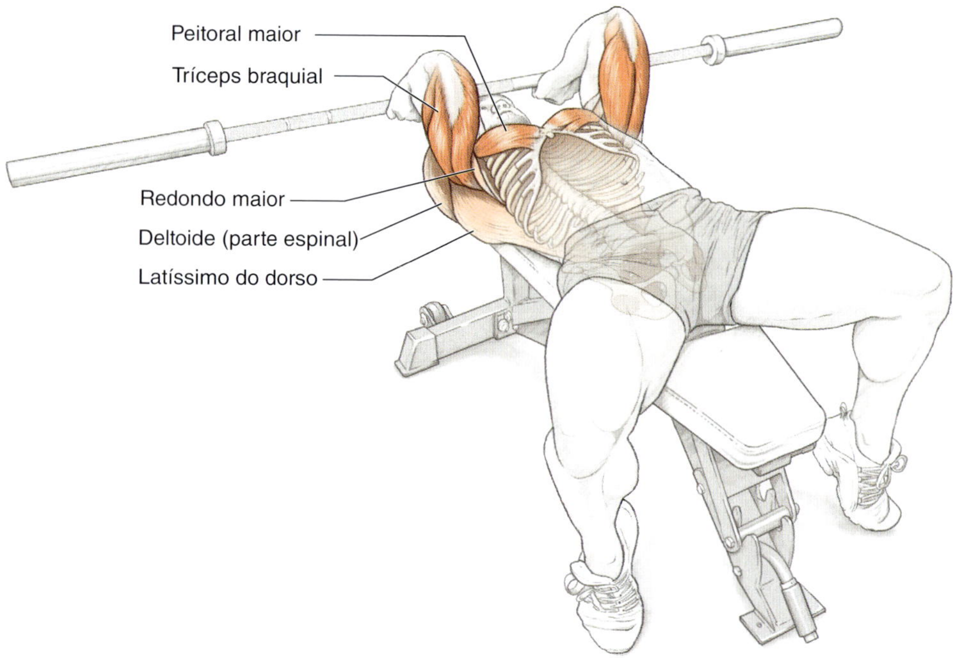

Execução

1. Deite-se em decúbito dorsal em um banco plano, com os pés apoiados no solo. Se os seus pés não alcançarem o solo, poderá manter apenas os dedos dos pés apoiados no solo; como opção, considere colocar uma anilha embaixo dos pés. Comece com a barra totalmente estendida em posição de supino com pegada fechada e com um espaçamento das mãos na largura dos ombros, ou um pouco mais fechadas.
2. Flexione os cotovelos e mova-os lentamente em direção aos quadris, sem deixar que se afastem para os lados.
3. Continue o movimento de descida e tente fazer com que a barra toque a ponta do seu nariz.
4. Assim que a barra tocar seu nariz ou atingir a profundidade máxima permitida pela flexão dos cotovelos, retorne a barra à posição inicial, estendendo-a para cima.

Músculos envolvidos

Primários: Tríceps braquial, peitoral maior.
Secundários: Deltoide (parte espinal), redondo maior, latíssimo do dorso.

Considerações sobre o exercício

A abertura dos cotovelos durante este movimento pode aumentar a contribuição do tórax, o que nem sempre é algo ruim. Mas se seu objetivo é focar nos tríceps, é recomendável que tente manter os cotovelos voltados para dentro o máximo possível. Durante a fase de descida do movimento, empurre os cotovelos para baixo em direção aos quadris para garantir que os tríceps suportarão a maior parte da carga e sejam significativamente alongados na posição baixa do movimento. Para otimizar ainda mais este exercício para ganhar hipertrofia, a fase excêntrica deve ser executada lentamente. Isso pode aprimorar sua técnica e aumentar a segurança, além de tornar o exercício mais eficaz.

Considerações sobre o tempo

Em qualquer de suas fases, este é um exercício "sem erro". A rosca testa combina muito bem com as superséries com pegada fechada e especialmente com halteres. Fique em pé ao lado do banco e pegue um par de halteres que normalmente você consiga levantar para uma série de 25 repetições. Faça o máximo de repetições possíveis de tríceps testa com a barra, apoie a barra no *rack*, pegue os halteres e então faça o máximo possível de repetições de supino reto com halteres. Se seus tríceps não cederem depois disso, com certeza eles vão crescer.

Segurança

Comece devagar e certifique-se de que seus cotovelos estejam preparados para suportar este movimento. Algumas pessoas se queixam de desconforto ou dores nos cotovelos ao fazer o tríceps testa. Embora em muitos casos a dica de "cotovelos na direção dos quadris" ajude, inicie o exercício com cargas leves e faça um bom aquecimento, pois isso pode fazer toda a diferença na sua tolerância ao exercício.

Variações

Experimente encostar a barra no pescoço, queixo, olhos, testa ou até no banco, acima da cabeça. Na verdade, não existe uma maneira "certa" de executar o tríceps testa ou a rosca JM – tudo depende do ponto de contato da barra, que pode variar desde mais ou menos a altura da clavícula até acima da cabeça.

Rosca testa invertida (tríceps na barra com peso corporal)

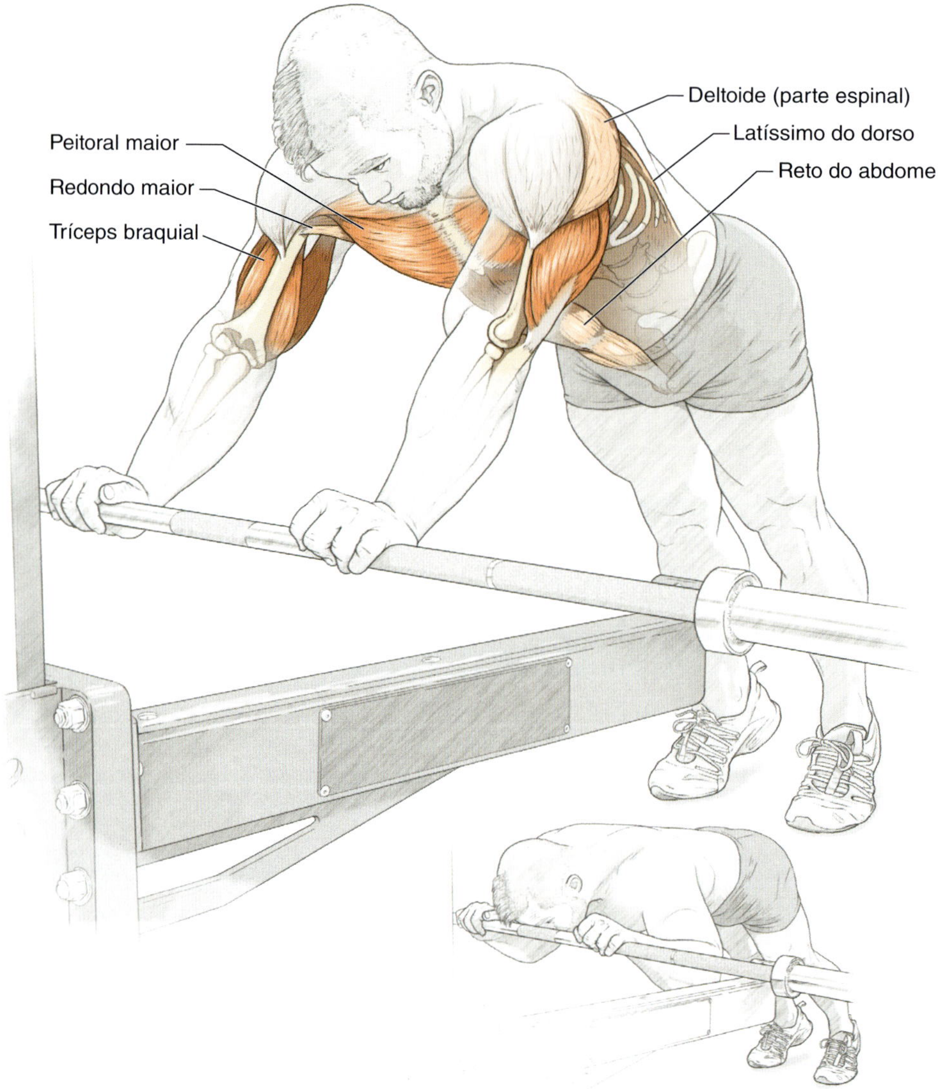

Incline-se em direção à barra.

Execução

1. Posicione uma barra (de aparelho Smith ou convencional) aproximadamente na altura do quadril. Afaste-se da barra em cerca de um metro e incline-se para a frente para segurá-la, com as mãos com afastamento ligeiramente menor do que a largura dos ombros.
2. Mantendo as partes superior e inferior do corpo como um único segmento rígido, flexione os cotovelos, movimentando-os lentamente na direção dos quadris, mas evitando que se afastem para os lados.

3. Continue a descida, buscando fazer com que a barra toque a ponta do seu nariz.
4. Assim que a barra tocar seu nariz ou alcançar a profundidade máxima permitida pela flexão dos cotovelos, retorne à posição inicial estendendo os braços para cima.

Músculos envolvidos

Primários: Tríceps braquial, peitoral maior.

Secundários: Deltoide (parte espinal), redondo maior, latíssimo do dorso, reto abdominal, transverso abdominal, oblíquo interno do abdome, oblíquo externo do abdome.

Considerações sobre o exercício

Durante a fase de descida do exercício, você pode empurrar os cotovelos na direção dos quadris para ajudar a transferir o foco para os tríceps e, com isso, permitir um alongamento maior na posição inferior. Essa estratégia pode ser benéfica para promover crescimento muscular. Faça uma fase excêntrica (de descida) lenta, pois isso também ajudará na execução do exercício com melhor técnica e mais segurança, podendo levar a resultados superiores em termos de hipertrofia muscular. Afastar os cotovelos durante a rosca testa invertida pode resultar em aumento na contribuição dos músculos peitorais. Mas provavelmente você obterá melhores resultados se mantiver os cotovelos fechados o máximo que puder, sobretudo durante a fase de descida.

Considerações sobre o tempo

Quanto mais pesado você for e quanto menos força tiver, mais alta a barra deverá ficar posicionada, de modo que possa cumprir qualquer número de repetições neste exercício. Mas com o passar do tempo e à medida que você for perdendo peso e emagrecer, talvez seja preciso abaixar a barra para que o exercício continue sendo desafiador.

Segurança

Neste exercício, quando sentir que a musculatura está falhando, esteja preparado para flexionar os joelhos e dar um passo à frente – assim você evitará um encontro indesejado (e doloroso) com a barra.

Variações

Assim como na rosca testa tradicional, você poderá tentar tocar a barra no pescoço, queixo, olhos, na testa e até mesmo esticar os braços para trás e deixar a cabeça descer abaixo da barra (desde que esses movimentos não irritem as articulações do ombro). Também pode ajustar o ponto de contato desejado dando meio passo para a frente ou para trás (com relação à barra) na posição inicial.

Extensão de tríceps acima da cabeça com barra EZ

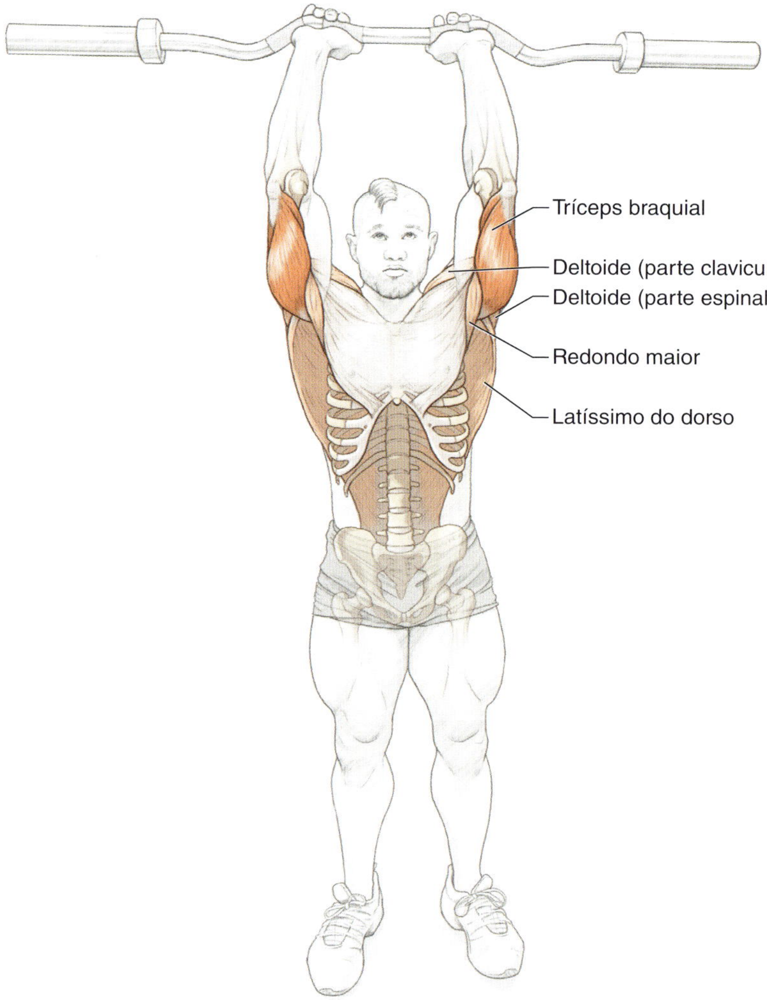

Execução

1. Fique em pé com os pés afastados na largura dos ombros. Segure uma barra EZ com uma pegada pronada, com as mãos posicionadas nas curvaturas internas ou externas da barra.
2. Levante a barra acima da cabeça e estenda completamente os braços, mantendo os cotovelos próximos às orelhas.
3. Flexione os cotovelos apontando-os diretamente para a frente e empurrando-os até a frente do rosto. Isso fará com que a barra desça atrás da cabeça; ao fazer isso, incline o pescoço um pouco para a frente e permita que a barra toque a parte mais baixa da nuca que conseguir alcançar.
4. Pare por um momento na posição mais baixa, sentindo o alongamento nos tríceps. Em seguida, acelere suavemente a barra de volta para cima, movendo a cabeça um pouco para trás assim que a cabeça for ultrapassada pela barra.

Músculos envolvidos

Primário: Tríceps braquial.
Secundários: Deltoide (partes espinal e clavicular), redondo maior, latíssimo do dorso.

Considerações sobre o exercício

É comum que as pessoas levem os braços muito para trás neste exercício e, em seguida, parem em um ângulo de 90 graus de flexão dos cotovelos. Essa é uma ótima forma para a execução do exercício, mas se você conseguir ir mais fundo, favorecerá a hipertrofia, mediada pelo maior alongamento dos tríceps. Em vez de apenas levar a barra ao máximo possível para trás, incline a cabeça para a frente e traga os cotovelos o mais para a frente que conseguir. Assim que os cotovelos estiverem totalmente flexionados na posição baixa do movimento, então poderá mover a barra para trás, tentando tocá-la na parte mais baixa da nuca. Quanto mais devagar e mais fundo você for, mais estímulo de crescimento irá proporcionar aos tríceps, sobretudo se mantiver os cotovelos fechados durante o movimento de descida.

Considerações sobre o tempo

Este exercício pode gerar certa fadiga axial; então, fique atento a isso.

Segurança

Embora fazer uma pausa no ponto mais baixo do movimento e não apressar a descida diminuam o risco de lesões na execução deste exercício, normalmente ele já é bastante seguro. Dito isso, você pode aumentar ainda mais a segurança e evitar um desgaste crônico, especialmente nas articulações dos ombros e cotovelos: para tanto, reserve algum tempo para escolher uma posição das mãos que proporcione o maior conforto possível para essas articulações (ou, pelo menos, escolha uma das muitas posições das mãos que não provoque irritação ativa).

Variações

Algumas variações básicas são: segurar a barra EZ nas partes internas das curvaturas, nas partes externas, ou até mesmo nas próprias curvas da barra.

Extensão de tríceps na polia por trás da cabeça

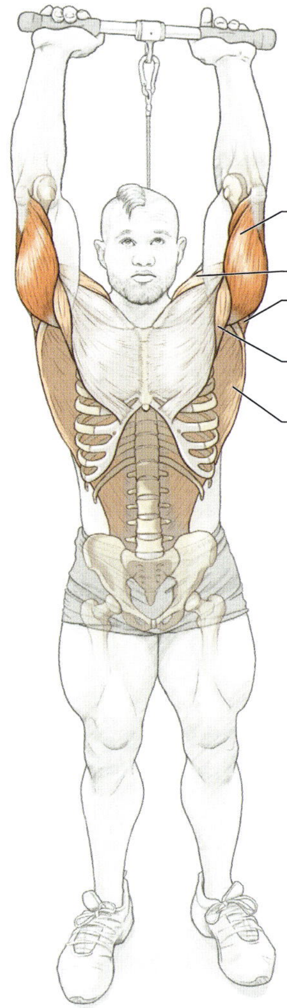

Execução

1. Coloque um acessório de cabo reto ou EZ no aparelho de cabo ajustando-a logo abaixo da altura dos ombros e passe por baixo dela. De costas para a pilha de pesos, empurre o acessório até a extensão completa acima da cabeça, posicionando-o cerca de 30 centímetros à frente da pilha de pesos.
2. Flexione os cotovelos apontando-os diretamente para a frente e empurrando-os para a frente, adiante do seu rosto. Isso fará com que a barra desça atrás da cabeça; enquanto isso acontece, incline o pescoço um pouco para a frente e deixe que a barra toque a parte mais baixa da nuca que conseguir alcançar.
3. Pare por um momento na posição baixa, sentindo o alongamento nos tríceps. Em seguida, acelere suavemente a barra de volta para cima, recuando a cabeça um pouco para trás, tão logo a barra ultrapasse essa área.

Músculos envolvidos

Primário: Tríceps braquial.
Secundários: Deltoide (partes espinal e clavicular), redondo maior, latíssimo do dorso.

Considerações sobre o exercício

Como estender os cotovelos para a frente pode fazer com que o cabo arranhe suas costas e pescoço neste exercício, vale a pena estender os braços para trás durante a descida. Fazendo o movimento devagar e mantendo os cotovelos para dentro, poderá maximizar o estímulo de crescimento. Tudo bem se estender os cotovelos um pouco para a frente na fase de subida; mas quanto mais conseguir mantê-los apontandos para a frente, especialmente na fase de descida, mais os tríceps serão ativados e menos a parte clavicular dos deltoides será exigida.

Considerações sobre o tempo

Tendo em vista que este exercício é feito em pé, você sentirá alguma fadiga axial (compressão na coluna vertebral). Isso é algo a se observar, sobretudo se sua rotina semanal já estiver incluindo muitos exercícios que provoquem esse tipo de fadiga, por exemplo, desenvolvimentos acima da cabeça e levantamentos-terra.

Segurança

Para que o risco de uma lesão seja minimizado, faça uma breve pausa na parte descendente do movimento e evite uma descida rápida. Dito isso, em geral este exercício é considerado seguro, com baixo risco de lesões agudas. Para diminuir ainda mais o risco de desgaste crônico, principalmente nas articulações dos ombros e cotovelos, escolha uma posição das mãos que seja confortável e não cause irritação articular.

Variações

Pode haver um número maior de tipos diferentes de barras para usar em extensões do tríceps do que estrelas no céu. Se você tiver acesso a barras diferentes, sinta-se à vontade para experimentar.

Tríceps unilateral acima da cabeça com haltere

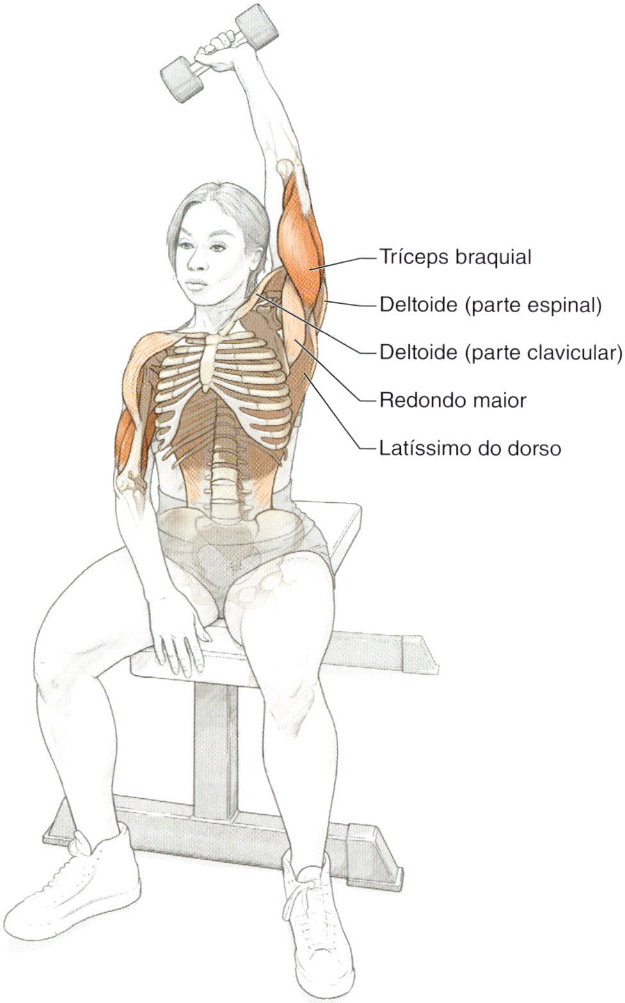

Execução

1. Sente-se ou fique em pé com postura ereta e pés apoiados no solo. Se ficar em pé, escolha uma posição confortável (p. ex., pés afastados na largura dos ombros, mais afastados que a largura dos ombros, ou em uma postura escalonada). Segure um haltere pela extremidade mais externa da empunhadura, de modo que a parte externa do punho encoste na parte interna da anilha.
2. Faça um desenvolvimento com impulso (*push press*) com o haltere, elevando-o acima da cabeça, estabilize o peso e, em seguida, comece a descer lentamente na direção da nuca (como se houvesse alguma coisa coçando ali e você estivesse tentando usar o haltere para coçar). Tente tocar a parte superior das costas com o haltere, no ponto médio situado entre a coluna e a articulação do ombro (glenoumeral), logo abaixo do trapézio.

3. Uma vez nessa posição, pause por um segundo e, em seguida, estenda o haltere novamente para cima. Troque de braço depois de ter terminado todas as repetições da série.

Músculos envolvidos

Primário: Tríceps braquial.
Secundários: Deltoide (partes espinal e clavicular), redondo maior, latíssimo do dorso.

Considerações sobre o exercício

Considerando que este exercício trabalha um braço de cada vez, ele permitirá que você se concentre completamente no tríceps e se afaste da parte clavicular do deltoide. Para maximizar o foco no tríceps e, em especial, na cabeça longa do tríceps, tente levar o braço ao máximo possível para trás. A direção para onde seu cotovelo aponta durante a descida não é muito importante, desde que você não sinta desconforto na articulação do ombro. Descendo bem devagar e chegando ao máximo alongamento na posição inferior, você poderá estimular um crescimento significativo dos tríceps – especialmente se conseguir estender o braço para cima e para trás na fase concêntrica (de subida), em vez de usar muita pressão.

Considerações sobre o tempo

Se optar por fazer este exercício em pé, é provável que venha a sentir alguma fadiga axial; então, fique atento a isso. Por outro lado, se conseguir ficar sentado durante o exercício, você sairá ganhando em todos os aspectos.

Segurança

Este é um exercício muito seguro. Porém, como é um movimento com haltere acima da cabeça, ele não é tão estável. Certifique-se de adotar uma postura com base mais larga ou escalonada. Considere também apoiar a mão que não está estendendo o haltere no quadril ou mesmo segure com essa mão em um *rack* ou corrimão para aumentar a estabilidade. Quanto mais lenta for a descida nesse movimento, mais seguro ele será.

Variações

Você pode fazer este exercício sentado ou em pé. Também é possível usar um acessório de cabo no lugar do haltere; então, leve em conta essa opção. Você também pode experimentar diferentes orientações do punho, desde a posição com o punho apontando para o teto na parte descendente do movimento até uma pegada neutra, em que agora é o dedo mínimo que fica apontando para o teto. Essas duas variações são eficazes, mas trabalham partes ligeiramente diferentes do tríceps; você poderá perceber que uma ou outra pode ser mais confortável para seus ombros ou cotovelos.

CAPÍTULO 5

Abdominais

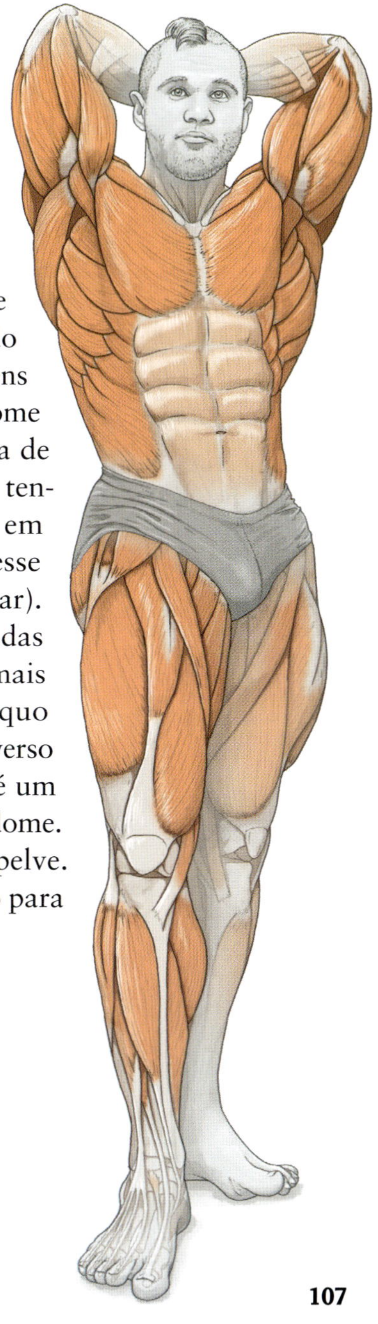

Os músculos abdominais (Fig. 5.1) se originam a partir de vários pontos nas costelas e na coluna vertebral até a pelve e o osso púbico. É útil dividir o grupo em duas seções: a parede frontal e a parede lateral. A parede abdominal frontal consiste em um músculo, o reto do abdome, responsável pelo tão desejado "tanquinho". O reto do abdome é um músculo pareado e segmentado que tem sua origem na crista da pelve, indo se inserir no apêndice xifoide do esterno e nas cartilagens costais das costelas 5 até 7. Os músculos retos do abdome são separados na linha média do corpo por uma faixa de tecido conjuntivo denominada linha alba. Interseções tendíneas dividem o reto do abdome horizontalmente em diferentes ventres musculares. A principal função desse músculo é flexionar o tronco (no nível da coluna lombar).

A parede abdominal lateral se compõe de três camadas musculares, distribuídas respectivamente da camada mais superficial até a mais profunda pelos músculos oblíquo externo do abdome, oblíquo interno do abdome e transverso do abdome. O músculo oblíquo externo do abdome é um músculo pareado, localizado a cada lado do reto do abdome. Tem origem nas costelas 5 até 12, indo se inserir na pelve. Sua função é flexionar o tronco e promover sua rotação para o lado oposto.

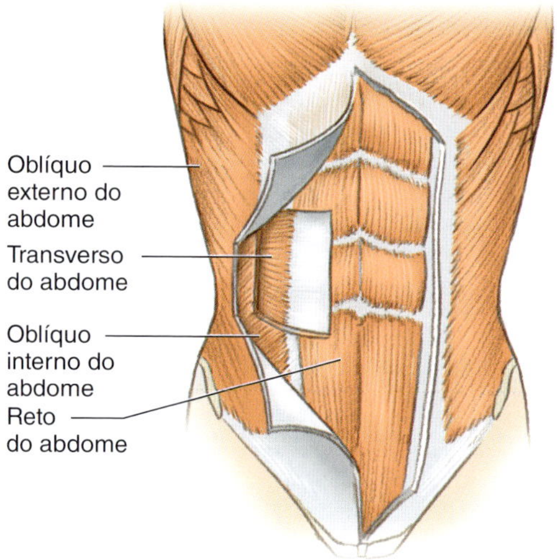

Figura 5.1 Músculos abdominais.

Os músculos oblíquos internos do abdome estão localizados logo abaixo (i.e., profundamente) dos oblíquos externos do abdome. Se localizam a cada lado do reto do abdome, estendendo-se a partir da região lombar e envolvendo o corpo até as partes laterais e frontal do abdome. Esses músculos se originam da fáscia lombar e da pelve e se inserem nas bordas inferiores das costelas 10 até 12 e na linha alba. Os oblíquos internos do abdome têm como função flexionar lateralmente o tronco para os lados, rotacionando-o para o mesmo lado.

O transverso do abdome está situado abaixo dos músculos oblíquos internos do abdome. Esse músculo é conhecido como "músculo espartilho", pois envolve o abdome e a coluna, proporcionando suporte e estabilidade à coluna e à pelve. O transverso do abdome tem sua origem nas cartilagens costais das costelas 7 até 12, na fáscia toracolombar na região lombar e na pelve, indo se inserir na linha alba e na pelve. Além de proporcionar estabilidade e suporte, o transverso do abdome é também responsável pela compressão do conteúdo abdominal. É digno de nota que, quando fisiculturistas executam exercícios de vácuo para fazer com que o abdome pareça menos saliente, o músculo transverso do abdome é o responsável por esse efeito.

ABDOMINAIS

Vela

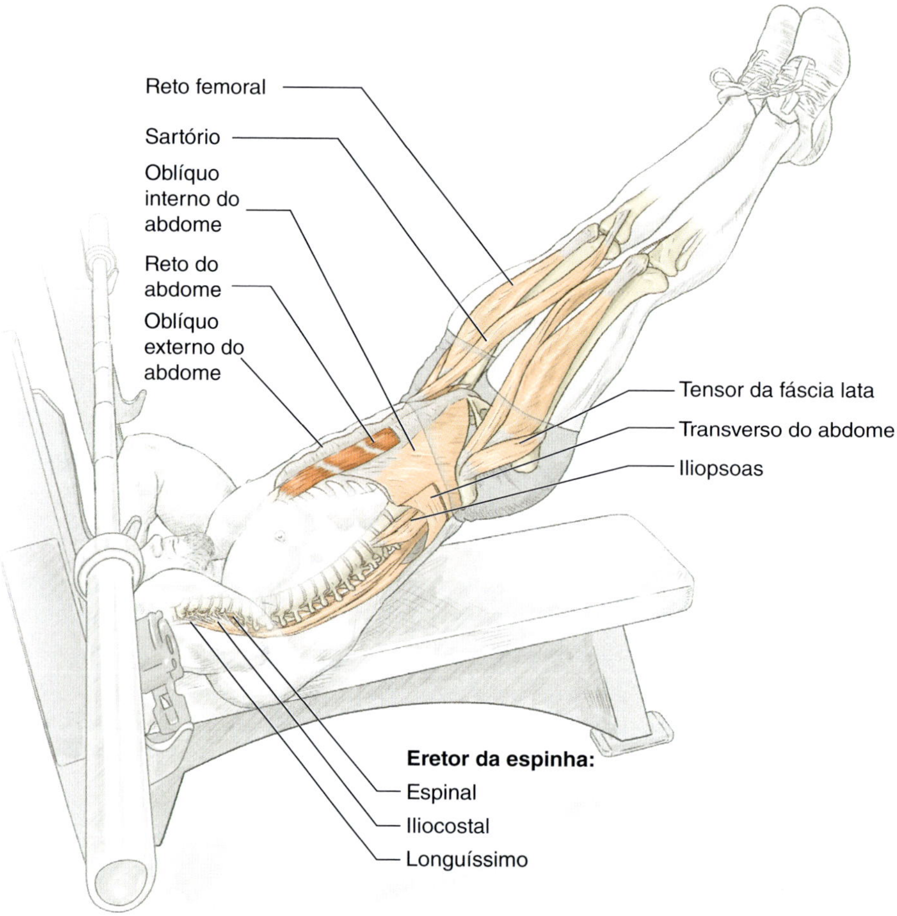

Execução

1. Deite-se de costas em um banco. Posicione os membros superiores acima da cabeça e segure firmemente o banco em seus dois lados.
2. Mantendo os joelhos completamente estendidos, flexione os quadris até que seus membros inferiores (pernas) fiquem apontando verticalmente; os dedos dos pés também devem ficar apontando para cima.
3. Contraia o abdome e flexione todo o tronco para cima, de modo que os quadris se elevem completamente do banco (o mais alto que você puder, em direção à cabeça). Ao levantar os quadris, continue apontando os membros inferiores e os pés para cima.
4. Faça uma breve pausa na parte alta do movimento. Em seguida, inverta lentamente o movimento; primeiro, abaixe suavemente os quadris e, em seguida, abaixe os membros inferiores até ficarem paralelos ao solo.

Músculos envolvidos

Primário: Reto do abdome.

Secundários: Iliopsoas, reto femoral, sartório, tensor da fáscia lata, oblíquo externo do abdome, oblíquo interno do abdome, transverso do abdome, eretores da espinha (iliocostal, longuíssimo, espinal).

Considerações sobre o exercício

Não se preocupe com a velocidade de elevação neste exercício. O ganho real com ele é obtido na fase excêntrica (como você descobrirá, de forma dolorosa e até engraçada, ao tentar sua execução pela primeira vez). Portanto, concentre-se bastante em fazer a fase excêntrica de forma lenta e controlada, estabelecendo um alto grau de conexão mente–músculo com seu abdome. Fazer essa fase apressadamente faz com que o exercício se torne praticamente inútil. Por fim, certifique-se de abaixar o corpo completamente até o banco com os quadris e os membros inferiores. Diminuir a amplitude de movimento é tão tentador quanto contraproducente.

Considerações sobre o tempo

Este é um exercício brutal e difícil que exige uma alta base de força nos abdominais e flexores do quadril. A maioria das pessoas que estão começando a treinar o abdome não deve começar com este exercício e, em vez disso, optar pelos exercícios de abdominais com polia e com aparelho até que estejam muito mais fortes. Nesse ponto, a vela modificada (ver Variações) passa a ser uma opção válida.

Segurança

Tenha uma pegada firme no banco, tanto para sua segurança como para gerar bastante tensão no abdome. O corpo tende a gerar maior força apenas se estiver estável. Então, certifique-se de se sentir realmente confortável com sua pegada.

Variações

Se você ainda não estiver suficientemente forte, poderá flexionar os joelhos ao levantar os membros inferiores estendendo-os quando as coxas estiverem verticais. Depois, flexione o tronco. Quando estiver mais forte, execute o exercício com os membros inferiores completamente estendidos. O desafio final é fazer a vela sem modificações. Para tanto, mantenha os quadris completamente rígidos desde o início e arqueie os dedos dos pés até a posição vertical apenas pela contração do *core*. Se você conseguir fazer uma série de 10 repetições nessas condições, pode-se considerar dono de uma força abdominal verdadeiramente excepcional, em nível elite. Se você conseguir se segurar em algum objeto estável, também poderá fazer este exercício diretamente no solo.

Elevação de membros inferiores suspenso

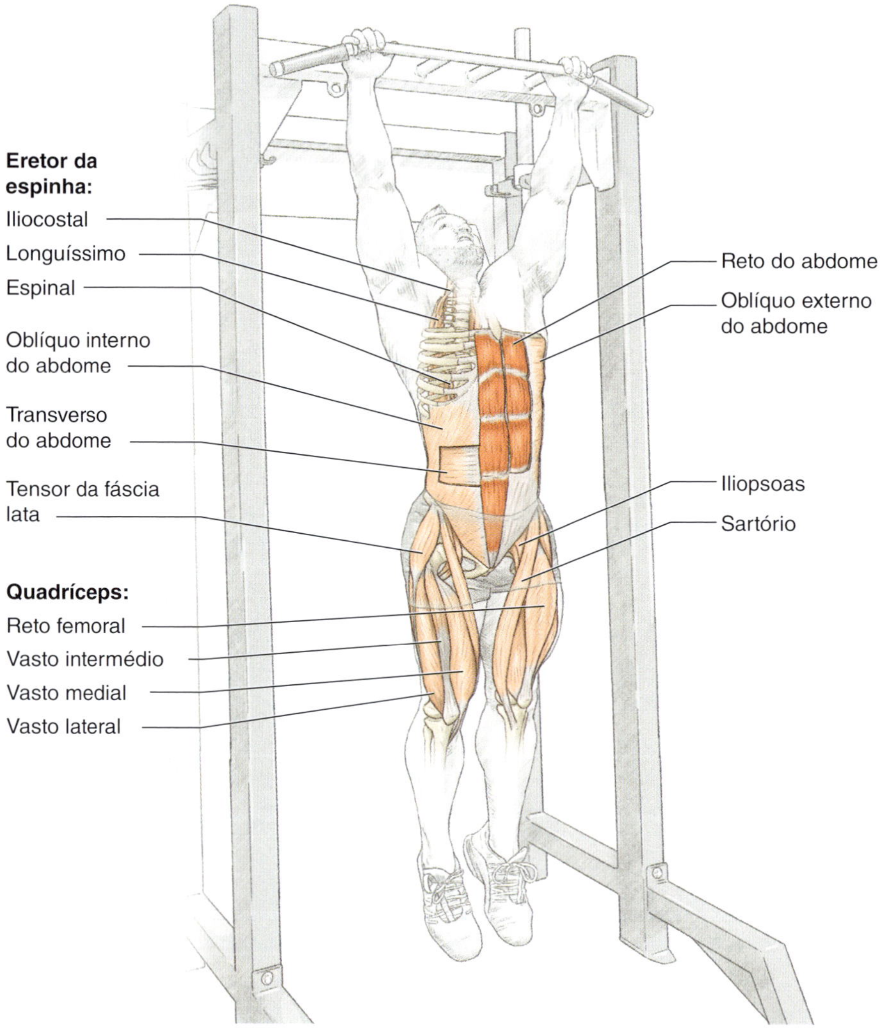

Execução

1. Pendure-se em uma barra com uma pegada aproximadamente com a largura dos ombros e deixe que os membros inferiores fiquem livremente pendentes.
2. Mantendo as articulações dos joelhos estendidas e firmes, levante os pés (e os membros inferiores) fazendo um movimento em arco para a frente.
3. Levante os membros inferiores o mais alto que puder. Em uma repetição ideal, seus pés devem tocar a barra na qual você está pendurado.
4. Inverta o movimento fazendo o mesmo arco, com uma fase excêntrica controlada e lenta.

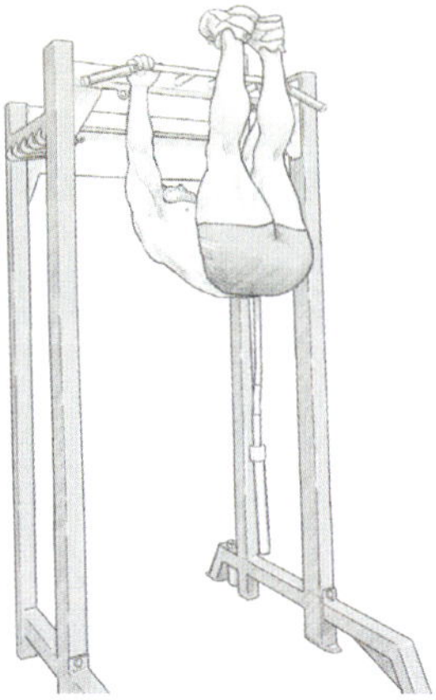

Levante seus membros inferiores.

Músculos envolvidos

Primário: Reto do abdome.

Secundários: Iliopsoas, reto femoral, sartório, tensor da fáscia lata, oblíquo externo do abdome, oblíquo interno do abdome, transverso do abdome, quadríceps (reto femoral, vasto lateral, vasto medial, vasto intermédio), eretores da espinha (iliocostal, longuíssimo, espinal).

Considerações sobre o exercício

Durante a fase concêntrica, eleve os membros inferiores o máximo que puder; idealmente você deve tocar a barra com os dedos dos pés. Se não conseguir fazer, levante os membros inferiores até onde for possível a cada repetição, deixando que eles fiquem pelo menos acima da linha paralela ao solo. A cada repetição, desacelere a fase excêntrica, principalmente quando os membros inferiores estiverem próximos da posição paralela ao solo e quando o levantamento estiver em seu ponto mais difícil. É fácil desacelerar a fase excêntrica na parte baixa do movimento, momento em que você não precisa lutar tanto com a força da gravidade. É muito difícil desacelerar a fase concêntrica na metade do movimento de descida, ou quando seus membros inferiores estiverem paralelos ao solo – mas isso resultará em enorme benefício.

Considerações sobre o tempo

Este é um exercício rápido e simples de fazer, mas você precisará de uma barra fixa ou de algo parecido para se pendurar. Se estiver treinando em uma academia movimentada com acesso limitado a uma barra de flexão, planeje com antecedência. Se não conseguir ter acesso à barra, considere fazer outro exercício, por exemplo, o abdominal em V, que pode ser feito no solo e dispensa equipamento.

Segurança

O uso de *straps* ou Versa Gripps pode ajudar muito, não só para deixá-lo mais confiante com sua pegada, mas também por permitir que se concentre no trabalho abdominal, em vez de se preocupar se suas mãos estão escorregando. Se for usar esses acessórios, fique em pé sobre uma caixa posicionada cerca de 30 cm atrás da barra fixa enquanto prende os acessórios na barra. Em seguida, desça cuidadosamente da caixa, retroceda um pouco e, depois de terminada a série, suba novamente com cuidado na caixa para que possa se desconectar da barra.

Variações

Se você ainda não for suficientemente forte para fazer muitas repetições com os joelhos estendidos, faça o exercício com os joelhos flexionados, elevando-os até o tórax e controlando lentamente a descida. Se esse movimento ainda for muito difícil para você, tente apenas elevar as coxas acima da linha paralela ao solo com os joelhos flexionados, controlando lentamente a descida. Quando estiver conseguindo completar séries com pelo menos 20 repetições, tente fazer algumas repetições elevando os joelhos até o tórax. E quando for capaz de fazer pelo menos 20 repetições completas com essa variação, poderá fazer a transição para a versão com os joelhos totalmente estendidos.

Abdominal em prancha inclinada

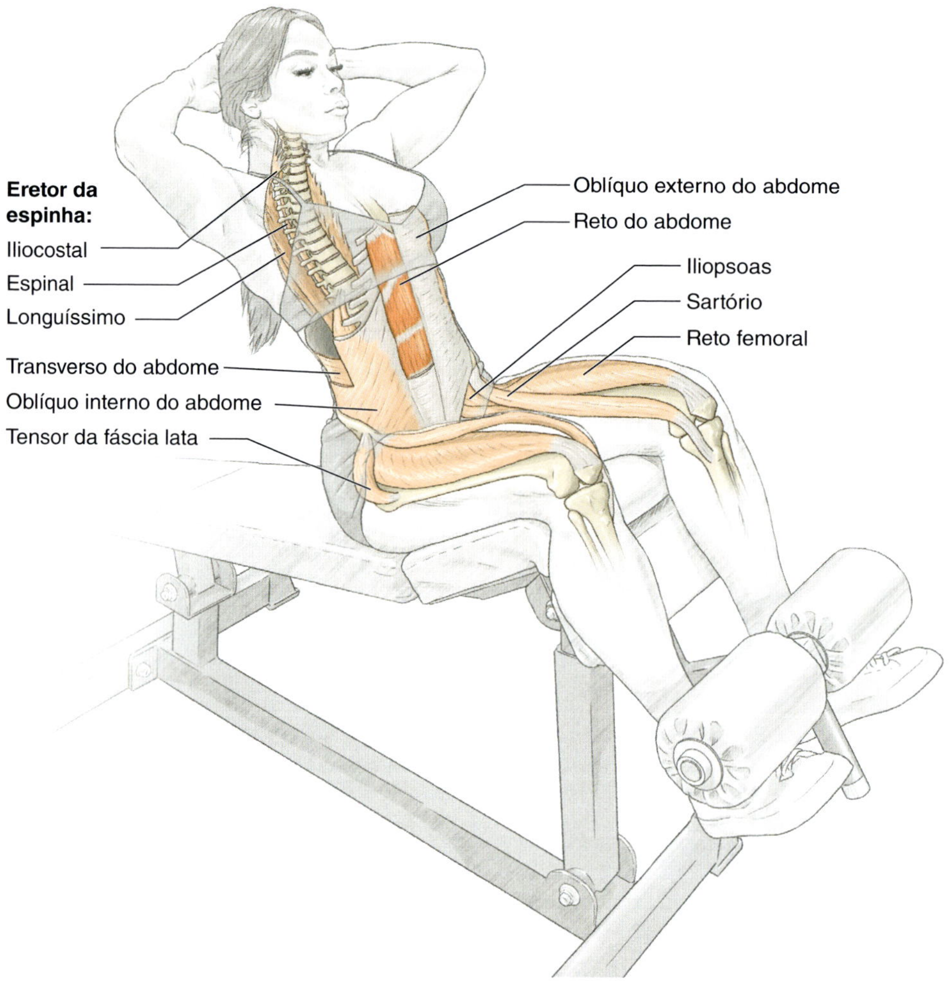

Execução

1. Em decúbito dorsal (de costas) sobre uma prancha inclinada. Prenda firmemente os pés no apoio. Pegue um peso (haltere, *kettlebell* ou anilha) e segure-o acima da cabeça ou contra o tórax.
2. Contraia o abdome até que o tórax fique perpendicular ao solo.
3. Retorne lentamente à posição inicial na prancha, controlando o movimento.

Músculos envolvidos

Primário: Reto do abdome.

Secundários: Iliopsoas, reto femoral, sartório, tensor da fáscia lata, oblíquo externo do abdome, oblíquo interno do abdome, transverso do abdome, eretores da espinha (iliocostal, longuíssimo, espinal).

Considerações sobre o exercício

Segure o peso da forma mais confortável possível. Você deve se concentrar no abdome, em vez de se preocupar em segurar o peso. Nesse caso, segurar um haltere ou anilha sobre o tórax costuma ser uma boa estratégia. Concentre-se em fazer uma fase excêntrica lenta, mantendo tensão constante no abdome, inclusive na parte baixa do movimento. Se você relaxar na parte baixa do movimento entre as repetições, será mais fácil fazer o exercício – mas aqui, maior dificuldade é o objetivo.

Considerações sobre o tempo

Para fazer este exercício, você precisará de uma prancha inclinada; assim, talvez seja difícil executá-lo em uma academia muito movimentada. Se for o caso, poderá substituí-lo por exercícios que não dependam de equipamentos específicos, como os abdominais em V.

Segurança

Se mantiver o abdome contraído e a coluna com pouquíssima flexão mesmo no final do movimento, poderá evitar a transição da extensão para a flexão do tronco na parte baixa do movimento. Algumas pessoas relatam ter sentido dores nas costas em decorrência dessa transição. É quase certo que isso não é um fator de insegurança, mas é algo que você deverá levar em conta.

Variações

A posição do peso pode alterar significativamente o grau de dificuldade deste movimento. Se não tiver acesso a um peso pesado ou não gostar de segurá-lo contra o tórax, use um peso mais leve e mantenha os membros superiores (braços) estendidos acima da cabeça o tempo todo. Isso aumentará bastante a dificuldade do exercício, sobretudo alongando a parte inferior dos membros inferiores, em que haverá maior estímulo para o crescimento muscular.

Abdominal em V

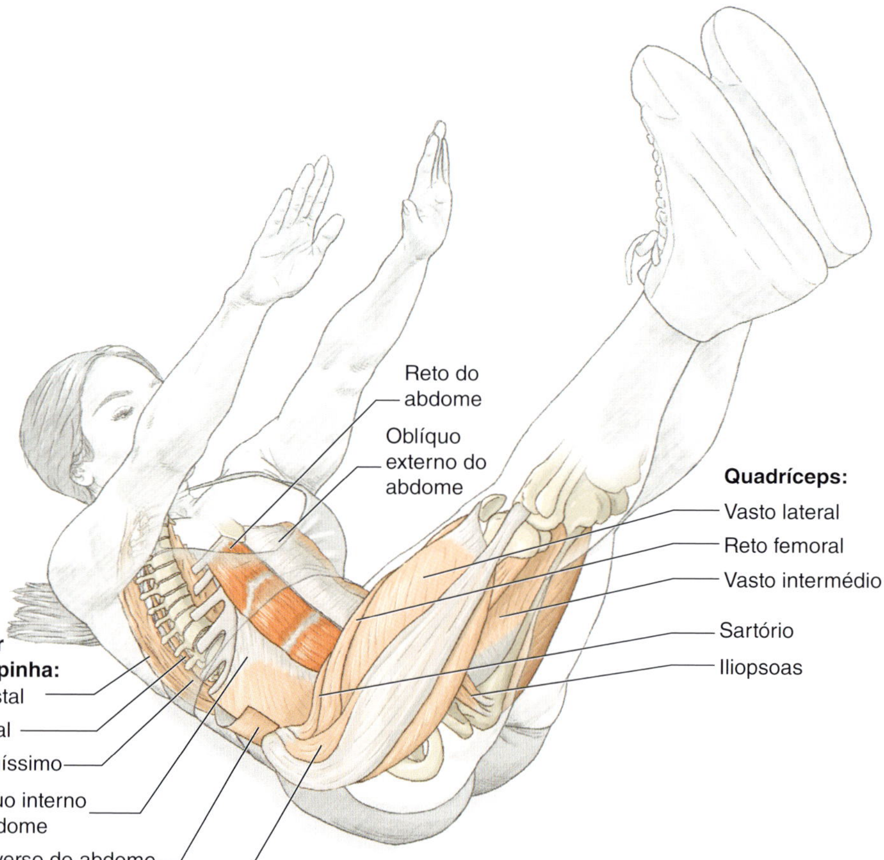

Execução

1. Deite-se de costas no solo. Deixe os membros inferiores bem rígidos, principalmente na articulação dos joelhos. Estenda os membros superiores acima da cabeça e para trás, mantenha as articulações dos cotovelos estendidas e toque o solo.
2. Segurando um peso com as duas mãos, eleve simultaneamente os membros inferiores e os membros superiores em arco, aproximando-os ao centro do corpo flexionando os quadris, estendendo os ombros e – mais importante que tudo – flexionando o tronco.
3. Tão logo tenha tocado suavemente os dedos dos pés ou a parte inferior dos membros inferiores com o peso em suas mãos, retorne lentamente fazendo um arco, exatamente da mesma forma que você subiu – porém mais devagar e sob controle total da fase excêntrica.

Músculos envolvidos

Primário: Reto do abdome.

Secundários: Iliopsoas, reto femoral, sartório, tensor da fáscia lata, oblíquo externo do abdome, oblíquo interno do abdome, transverso do abdome, quadríceps (reto femoral, vasto lateral, vasto medial, vasto intermédio), eretores da espinha (iliocostal, longuíssimo, espinal).

Considerações sobre o exercício

Tente tocar os pés com as mãos (ou com um peso nas mãos) na parte alta do movimento e mantenha essa posição por um segundo. Você pode tocar os joelhos ou a parte inferior dos membros inferiores, especialmente se seus membros superiores e tronco forem mais curtos em relação aos membros inferiores. Mas alcançar os dedos dos pés é a melhor maneira de promover o movimento em arco, que resulta em um envolvimento muito efetivo dos músculos abdominais. Ao iniciar a fase de descida, execute-a de forma lenta e controlada, pois essa ação excêntrica contribui excepcionalmente para o crescimento muscular. Concentre-se. Este exercício perderá muito de sua eficiência se for feito de forma desatenta.

Considerações sobre o tempo

Algumas pessoas podem ter dificuldade para se equilibrar durante este exercício, pois a coordenação das mãos e dos pés para que se toquem ao mesmo tempo pode ser tarefa desafiadora no início do seu treinamento. Faça o movimento lentamente e minimize a oscilação decorrente do impulso. Isso melhorará seu equilíbrio, além de fazer com que o exercício se torne mais desafiador para os músculos-alvo. Se você for realmente forte, poderá aumentar ainda mais a dificuldade deste exercício se segurar o peso nas mãos o mais alto e atrás possível, estendendo apenas minimamente os ombros para tocar os dedos dos pés na parte superior do movimento. Isso maximizará o alongamento sob carga (e, portanto, o crescimento muscular), além de fazer com que você se sente numa posição bem alta e para a frente na parte alta do movimento, maximizando também o trabalho dos abdominais.

Segurança

Ao final do movimento (i.e., sua parte baixa), não relaxe completamente. Mantenha uma leve curvatura (concavidade) na coluna ao manter os abdominais ativados entre as repetições. Isso tornará o exercício mais difícil, mais efetivo e possivelmente até um pouco mais seguro.

Variações

Se você não tiver força suficiente quando estiver começando, tente evoluir ao longo do tempo até que possa fazer séries de pelo menos 20 repetições, elevando seus membros inferiores (pernas) e membros superiores (braços) até cerca de 45° acima da horizontal. Tão logo você consiga isso, poderá começar a fazer o movimento completo, tocando os pés ou a parte inferior dos membros inferiores com as mãos a cada repetição.

Abdominal no aparelho

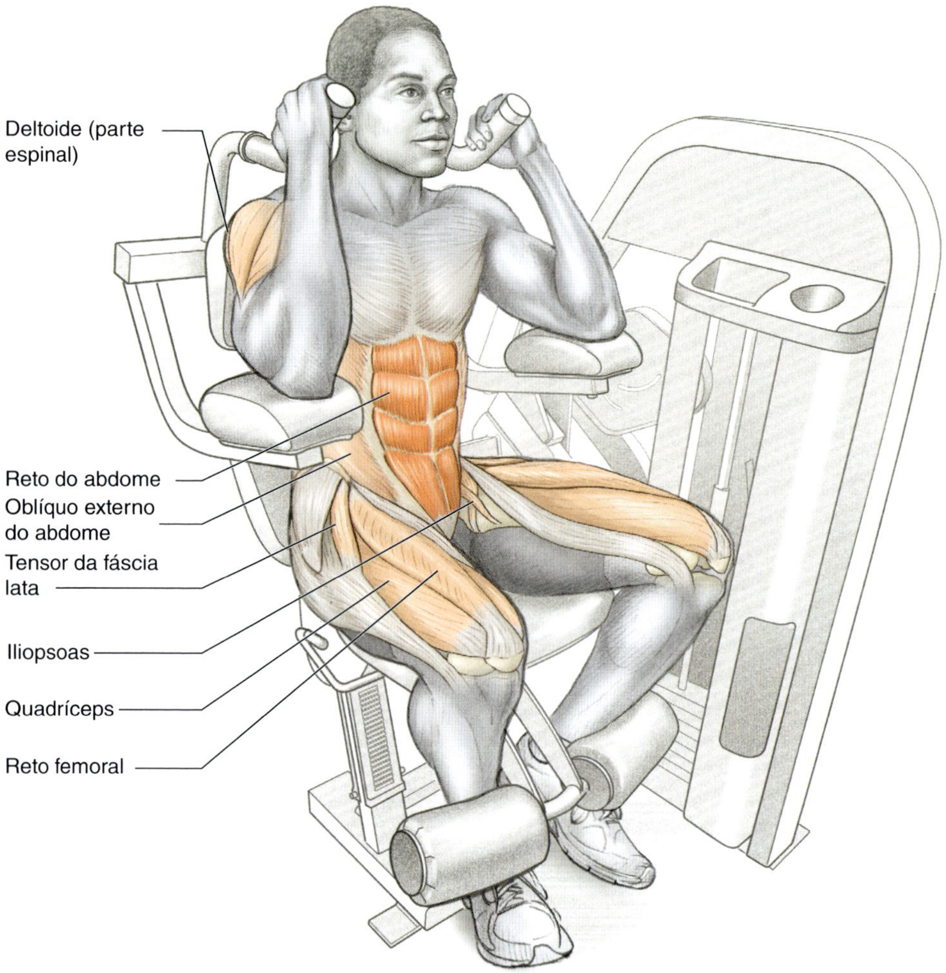

Execução

1. Encontre uma posição confortável no aparelho de abdominais, ajustando-o para a configuração de maior alongamento do abdome, mas de modo que você ainda consiga apoio suficiente no aparelho para gerar bastante força.
2. Abaixe os cotovelos até os joelhos enquanto contrai o abdome para baixo e para a frente, mantendo um movimento em arco com o tronco.
3. Quando não conseguir descer mais (seja por ter tocado os cotovelos nas coxas ou porque chegou ao fim da amplitude de movimento do aparelho), faça uma pausa de um segundo. Em seguida, incline o corpo para trás lentamente e de forma controlada, da mesma forma que executou o movimento de descida, alongando bastante a parte superior antes de iniciar outra repetição.

Músculos envolvidos

Primário: Reto do abdome.

Secundários: Iliopsoas, reto femoral, sartório, tensor da fáscia lata, latíssimo do dorso, deltoide (parte espinal), oblíquo externo do abdome, oblíquo interno do abdome, transverso do abdome, quadríceps (reto femoral, vasto lateral, vasto medial, vasto intermédio), eretores da espinha (iliocostal, longuíssimo, espinal).

Considerações sobre o exercício

Concentre-se em uma fase concêntrica forte, acelerando os cotovelos em direção aos joelhos e desacelerando para uma pausa suave, antes de fazer contato. Os aparelhos de abdominais oferecem muita estabilidade, proporcionando a geração de forças consideráveis. Depois da pausa e de contrair os músculos abdominais durante 1 a 2 segundos no ponto mais baixo do movimento, mantenha a ativação durante toda a fase excêntrica, para maximizar o efeito do exercício. Na descida, pense em curvar o corpo o máximo possível para a frente, como se quisesse encostar a parte de trás dos cotovelos na frente dos joelhos. Esse movimento em arco ajudará na ativação dos abdominais, e não apenas dos flexores do quadril. Se depois de algumas repetições perceber que está muito cansado para fazer esse arco (e no momento estiver apenas flexionando os quadris), significa que você está falhando tecnicamente e que deve encerrar a série, para que possa repousar para a próxima.

Considerações sobre o tempo

Você precisará de um aparelho para fazer este exercício; portanto, talvez tenha que considerar sua substituição por outros exercícios se tiver limitação de equipamentos ou estiver treinando em uma academia muito movimentada. Tendo em vista que este exercício apresenta uma forte sobrecarga, ele é uma boa opção para atletas que sejam muito fortes.

Segurança

Por ocasião do alongamento extremo do movimento, mantenha os músculos abdominais sob tensão, com o tronco levemente flexionado. Não relaxe na parte alta do movimento; apenas se prepare para a próxima repetição.

Variações

Experimente variar a altura do assento do aparelho para que possa obter a maior amplitude de movimento possível, mas de modo a ainda se sentir forte e conectado com seus músculos abdominais durante todo o tempo. Você poderá ter a impressão de que alguns aparelhos são desconfortáveis ou pouco eficazes, até que tenha regulado o assento na altura ideal.

Abdominal com cabo

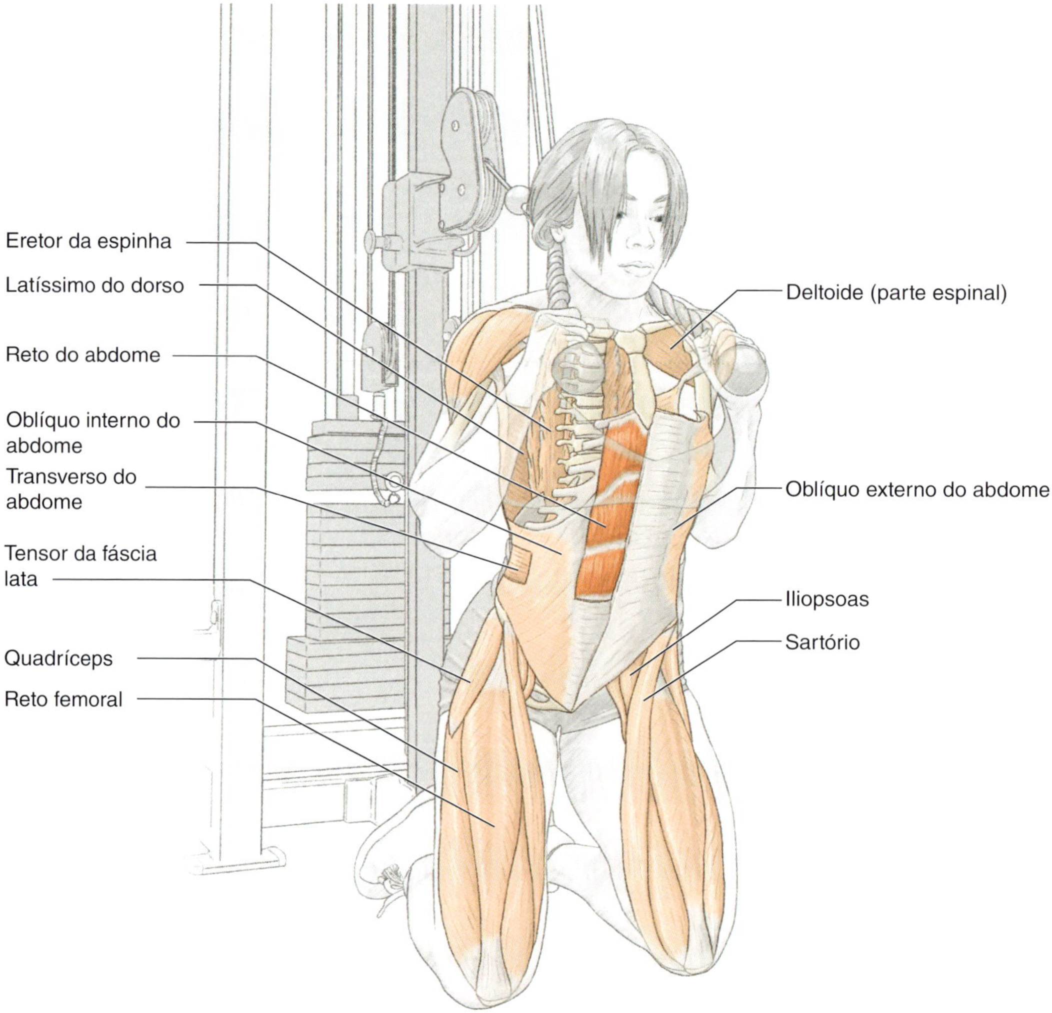

Flexione para a frente.

Execução

1. Segure o acessório da polia de sua preferência (p. ex., uma barra reta, barra EZ ou corda), logo acima da cabeça, ajoelhando-se no solo cerca de 1 metro à frente da torre de cabos). O cabo deve estar a uma altura suficiente para que você consiga remover toda a folga do cabo enquanto estiver sentado sobre seus joelhos, com as coxas e o tronco totalmente verticais.
2. Faça um movimento em arco para baixo e para a frente e tente fazer com que seus cotovelos se aproximem do (ou toquem o) solo imediatamente à frente dos joelhos. Execute este movimento contraindo ativamente o abdome e flexionando os quadris e tente minimizar o movimento dos membros superiores.
3. Assim que tocar o solo com os cotovelos, faça uma pausa de um segundo. Em seguida, retorne lentamente à posição inicial para fazer um grande alongamento com elevada amplitude antes de iniciar a próxima repetição.

Músculos envolvidos

Primário: Reto do abdome.

Secundários: Iliopsoas, reto femoral, sartório, tensor da fáscia lata, latíssimo do dorso, deltoide (parte espinal), oblíquo externo do abdome, oblíquo interno do abdome, transverso do abdome, quadríceps (reto femoral, vasto lateral, vasto medial, vasto intermédio), eretores da espinha (iliocostal, longuíssimo, espinal).

Considerações sobre o exercício

A tensão decorrente do alongamento é fator importante para o crescimento. Se você fizer o exercício numa posição diretamente sob o aparelho, perderá a alavanca para gerar tensão durante o alongamento na parte alta do movimento, desperdiçando muito estímulo de hipertrofia. Para que isso não venha a ocorrer, afaste-se mais ou menos um metro da torre de cabos e, em seguida, faça o exercício. Essa nova posição fará com que o exercício fique muito mais difícil, mas também muito mais eficaz. Ao executar o movimento, certifique-se de não tentar apenas fazer os abdominais para baixo; você também deve tentar fazer os abdominais para a frente, como se estivesse desenhando o maior arco possível com os cotovelos tanto na fase de descida como na fase de subida. Com isso, certamente o exercício trabalhará os músculos abdominais com o mesmo nível de tensão quanto nos flexores do quadril. Vai ser mais difícil, sim, mas lembre-se de que você está batalhando para obter resultados.

Considerações sobre o tempo

Depois que você estiver forte ou leve o suficiente, este não será mais um exercício viável. Nesse ponto, sua força para fazer as repetições deste exercício começará a superar seu próprio peso corporal e não conseguirá mais tocar o solo, pois seu corpo começará a se afastar do solo tão logo você comece a puxar o cabo. Se não mudar para um exercício mais desafiador (p. ex., elevação dos membros inferiores suspenso, ou vela modificada), o ponto de falha muscular ficará tão distante, ou o número repetições será tão grande (30 repetições ou mais), que o exercício não estará mais proporcionando um estímulo muito robusto.

Segurança

Não corte a amplitude de movimento na parte alta deste exercício. Mantenha o abdome apenas levemente flexionado na parte alta, para que não ocorra hiperextensão na transição entre as fases excêntrica e concêntrica.

Variações

Experimente diferentes tipos de pegada para maior conforto. Algumas pessoas preferem a corda, outras preferem a barra rígida, e há quem goste de explorar todas as possibilidades nesse cenário.

CAPÍTULO 6

Membros inferiores

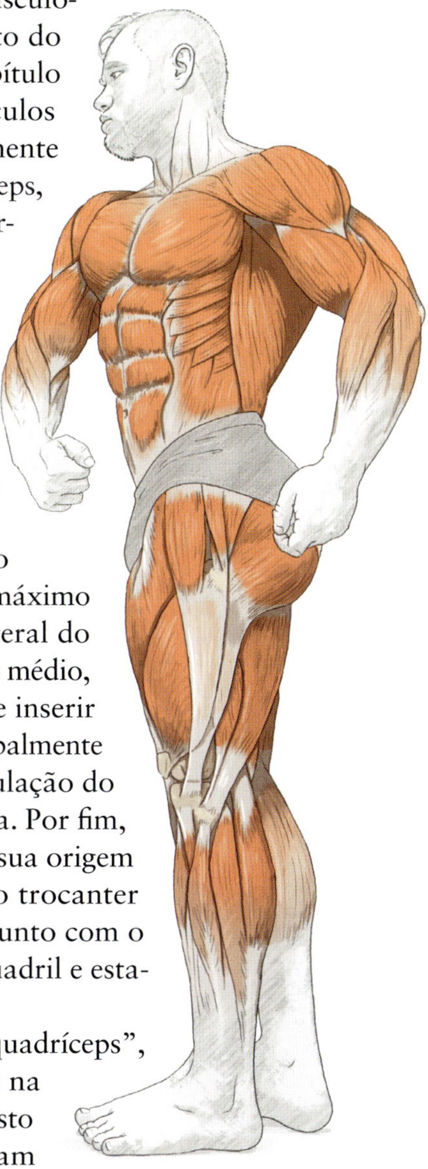

Um conjunto de membros inferiores poderosos e musculosos é tão cobiçado quanto um bom desenvolvimento do tórax, costas, ombros e membros superiores. Este capítulo se concentra na metade inferior do corpo. Os músculos dos membros inferiores (Fig. 6.1) podem ser geralmente divididos em cinco grupos principais: glúteos, quadríceps, posteriores da coxa, adutores e músculos da panturrilha. Cada grupo contém vários músculos individuais com funções específicas.

Vamos começar com o grupo muscular dos glúteos. Esse grupo muscular é composto pelos músculos glúteos máximo, médio e mínimo. O glúteo máximo é o músculo mais volumoso e mais superficial do grupo, contribuindo significativamente para a forma e o contorno da região das nádegas. Com origem no ílio, sacro e cóccix e inserindo-se no trato iliotibial e na tuberosidade glútea do fêmur, o glúteo máximo é o músculo responsável pela extensão e rotação lateral do quadril. Por baixo do glúteo máximo, situa-se o glúteo médio, que tem origem na superfície externa do ílio, indo se inserir no trocanter maior do fêmur. O glúteo médio é principalmente responsável pela abdução e rotação medial da articulação do quadril, além de estabilizar a pelve durante a marcha. Por fim, o glúteo mínimo, o menor desses três músculos, tem sua origem na superfície externa do ílio e se insere também no trocanter maior do fêmur. O glúteo mínimo trabalha em conjunto com o glúteo médio para a abdução e rotação medial do quadril e estabilização da pelve.

O quadríceps femoral, também conhecido como "quadríceps", consiste em quatro músculos distintos localizados na porção frontal da coxa: reto femoral, vasto lateral, vasto medial e vasto intermédio. Esses músculos trabalham

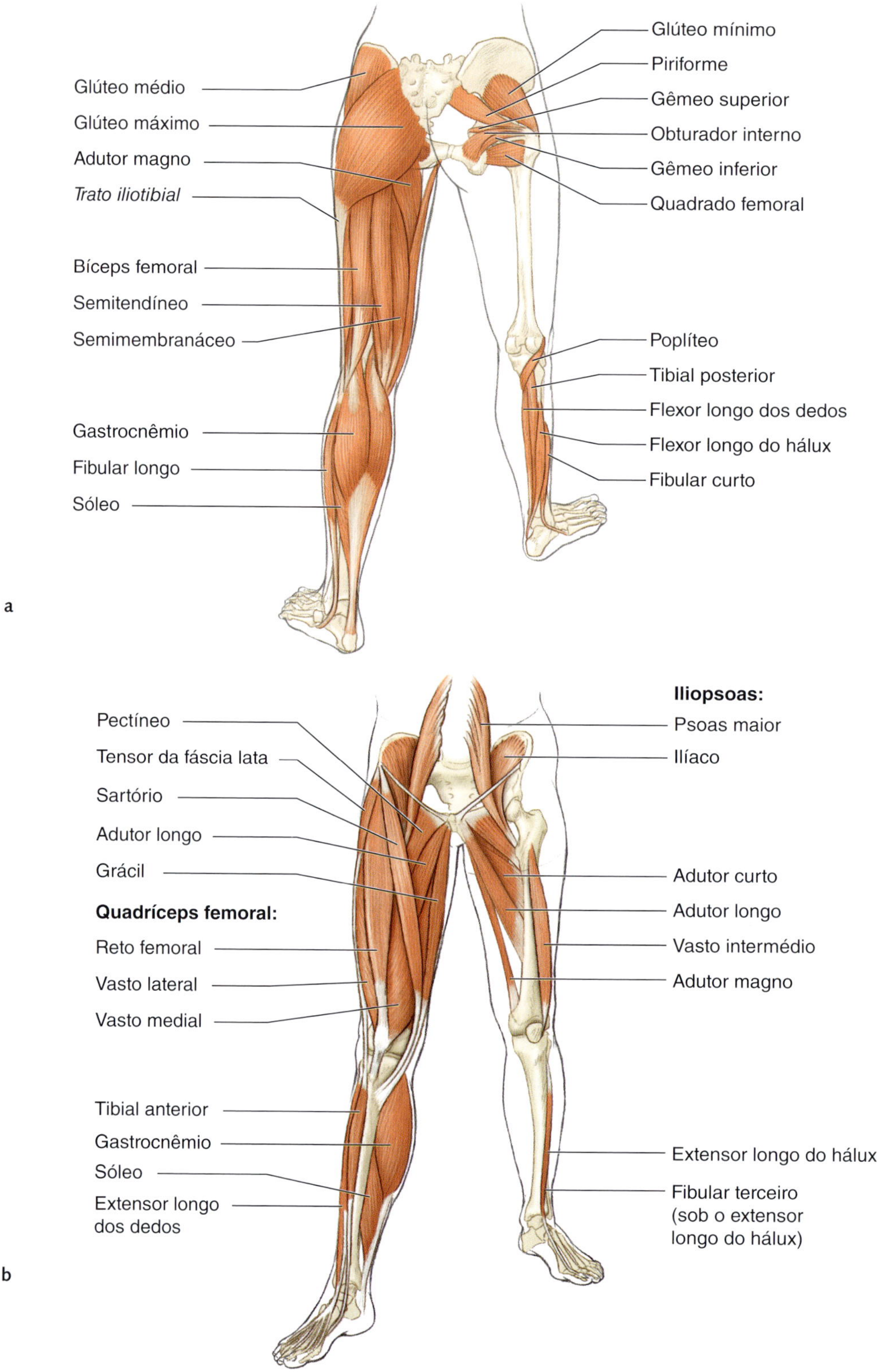

Figura 6.1 Músculos dos membros inferiores: *(a)* vista dorsal; *(b)* vista frontal.

de forma sinérgica na execução de um dos movimentos mais fundamentais: a extensão do joelho. O reto femoral tem sua origem na espinha ilíaca anterossuperior e no acetábulo da pelve, indo se inserir no tendão patelar. Essa configuração permite que esse músculo auxilie exclusivamente na flexão do quadril e na extensão do joelho, por ser o único músculo do grupo do quadríceps que cruza tanto a articulação do quadril como a articulação do joelho. O vasto lateral tem sua origem no trocanter maior, na linha intertrocantérica e na linha áspera do fêmur, indo se inserir também no tendão patelar. O vasto lateral desempenha um papel importante na extensão do joelho, além de contribuir significativamente para a massa e o formato geral da coxa. O vasto medial, frequentemente identificado por seu formato em gota, origina-se da linha intertrocantérica e da linha áspera do fêmur e se insere no tendão patelar. O vasto medial é responsável tanto pela extensão do joelho quanto pela estabilização da patela. Por fim, o vasto intermédio tem sua origem na superfície do fêmur e se insere no tendão patelar. Esse músculo é responsável pela extensão do joelho. Tendo em vista que esse músculo tem uma localização mais profunda em comparação com o reto femoral, ele é o menos visível dos músculos do quadríceps.

Os posteriores da coxa (isquiotibiais) são compostos por três músculos principais: o bíceps femoral, o semitendíneo e o semimembranáceo. Esses músculos trabalham principalmente para a extensão do quadril e do joelho, contribuindo também para a estética geral dos membros inferiores e para o equilíbrio. A cabeça longa do bíceps femoral tem sua origem na tuberosidade isquiática na pelve, enquanto a cabeça curta origina-se da linha áspera do fêmur. As duas cabeças convergem e se inserem na cabeça da fíbula e na face lateral da tíbia. O bíceps femoral exerce um papel importante na flexão do joelho e na extensão do quadril; esse músculo também contribui para a rotação lateral do joelho. O semitendíneo tem origem na tuberosidade isquiática da pelve, indo se inserir na superfície medial da tíbia. O músculo proporciona extensão do joelho, flexão do quadril e rotação medial do joelho. Por fim, o semimembranáceo também tem sua origem na tuberosidade isquiática e se insere no côndilo medial da tíbia. Assim como o semitendíneo, o semimembranáceo também proporciona extensão do joelho, flexão do quadril e rotação medial do joelho.

Os músculos adutores constituem um grupo muscular crucial que é, por vezes, negligenciado entre os fisiculturistas. Localizados na parte interna da coxa, os adutores são compostos por cinco músculos: adutor longo, adutor curto, adutor magno, grácil e pectíneo. Esses músculos são principalmente responsáveis por movimentos como a adução, flexão e rotação da coxa. O adutor longo tem sua origem na face anterior do corpo do púbis, indo se inserir na linha áspera do fêmur. Esse músculo é responsável pela adução da coxa, além de ajudar na flexão e na rotação medial do quadril. O adutor curto se origina no ramo inferior do púbis e se insere na linha áspera do fêmur. Esse músculo é responsável pela adução e rotação medial da coxa, sendo também responsável pela flexão do quadril. O adutor magno é um músculo grande, de formato triangular, consistindo em duas partes: uma parte pubofemoral (adutora) e uma parte isquiocondilar (semelhante aos posteriores da coxa). As fibras pubofemorais originam-se do ramo inferior do pubis e se inserem na linha áspera do fêmur. Essas fibras são responsáveis pela adução e flexão do quadril. As fibras isquiocondilares têm sua origem na tuberosidade isquiática e se inserem no tubérculo do adutor, localizado no côndilo medial do fêmur. Essas fibras são responsáveis pela adução e extensão do quadril, de forma semelhante aos músculos posteriores da coxa. O grácil, um músculo fino e achatado, é o músculo mais superficial da face medial da coxa; tem sua origem na sínfise púbica e no ramo inferior do pubis, indo se inserir na parte medial da diáfise da tíbia, abaixo do côndilo medial. Esse músculo está envolvido na adução, flexão e rotação medial do quadril. Por fim, o pectíneo é um músculo plano, de formato quadrangular, que se origina no ramo superior do púbis e se insere na linha pectínea do fêmur, sendo responsável pela adução e flexão do quadril.

Finalmente, os músculos da panturrilha proporcionam força, estabilidade e apelo estético à parte inferior do corpo. Esses músculos exercem um papel vital nos movimentos do pé e do tornozelo. A panturrilha é formada por dois músculos principais: o gastrocnêmio e o sóleo. O gastrocnêmio é um músculo superficial com duas partes. Cada parte se origina dos côndilos medial e lateral do fêmur, e ambas convergem para o tendão do calcâneo. Por sua vez, o tendão do calcâneo se insere na superfície posterior do calcâneo, sendo basicamente responsável pela flexão plantar da articulação do tornozelo. Por baixo do gastrocnêmio está localizado o músculo sóleo, que tem origem na cabeça da fíbula e também converge para o tendão do calcâneo. O sóleo auxilia na flexão plantar do pé na articulação do tornozelo.

Agora, vamos examinar as três articulações principais dos membros inferiores: o quadril, o joelho e o tornozelo. A articulação do quadril é uma articulação esférica (bola e soquete) que possibilita uma ampla variedade de movimentos entre a cabeça do fêmur e o acetábulo da pelve: flexão, extensão, abdução, adução, rotação medial, rotação lateral e circundução. O joelho é uma articulação em dobradiça, situada entre o fêmur e a tíbia; essa articulação permite os movimentos de flexão e extensão. Por fim, o tornozelo é também uma articulação em dobradiça, localizada entre a tíbia e a fíbula na perna e o tálus no pé; essa articulação permite o movimento de flexão plantar.

Levantamento-terra sumô com falha

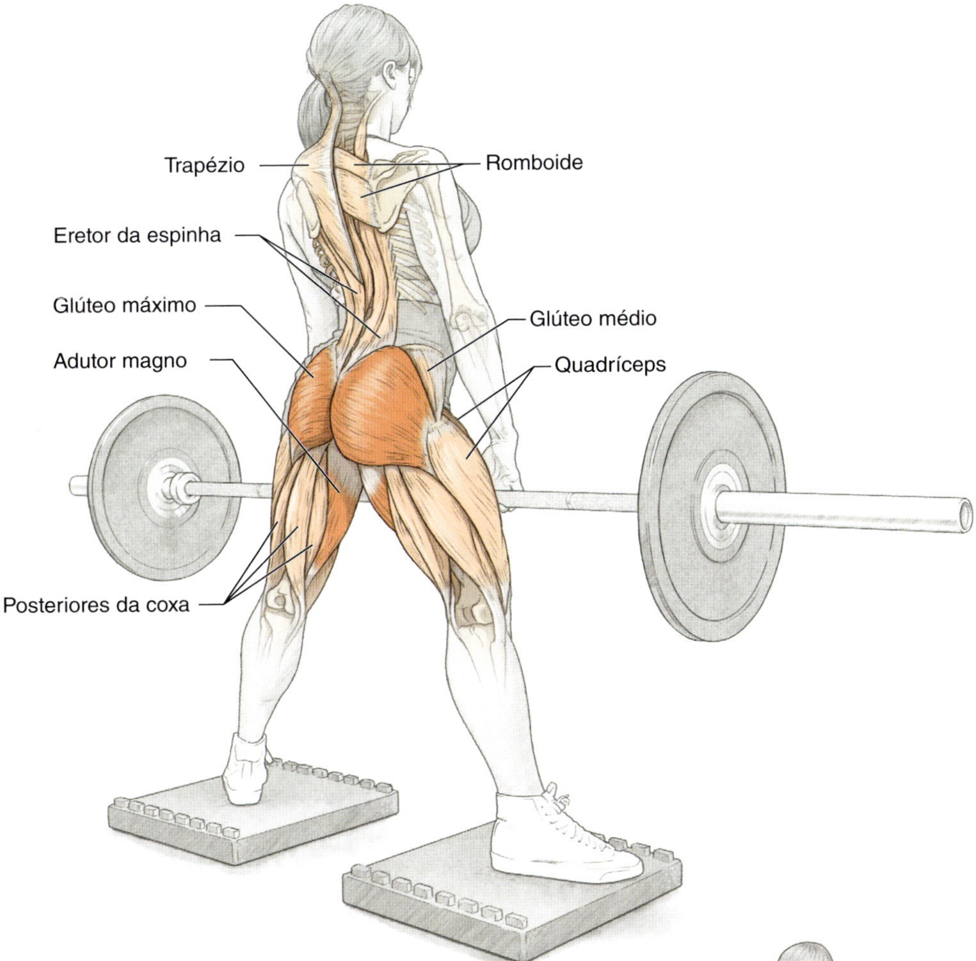

Execução

1. Fique em pé sobre uma plataforma de 5 a 7 centímetros de altura ou use anilhas pequenas de 10 kg como as maiores da barra para gerar o efeito de falha. Posicione os pés um pouco além da largura dos ombros, com os dedos apontando para lateral em um ângulo de 45 graus.

Posição inicial.

2. Mantenha o tórax ereto e as costas retas. Direcione os joelhos para lateral ao flexioná-los e projete os quadris para trás o máximo possível, mantendo a região lombar reta.
3. Avance para a barra com as mãos afastadas a uma distância um pouco menor que a largura dos seus ombros. Faça a pegada e, com o tórax ereto, os membros inferiores encostados na barra e os quadris o mais para trás possível, levante-se em linha reta, com o tórax à frente.
4. Desça lentamente e exatamente da mesma forma que no esquema inicial. Faça uma pausa com o aparelho no solo por um segundo, mantendo a tensão o tempo todo. Em seguida, repita.

Músculos envolvidos

Primários: Glúteo máximo, adutor magno, adutor longo, adutor curto.

Secundários: Quadríceps (reto femoral, vasto lateral, vasto medial, vasto intermédio), posteriores da coxa (semitendíneo, semimembranáceo, bíceps femoral), fibras posteriores do glúteo médio, eretores da espinha (iliocostal, longuíssimo, espinal), romboide, trapézio, redondo maior, reto do abdome, oblíquo externo do abdome, oblíquo interno do abdome, transverso do abdome.

Considerações sobre o exercício

Na subida de cada repetição, mantenha os joelhos para lateral e permita que os glúteos façam o trabalho. Se os joelhos começarem a se mover para dentro, você poderá perder a conexão mente–músculo com os glúteos, e seus adutores podem acabar sentindo mais o movimento. Isso não acontece com todo mundo, mas pode ajudar. Pode ser tentador acelerar durante a descida, mas a fase excêntrica lenta é muito importante. Vá com calma e faça uma pausa suave na parte descendente do movimento para estimular a hipertrofia mediada pelo alongamento.

Considerações sobre o tempo

Este é um levantamento muito eficaz para promover hipertrofia dos glúteos; mas também causa fadiga, tanto axial como sistêmica.* É possível evitar parte do cansaço fazendo avanços ou elevações do quadril com antecedência, para que os glúteos se tornem o fator limitante com menos repetições e menos carga. Além disso, considerando que os glúteos já são muito estimulados na maioria dos treinos para quadríceps, este exercício deve ficar reservado para fases de especialização voltadas para os glúteos (quando o maior estímulo for realmente maior compensa a fadiga extra).

* N.R.C: Fadiga axial é o resultado de cargas verticais sobre a coluna vertebral e o sistema nervoso central, comum em atividades como agachamentos e levantamento de pesos. Fadiga sistêmica é uma sensação de cansaço generalizado que afeta o corpo inteiro, podendo ter origem central ou periférica.

Segurança

Mantenha a região lombar firme e não deixe os pesos quicarem no solo. Para diminuir a probabilidade de sobrecarregar os bíceps, faça o levantamento com os cotovelos completamente estendidos (i.e., não parcialmente flexionados).

Variações

Na maioria dos casos, quanto mais profundo, melhor; mas a largura do posicionamento dos pés e o ângulo das pontas dos pés variam muito e dependem de cada praticante. Experimente tantas posições quantas você quiser antes de optar por um padrão a ser seguido durante alguns meses consecutivos.

Agachamento sumô

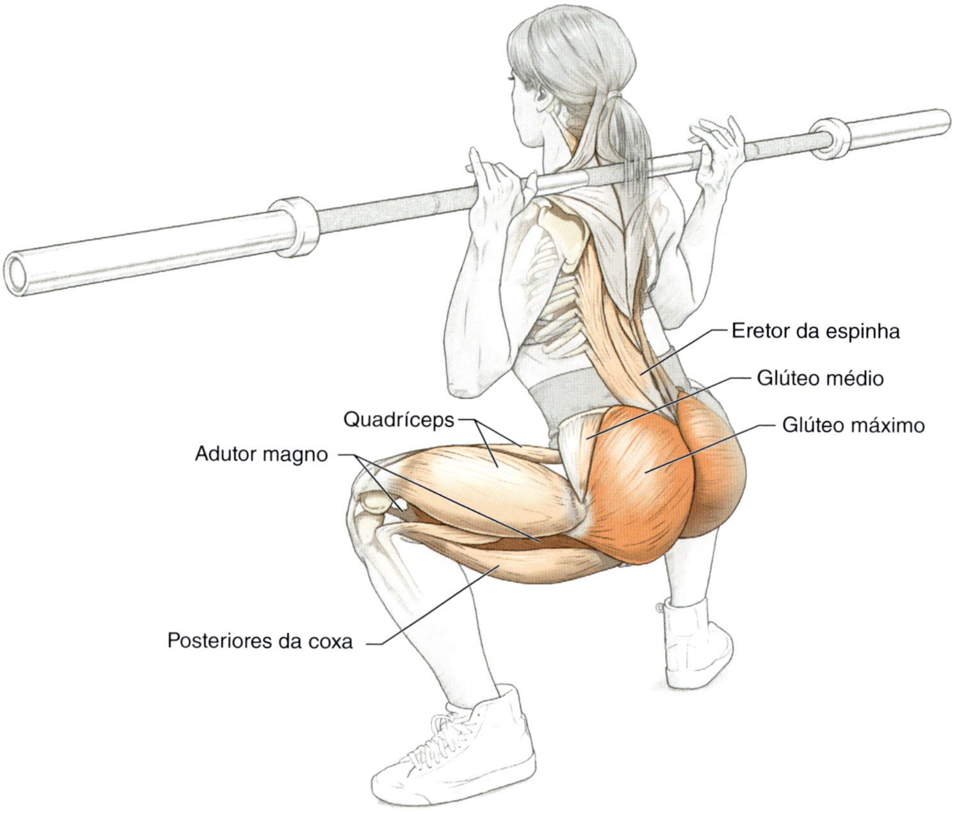

Execução

1. Com a barra nas costas posicionada logo acima dos trapézios e com as escápulas contraídas para trás, afaste-se do suporte e posicione os pés um pouco além da largura dos seus ombros. Os dedos dos pés devem estar apontados para lateral em um ângulo de 45 graus.
2. Mantenha o tórax elevado. Direcione os joelhos para lateral enquanto os flexiona, e coloque os quadris para trás o máximo que puder, mantendo a região lombar ainda reta.
3. Desça a coxa ao máximo que puder, até que fique paralela ao solo, mantendo as costas retas (neutras ou em lordose, nunca em cifose).
4. Mantenha a posição baixa por 1 ou 2 segundos. Em seguida, fique em pé com a coluna ereta, avançando com o tórax.

Músculos envolvidos

Primários: Glúteo máximo, adutor magno, adutor longo, adutor curto.

Secundários: Quadríceps (reto femoral, vasto lateral, vasto medial, vasto intermédio), posteriores da coxa (semitendíneo, semimembranáceo, bíceps femoral), fibras posteriores do glúteo médio, eretores da espinha (iliocostal, longuíssimo, espinal), reto do abdome, oblíquo externo do abdome, oblíquo interno do abdome, transverso do abdome.

Considerações sobre o exercício

No agachamento tradicional para quadríceps, você se agacha perpendicularmente ao solo (diretamente para baixo). No agachamento sumô para os glúteos, tente agachar-se tanto para trás quanto para baixo, levando os glúteos bem para trás, enquanto mantém a região lombar firme. Mantenha o tórax elevado o tempo todo para garantir a segurança e faça uma pausa de 1 ou 2 segundos na parte descendente do movimento. Essa prática não será muito agradável, mas fará com que seus glúteos cresçam.

Considerações sobre o tempo

Embora este exercício seja altamente eficaz na promoção da hipertrofia dos glúteos, ele também pode causar fadiga geral significativa. Para minimizar a fadiga, faça avanços ou elevações do quadril antes deste exercício. Com isso, ficará assegurado que os glúteos serão o foco do exercício e que poderão crescer de forma robusta com menos repetições e com o uso de menos carga. Além disso, tendo em vista que os glúteos já são bastante estimulados durante a maioria dos exercícios de treinamento de quadríceps, reserve este exercício para um período específico de especialização, no qual a ênfase esteja direcionada para o desenvolvimento dos glúteos. Essa abordagem fará com que a fadiga que você vai sentir e o seu esforço realmente valham a pena.

Segurança

Se tudo correr bem neste levantamento, o risco de lesão será extremamente baixo. Por outro lado, se a execução fugir do seu controle, o risco poderá ser significativo. Não apresse a descida em hipótese alguma e mantenha a região lombar firme e o tórax elevado o tempo todo.

Variações

Você pode experimentar uma fase excêntrica lenta (de 3 a 5 segundos) ou testar diferentes posições dos pés e ângulos dos dedos. Por mais que nos doa escrever isso, você também pode até mesmo fazer o exercício com uma faixa elástica leve ao redor dos joelhos, que funcionará como um alerta – de que você deverá usar seus glúteos o tempo todo.

Avanço no aparelho Smith com o pé da frente elevado

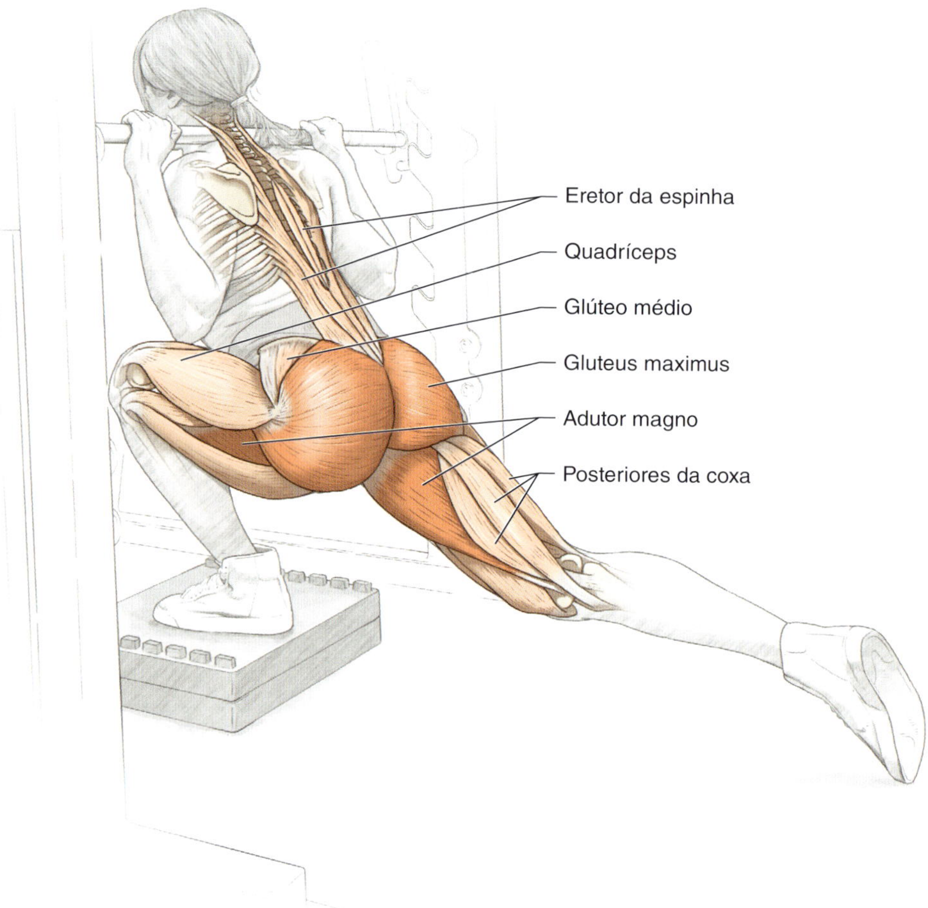

Execução

1. Coloque uma placa de peso, colchonete ou plataforma no solo a uma distância de cerca de 5 centímetros à frente do trajeto da barra do aparelho Smith.
2. Posicione-se sob a barra Smith e fique com um dos pés cerca de meio metro à sua frente sobre a placa de peso, colchonete ou plataforma. Posicione o outro pé a uma distância semelhante para trás, na direção oposta. Segure a barra com as mãos um pouco mais afastadas que a largura dos seus ombros.
3. Mantendo o tórax elevado o tempo todo, desça lentamente até que o joelho de trás toque suavemente o solo atrás da plataforma. Em seguida, volte a subir.
4. Após completar as repetições em um dos membros inferiores, descanse até estar pronto para outra série intensa. Em seguida, repita a mesma técnica trocando de perna.

Músculos envolvidos

Primários: Glúteo máximo, adutor magno, adutor longo, adutor curto.

Secundários: Quadríceps (reto femoral, vasto lateral, vasto medial, vasto intermédio), posteriores da coxa (semitendíneo, semimembranáceo, bíceps femoral), fibras posteriores do glúteo médio, eretores da espinha (iliocostal, longuíssimo, espinal), reto do abdome, oblíquo externo do abdome, oblíquo interno do abdome, transverso do abdome.

Considerações sobre o exercício

Na primeira vez em que fizer este exercício, ele poderá parecer um pouco estranho – mas não se preocupe. Com paciência e com a prática, você vai encontrar a posição ideal para o pé da frente. Para maximizar o efeito nos glúteos, empurre o máximo possível com a perna da frente (a elevada) e o mínimo possível com a perna de trás (que basicamente deverá ser usada para se equilibrar). Por fim, faça uma fase excêntrica lenta e faça uma pausa na parte descendente do exercício, para que esse movimento se torne brutal, mas da melhor forma possível.

Considerações sobre o tempo

Este exercício é tão eficaz que você deverá fazer apenas uma série em cada membro inferior na primeira vez. Caso contrário, a dor muscular de início tardio (DMIT) poderá ser debilitante e contraproducente. Recomendamos enfaticamente que você pare 5 ou 6 repetições antes da ocorrência de falha nessas primeiras séries; então, você poderá aumentar a intensidade nas semanas seguintes. Este exercício é realmente poderoso.

Segurança

Não deixe o joelho tocar no solo, por mais que a fase excêntrica lenta esteja causando dores intensas – e definitivamente não ricocheteie o joelho no solo para conseguir mais repetições. Você não está treinando os joelhos; está treinando os glúteos.

Variações

Para focar ainda mais na geração de força com a perna da frente, experimente tirar a perna de trás do solo na parte alta da repetição; a barra do aparelho Smith fornecerá a estabilidade necessária. Ao começar a repetição seguinte, você poderá tocar suavemente o solo com as pontas dos dedos do pé de trás, praticamente não aplicando força sobre essa perna o tempo todo.

Elevação de quadril com barra

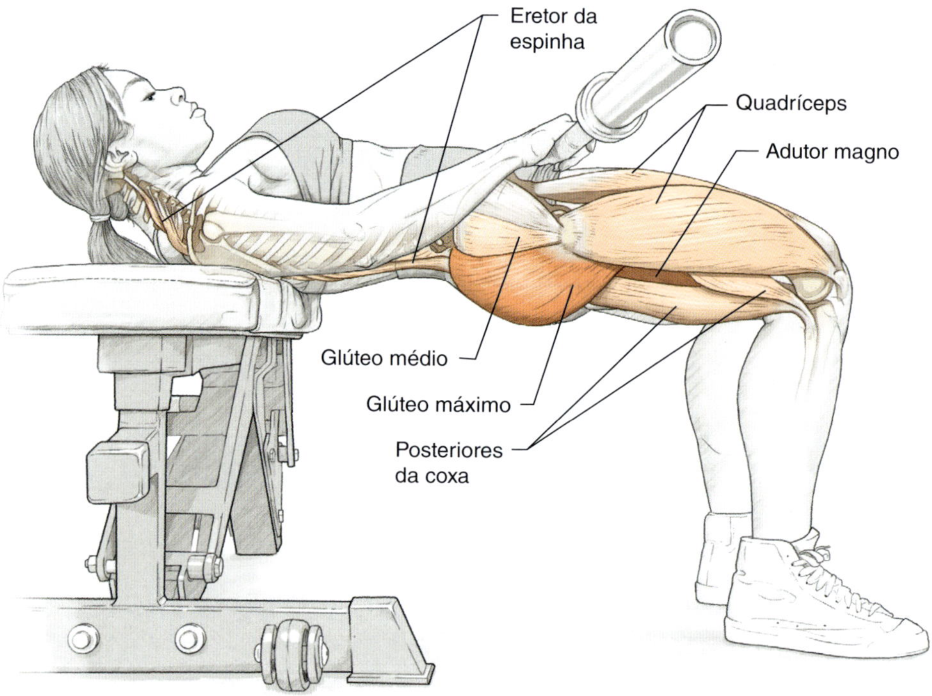

Execução

1. Monte um banco e posicione uma barra com anilhas de cada lado até a frente do banco. Cubra o centro da barra com uma almofada ou toalha.
2. Acomode-se sob a barra de forma que ela fique alinhada com os quadris. Posicione os pés afastados na largura dos ombros; os calcanhares e dedos dos pés devem ficar firmemente apoiados no solo, de modo que os joelhos formem um ângulo de pelo menos 90 graus. Apoie a parte superior das costas no banco. Coloque as mãos na barra, afastadas um pouco além da largura dos seus ombros, mas leve em conta sua anatomia e conforto.
3. Empurre os quadris para cima contra a barra, levantando-a até que você esteja na extensão máxima dos quadris e não consiga subir mais.
4. Abaixe lentamente a carga até que você não esteja sentindo mais muita tensão nos glúteos. Em seguida, faça nova elevação.

Músculos envolvidos

Primários: Glúteo máximo, adutor magno, adutor longo, adutor curto.

Secundários: Quadríceps (reto femoral, vasto lateral, vasto medial, vasto intermédio), posteriores da coxa (semitendíneo, semimembranáceo, bíceps femoral), fibras posteriores do glúteo médio, eretores da espinha (iliocostal, longuíssimo, espinal), reto do abdome, oblíquo externo do abdome, oblíquo interno do abdome, transverso do abdome.

Considerações sobre o exercício

Considerando que este exercício gera pouca força na fase de alongamento, aqui a obtenção de contração máxima é o principal objetivo. Para maximizar esse objetivo, tente fazer a impulsão até uma leve hiperextensão, pausando nessa posição por 1 a 2 segundos. Em seguida, abaixe lentamente a barra, pelo menos no terço superior do movimento, antes de acelerar levemente a descida e voltar a subir. Essa estratégia diminuirá a quantidade de carga que você pode levantar no exercício, por outro lado aumentará seu potencial de crescimento muscular – e isso será extremamente vantajoso.

Considerações sobre o tempo

Devido ao baixo potencial de hipertrofia mediada pelo alongamento neste exercício e ao grande dispêndio de tempo e (em alguns casos) de esforço para a sua preparação, será melhor reservar a elevação do quadril para uma fase de especialização para os glúteos. Use-o como primeiro exercício da sessão, para que você possa pré-esgotar os glúteos e criar uma conexão mente–músculo. Isso vai garantir um melhor desempenho em exercícios seguintes, como avanços e agachamentos sumô.

Segurança

Não se preocupe em levantar cargas muito altas neste exercício. É fácil levantar muito peso com uma técnica medíocre e, no final das contas, obter poucos ganhos. Em vez disso, concentre-se na técnica, nas repetições e nas modalidades deste exercício (p. ex., miorrepetições) que maximizam o bombeamento muscular e a conexão mente–músculo com os glúteos.

Variações

Ao fazer este exercício, você poderá tentar pausas mais longas, diferentes afastamentos entre os pés ou distâncias da barra, além de diferentes aparelhos que reproduzam este movimento. Em comparação com o uso de pesos livres, alguns aparelhos bem projetados para glúteos oferecem uma versão superior deste exercício – especialmente aparelhos que aplicam mais carga nos glúteos durante o alongamento.

Avanço caminhando

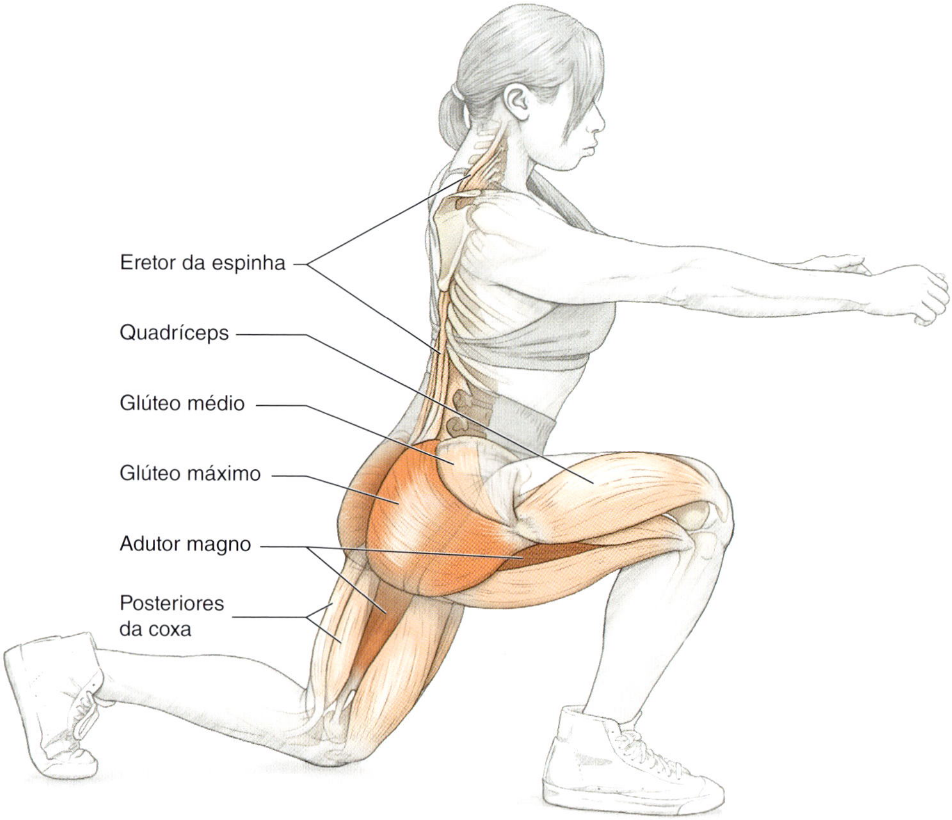

Execução

1. Com uma barra sobre as costas, com halteres nas mãos ou apenas usando o peso do corpo, dê um passo à frente com o pé direito o mais longe possível, mantendo o equilíbrio.
2. Abaixe o corpo lentamente, mantendo o tórax elevado. Toque suavemente o joelho de trás no solo.
3. Uma vez nessa posição, levante-se e avance de modo que o membro inferior de trás fique ao lado do membro inferior da frente. Dê o próximo passo com o membro inferior esquerdo.

Músculos envolvidos

Primários: Glúteo máximo, adutor magno, adutor longo, adutor curto.

Secundários: Quadríceps (reto femoral, vasto lateral, vasto medial, vasto intermédio), posteriores da coxa (semitendíneo, semimembranáceo, bíceps femoral), fibras posteriores do glúteo médio, eretores da espinha (iliocostal, longuíssimo, espinal), reto do abdome, oblíquo externo do abdome, oblíquo interno do abdome, transverso do abdome.

Considerações sobre o exercício

Dê os passos mais longos que puder, sempre mantendo a estabilidade; isso aumentará o grau de contração do glúteo e do quadríceps na perna da frente e maximizará o estímulo de crescimento. Se tiver boa estabilidade, concentre-se em dar o impulso principalmente com o membro inferior da frente – ele é que estimulará os ganhos para o glúteo por meio do alongamento sob carga. O uso de uma fase excêntrica lenta e de uma reversão suave (i.e., depois que o joelho tocou o solo), com início na parte de baixo, dará ótimos resultados, mesmo diante da extrema dificuldade desse movimento de elevação durante a série.

Considerações sobre o tempo

Este exercício é fácil de executar porque você não precisa de nenhum equipamento para fazê-lo corretamente. Na verdade, você pode fazer uma supersérie após o término de qualquer outro exercício para glúteos ou quadríceps, para se divertir de verdade.

Segurança

Não deixe o joelho tocar no solo, por mais que você queira parar com a dor causada pela fase excêntrica lenta – e definitivamente não ricocheteie o joelho no solo para conseguir mais repetições. Você não está treinando os joelhos; está treinando seus glúteos.

Variações

Você pode dar um passo completo, trazendo o membro inferior que está atrás para o próximo passo sem tocar o solo com o outro pé. Também é aceitável dar um passo escalonado, em que pausa com os pés juntos antes de dar outro passo à frente. À medida que for se cansando durante a série ou começar a usar mais carga ao longo de meses e anos de crescimento muscular, escalonar seus passos passará a ser a melhor maneira de executar este exercício.

Descansar alguns segundos entre os passos quando estiver próximo de falhar poderá prolongar a série, proporcionando algumas repetições extras no final, quando estiver perto de falhar. Essa é uma forma excelente de conseguir um pouco mais de crescimento, além de economizar tempo.

Levantamento-terra com os membros inferiores rígidos

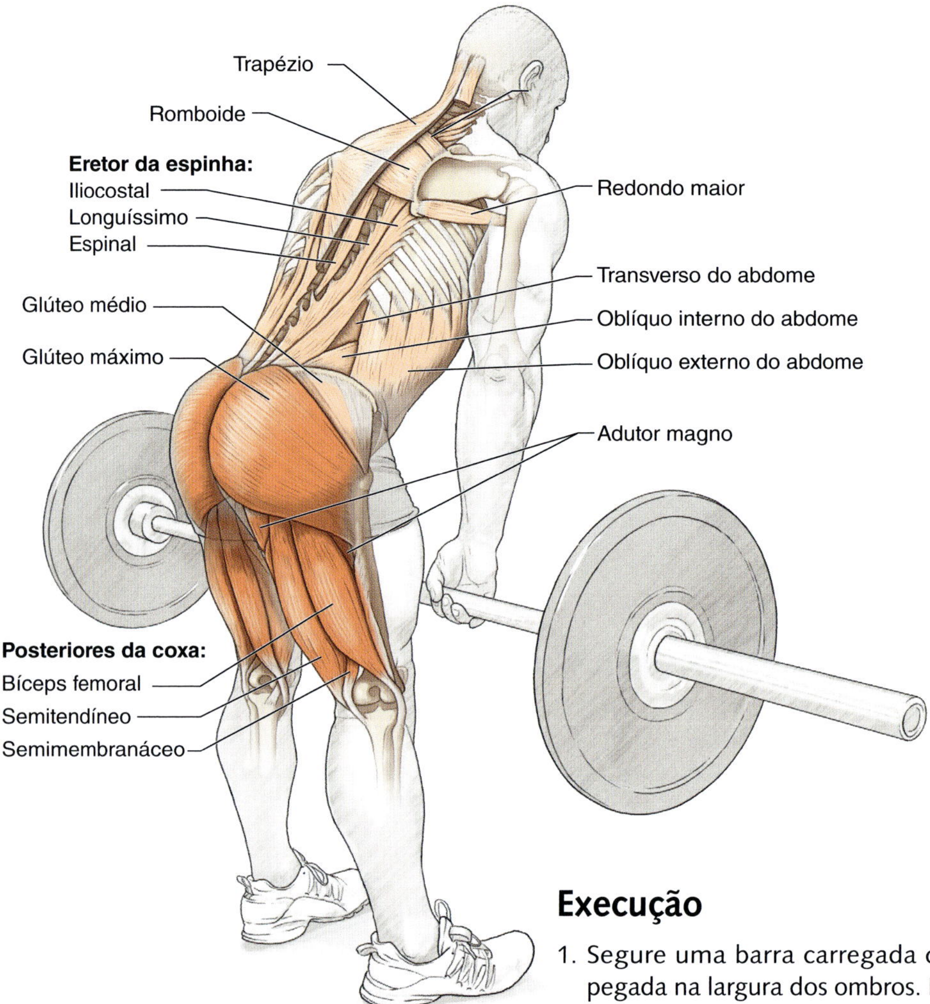

Execução

1. Segure uma barra carregada com uma pegada na largura dos ombros. Levante a barra até a posição mais alta com um levantamento-terra, ou retire-a do suporte e dê um ou dois passos para trás.
2. Com os pés um pouco mais fechados que a largura dos seus ombros e os dedos dos pés ligeiramente apontados para lateral, inicie o movimento levando os quadris para trás, mantendo o tórax elevado e a região lombar em lordose (com a pelve em rotação anterior).
3. Flexione os joelhos em cerca de 10 graus e mantenha-os nessa posição durante o restante do movimento. Continue com os quadris para trás e com o tórax elevado e, lentamente, aumente a flexão dos quadris.
4. Assim que você descer o suficiente para sentir muita dor aguda (mediada pelo alongamento) nos músculos posteriores da coxa, ou quando não conseguir mais abaixar sem arredondar a região lombar ou flexionar mais os joelhos, volte a subir, primeiro acelerando suavemente e, em seguida, movendo-se atleticamente de volta à posição inicial para dar início a outra repetição.

Músculos envolvidos

Primários: Posteriores da coxa (semitendíneo, semimembranáceo, bíceps femoral), glúteo máximo, adutor magno, adutor longo, adutor curto.

Secundários: Fibras posteriores do glúteo médio, eretores da espinha (iliocostal, longuíssimo, espinal), romboide, trapézio, redondo maior, reto do abdome, oblíquo externo do abdome, oblíquo interno do abdome, transverso do abdome.

Considerações sobre o exercício

Ao inclinar a pelve anteriormente, os posteriores da coxa serão pré-alongados antes que ocorra qualquer flexão do quadril. Isso garante que qualquer flexão extra do quadril alongará mais rapidamente os posteriores da coxa, minimizando a amplitude de movimento e a atividade dos eretores da espinha e dos glúteos, fatores necessários para que os posteriores da coxa sejam estimulados neste exercício. Uma das melhores dicas para gerar uma inclinação pélvica anterior consiste em inclinar a região lombar e manter o tórax ereto e projetado para cima e para lateral. Para a maioria das pessoas, essa dica permitirá que elas coloquem as costas inteiras em uma leve lordose e entrem naturalmente em uma inclinação pélvica anterior. Para continuar a flexionar os quadris mantendo a inclinação anterior, imagine que você está tentando mostrar seus glúteos para uma câmera posicionada na quina entre a parede e o teto diretamente atrás de você. Isso deve resultar em uma flexão direta dos joelhos, que tenta empurrá-los para trás (i.e., tirá-los da extensão). Isso diminui o alongamento dos posteriores da coxa. A dica "tórax para cima e glúteos para o teto" só funcionará melhor se for reforçada com o comando "joelhos para trás", que promove a manutenção de um ângulo mínimo dos joelhos e ajuda a garantir que a flexão extra dos quadris continue alongando os posteriores da coxa sob carga e impulsione um grande crescimento muscular. Não trave os joelhos; normalmente, a melhor posição para essa articulação é logo antes do seu bloqueio total.

Considerações sobre o tempo

O levantamento-terra com membros inferiores rígidos apresenta uma relação estímulo-fadiga elevada. Este exercício também oferece grande magnitude de estímulo bruto, mas também resulta em muita fadiga (especialmente a fadiga axial, devido à sobrecarga na coluna). Certifique-se de que suas costas estejam preparadas para suportar essa fadiga. Ao priorizar este exercício, considere pegar leve com o ritmo do levantamento-terra convencional e reduza os agachamentos pesados, o desenvolvimento militar com barra em pé e grandes volumes de remadas curvadas.

Segurança

Execute o exercício com as costas inclinadas e os joelhos para trás, descendo até atingir um ponto que cause uma sensação dolorosa com o alongamento. Descer além desse ponto provavelmente resultará em diminuição da tensão nos posteriores da coxa e em menor eficácia do exercício. Além disso, descer além desse ponto pode comprometer a segurança, promovendo o arredondamento da região lombar, particularmente com o levantamento de grandes cargas.

Variações

Você pode fazer levantamentos-terra com membros inferiores rígidos com diferentes posições de pegada; também pode usar halteres, o aparelho Smith e diversos outros equipamentos. Aproveite cada variante durante alguns meses e, em seguida, considere mudar para outra modalidade.

Levantamento "bom-dia" com barra baixa

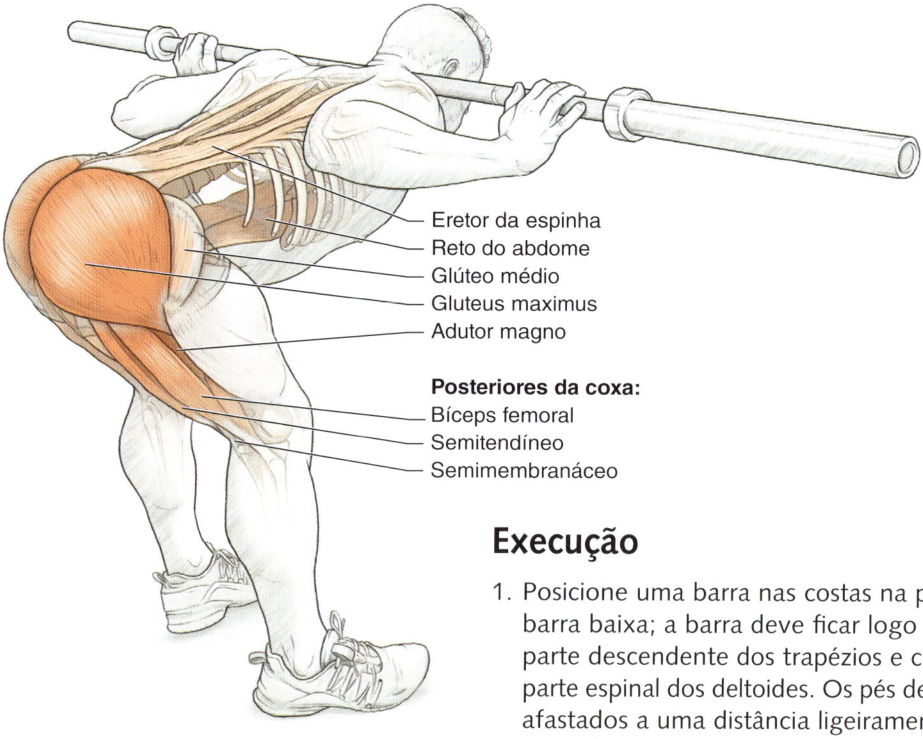

Execução

1. Posicione uma barra nas costas na posição de barra baixa; a barra deve ficar logo abaixo da parte descendente dos trapézios e cruzando a parte espinal dos deltoides. Os pés devem estar afastados a uma distância ligeiramente menor que a largura dos seus ombros e ligeiramente angulados para lateral.
2. Inicie o movimento empurrando os quadris para trás, mantendo o tórax ereto. Mantenha a pelve com uma inclinação anterior, de modo a manter a curvatura natural da região lombar. Flexione levemente os joelhos (em cerca de 10 graus) e mantenha essa posição durante todo o movimento.
3. Continue movendo os quadris para trás, mantendo o tórax ereto, aumentando gradualmente o ângulo de flexão dos quadris.
4. Assim que chegar ao ponto em que estiver sentindo um alongamento intenso e agudo nos posteriores da coxa (ou se não conseguir mais fazer o movimento de descida sem arredondar as costas ou flexionar ainda mais os joelhos), volte a subir acelerando suavemente e, em seguida, retorne à posição inicial. Faça novamente os movimentos na repetição seguinte.

Músculos envolvidos

Primários: Posteriores da coxa (semitendíneo, semimembranáceo, bíceps femoral), glúteo máximo, adutor magno, adutor longo, adutor curto.

Secundários: Fibras posteriores do glúteo médio, eretores da espinha (iliocostal, longuíssimo, espinal), reto do abdome, oblíquo externo do abdome, oblíquo interno do abdome, transverso do abdome.

Considerações sobre o exercício

Ao inclinar a pelve para a frente, ocorrerá o alongamento dos seus posteriores da coxa antes que ocorra qualquer flexão do quadril. Isso resultará em um alongamento mais rápido e eficaz dos posteriores da coxa, reduzindo a amplitude de movimento e o grau de atividade dos eretores da espinha e dos glúteos, o que é necessário para a estimulação dos posteriores da coxa durante o exercício. Uma dica útil para que você consiga uma inclinação pélvica anterior consiste em inclinar a região lombar enquanto mantém o tórax ereto e para a frente. Isso fará com que suas costas fiquem levemente lordóticas, com uma inclinação pélvica anterior natural. Para que a inclinação anterior seja mantida enquanto você continua a flexionar os quadris, imagine que está apontando seus glúteos para uma câmera posicionada no canto onde a parede encontra o teto atrás de você. Essas dicas promoverão a flexão do quadril e a inclinação anterior à medida que for se abaixando, mas provavelmente também gerarão tensão nos posteriores da coxa, resultando na produção de uma força direta que faz com que seus joelhos não fiquem estendidos e reduz o alongamento dos posteriores da coxa. Então, combine as dicas "tórax para cima e glúteos na direção do teto" e "mantenha os joelhos para trás"; isso ajudará a manter uma leve flexão dos joelhos, garantindo que a flexão extra nos quadris continue a alongar os posteriores da coxa sob carga e promova máximo crescimento muscular. Não estenda os joelhos; geralmente, a melhor posição é um pouco antes da extensão total.

Considerações sobre o tempo

O levantamento "bom-dia" é um exercício de grande eficácia para estimular o crescimento muscular; além disso, tem elevada relação estímulo-fadiga. Mas o exercício também gera muita fadiga, em decorrência da grande carga incidente na musculatura paravertebral. Para que você não passe dos limites, é essencial avaliar se suas costas são capazes de lidar com o cansaço resultante. Ao priorizar este exercício, pode ser prudente diminuir a intensidade ou a frequência de outros exercícios que também causem fadiga à coluna vertebral (p. ex., levantamentos-terra pesados, agachamentos, desenvolvimentos de ombros em pé com barra e grandes volumes de remadas curvadas).

Segurança

Faça o exercício com a coluna lombar em lordose e os joelhos para trás, descendo até um nível que promova uma sensação dolorosa de alongamento. Descer além desse ponto provavelmente resultará em menos tensão nos posteriores da coxa, tornando o exercício menos eficaz, e também pode comprometer sua segurança, por promover o arredondamento da região lombar, principalmente ao levantar cargas pesadas. Uma dica útil consiste em posicionar os suportes do *rack* na sua posição mais baixa. Ao tocá-los suavemente, você saberá que atingiu o limite de amplitude e que é hora de subir. Isso padronizará suas repetições, você acompanhará seu progresso de maneira eficaz, bem como a futura apresentação de sobrecargas e detecção da fadiga.

Variações

Embora o levantamento "bom-dia" com barra baixa seja um exercício altamente eficaz, também é possível experimentar variações como os levantamentos "bom-dia" com barra alta e com barra de segurança, que são excelentes alternativas, desde que você tenha acesso ao equipamento necessário.

Cadeira flexora

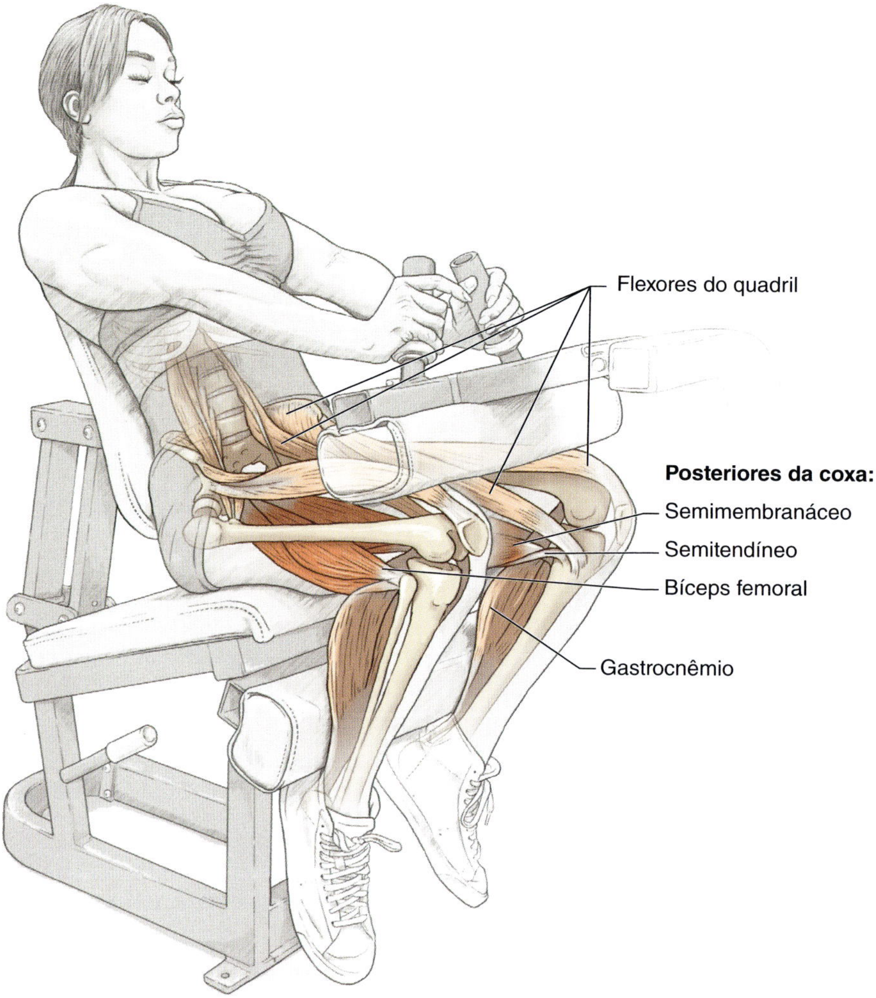

Execução

1. Sente-se no aparelho e ajuste as almofadas de forma que toquem na extremidade mais distal dos membros inferiores (i.e., logo acima dos calcanhares).
2. Ajuste a almofada superior o mais próximo possível dos quadríceps para que, no início do movimento, os joelhos estejam estendidos tanto quanto você puder. Comece a acelerar a carga para baixo, fazendo um movimento de arco.
3. Mova a carga com força, sem se preocupar em limitar a velocidade resultante da fase concêntrica, até ouvir o "clique" do aparelho ao atingir a amplitude final do movimento, ou até que os posteriores da coxa e as panturrilhas estejam encostados um contra o outro e você não consiga gerar mais nenhuma amplitude de movimento.
4. Retorne à posição inicial bem lentamente, com bastante controle na fase excêntrica. Antes de fazer a próxima repetição, retorne à posição inicial com suavidade.

Músculos envolvidos

Primários: Posteriores da coxa (semitendíneo, semimembranáceo, bíceps femoral).

Secundários: Gastrocnêmio, glúteo máximo, glúteo médio, glúteo mínimo, iliopsoas, reto femoral, sartório, tensor da fáscia lata.

Considerações sobre o exercício

Tendo em vista que os posteriores da coxa estão bem posicionados para cargas excêntricas, e considerando que esse tipo de carga costuma ser eficaz para promover a hipertrofia muscular, é fundamental que você execute essa fase lentamente, para que possa aproveitar ao máximo este exercício. Ao chegar ao final da fase excêntrica, mantenha a posição por 1 ou 2 segundos ou acelere suavemente ao concluir a fase. Mudanças bruscas de direção diminuem o potencial de hipertrofia muscular e podem aumentar o risco de lesões. No final da parte concêntrica, certifique-se de tocar com a almofada no final da amplitude de movimento do aparelho, ou de encostar totalmente as panturrilhas rente aos posteriores da coxa. Na maioria dos casos, evite fazer pausa nesse ponto, pois isso desperdiçará energia no que pode ser a parte menos produtiva em termos de crescimento muscular de todo o movimento. Se for fazer uma pausa neste exercício, faça-o na posição de maior alongamento.

Considerações sobre o tempo

Este exercício gera baixa fadiga axial e sistêmica; assim, ele pode ser executado no início de uma sessão de treinamento de membros inferiores, sem comprometer demasiadamente o desempenho dos exercícios subsequentes para quadríceps e glúteos. Contudo, se você fizer este exercício depois de ter trabalhado muito os quadríceps ou os glúteos, poderá sofrer uma queda significativa em seu desempenho, pois geralmente o treinamento de quadríceps e glúteos resulta em grande fadiga sistêmica. Ao incluírem a flexão de joelho em sua agenda, muitas pessoas preferem iniciar o treino de membros inferiores com este exercício, para maximizar o estímulo para os membros inferiores como um todo.

Segurança

Embora este seja um exercício considerado seguro, é recomendável que você desacelere a fase excêntrica, principalmente ao se aproximar da parte descendente do movimento, de modo a minimizar qualquer risco de lesão. Evite impulsões rápidas ao sair da posição inferior; em vez disso, acelere gradualmente a partir da posição mais baixa, para que haja garantia de uma segurança ideal.

Variações

Você pode usar diferentes alcances de repetições neste exercício para aumentar a variação, algumas vezes optando por séries de 10 a 20 repetições e outras, escolhendo séries de até 20 a 30 repetições. Você também poderá experimentar algumas repetições miofasciais, descansando durante alguns segundos na posição de bloqueio, algumas vezes em cada série, para conseguir fazer mais algumas repetições. Por fim, não se preocupe muito com a posição dos seus pés ou para onde eles apontam. Isso faz com que os detalhes sejam excessivamente enfatizados e pouca diferença faz em termos de eficácia e, além disso, também consome muita energia mental (energia que geralmente é mais aproveitada se você focar nos posteriores da coxa em vez de nos pés).

Mesa flexora

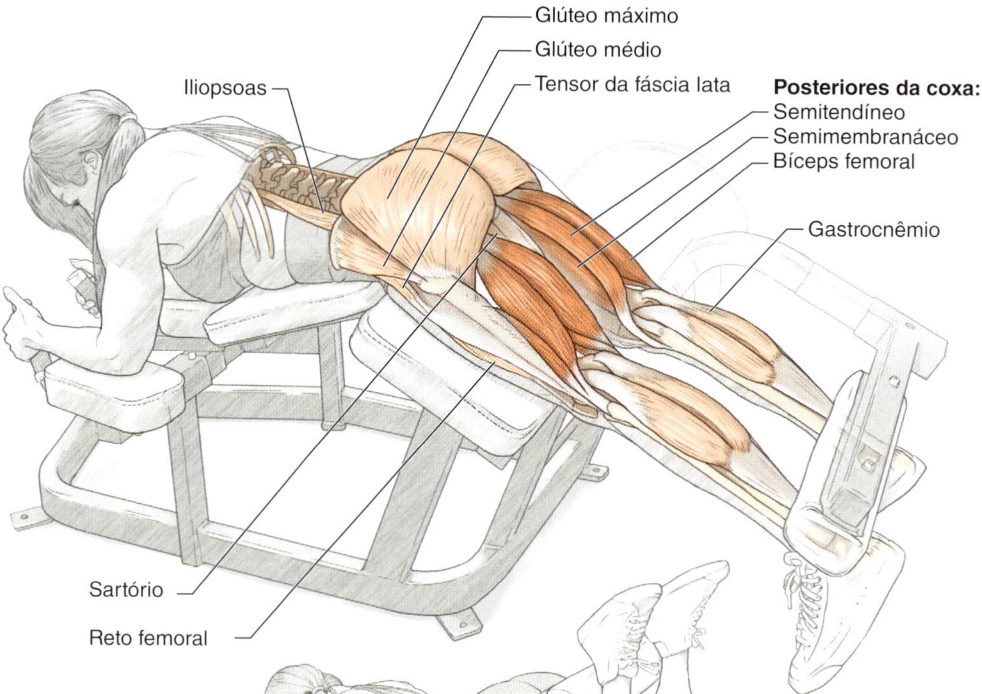

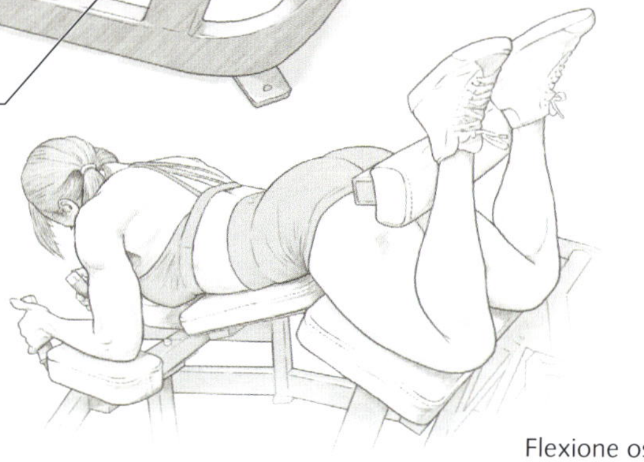

Flexione os joelhos.

Execução

1. Deite-se em decúbito ventral no aparelho de flexão de membros inferiores (*leg curl*) e ajuste as almofadas dos pés de forma que fiquem encostadas na parte mais distal de seus membros inferiores (logo acima dos calcanhares). Ao iniciar o exercício, ajuste o ângulo da almofada para que você fique no máximo grau permitido de extensão dos joelhos.
2. Comece acelerando o peso em um movimento em arco.
3. Mova a carga com força até que a almofada atinja os glúteos na parte superior do movimento, ou até que os posteriores da coxa e as panturrilhas se encostem completamente e você não consiga gerar mais amplitude de movimento.
4. Retorne lentamente à posição inicial, com controle excêntrico. Retorne suavemente à posição inicial antes de dar início à próxima repetição.

Músculos envolvidos

Primários: Posteriores da coxa (semitendíneo, semimembranáceo, bíceps femoral).

Secundários: Gastrocnêmio, glúteo máximo, glúteo médio, glúteo mínimo, iliopsoas, reto femoral, sartório, tensor da fáscia lata.

Considerações sobre o exercício

Dada a posição vantajosa dos posteriores da coxa para a aplicação de carga excêntrica e a eficácia desse tipo de carga na promoção da hipertrofia muscular, é essencial que você execute a fase excêntrica deste exercício lentamente, de modo a maximizar seus benefícios. Ao atingir o limite inferior da amplitude de movimento, mantenha a posição por breves instantes ou acelere gradualmente para sair dessa posição. Evite mudanças bruscas de direção, que não promovem hipertrofia muscular e, além disso, podem aumentar o risco de lesões. Durante a fase de subida, tente tocar a almofada nos seus glúteos ou, se isso não for possível por conta de sua estrutura corporal ou do modelo do aparelho, faça com que as panturrilhas se aproximem o máximo possível dos posteriores da coxa. Não é recomendável fazer uma pausa nessa posição, pois provavelmente essa é a parte do movimento que menos promove o crescimento muscular; além disso, essa pausa desperdiça energia. Mas se houver necessidade de fazer uma pausa, o ideal é que ela ocorra no ponto de máximo alongamento durante o exercício.

Considerações sobre o tempo

Este exercício gera baixa fadiga axial e sistêmica; assim, ele pode ser executado no início de uma sessão de treinamento de membros inferiores sem que o desempenho dos exercícios subsequentes para quadríceps e glúteos fique muito comprometido. Mas se você fizer o exercício depois de ter trabalhado fortemente seus quadríceps ou glúteos, poderá ter seu desempenho bastante prejudicado, pois em geral o treinamento desses grupos musculares provoca intensa fadiga sistêmica. Ao incluir o treino de flexão de membros inferiores em sua agenda, muitos praticantes organizam seu treinamento fazendo a flexão de membros inferiores em primeiro lugar, para que garantam o máximo estímulo para os membros inferiores como um todo.

Segurança

Este é um exercício seguro; ainda assim, é recomendável que você desacelere na fase excêntrica, sobretudo quando estiver perto da posição baixa do movimento, para que haja garantia da maior segurança possível. Além disso, não "quique" ao deixar a posição baixa do movimento; em vez disso, acelere suavemente.

Variações

Se você não conseguir a extensão máxima do joelho na parte descendente do movimento por conta do modelo do aparelho, considere colocar uma almofada ou um colchonete de ioga dobrado entre suas coxas e o aparelho. Isso aumentará a extensão dos joelhos e maximizará a hipertrofia induzida pelo alongamento.

Elevação glúteo-posteriores da coxa

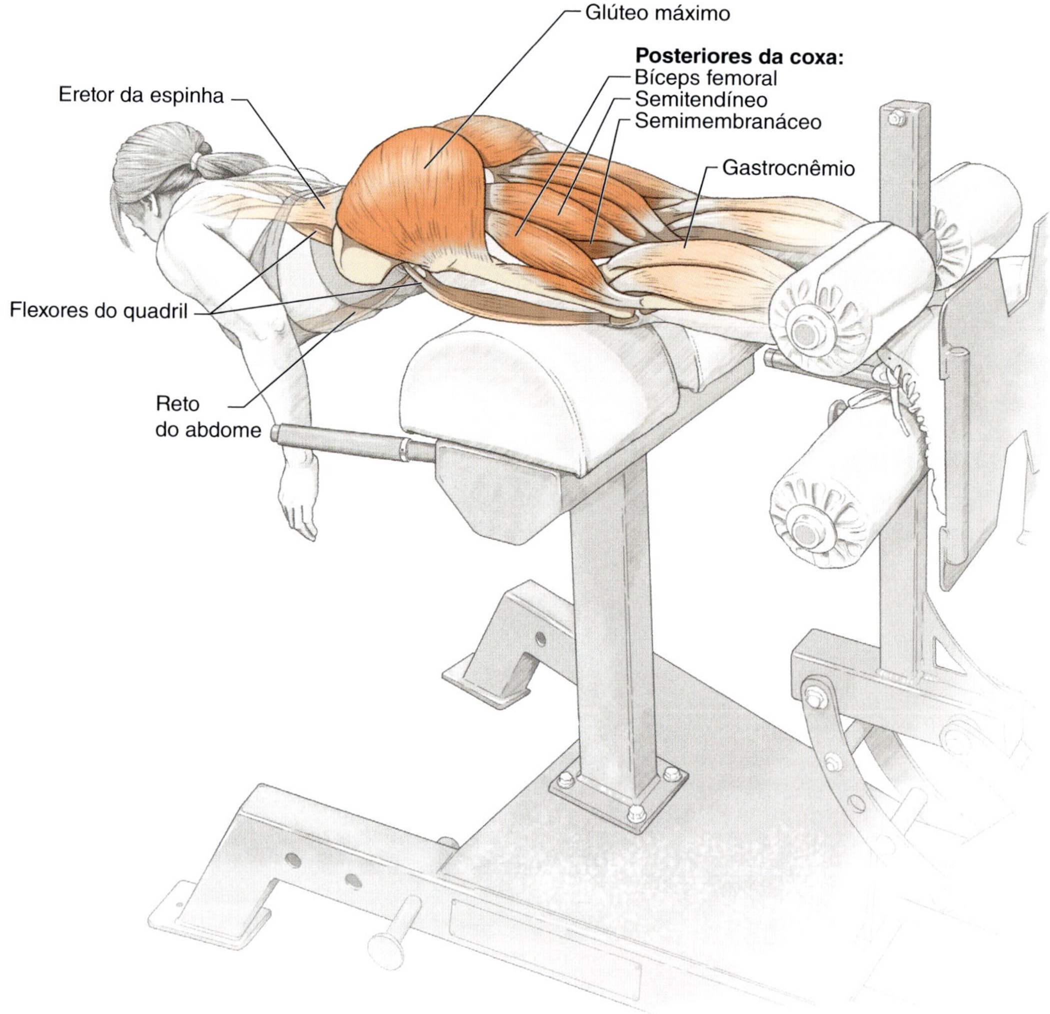

Execução

1. Posicione seus pés na parte de trás de um aparelho de glúteos e posteriores da coxa, mantendo as panturrilhas firmemente contra a almofada superior. Apoie os joelhos na almofada principal, idealmente em uma altura suficiente para que as articulações do quadril consigam ultrapassar a borda da almofada durante a descida.
2. Mantendo o tórax elevado e as costas retas, projete o corpo para a frente e faça a descida em arco, estendendo os joelhos enquanto flexiona os quadris.
3. Desça lentamente até onde o aparelho deixar, mantendo a coluna neutra. Suba de volta, acelerando vigorosamente até que os joelhos estejam flexionados e as costas e as coxas (formando um único segmento rígido) fiquem perpendiculares ao solo.

Músculos envolvidos

Primários: Posteriores da coxa (semitendíneo, semimembranáceo, bíceps femoral), glúteo máximo, glúteo médio, glúteo mínimo.

Secundários: Gastrocnêmio, eretores da espinha (iliocostal, longuíssimo, espinal), iliopsoas, reto femoral, sartório, tensor da fáscia lata, reto do abdome, oblíquo externo do abdome, oblíquo interno do abdome, transverso do abdome.

Considerações sobre o exercício

Para tornar o exercício mais desafiador, tente alongar os posteriores da coxa o máximo possível e apresente o pior braço de alavanca para esse grupo muscular. No movimento de descida, tente também projetar o tórax para a frente, alongando os posteriores da coxa ao máximo durante o movimento. Na fase de subida, repita o movimento ao contrário, inclinando o tronco para a frente, em vez de puxá-lo para trás.

Puxar para trás é aceitável, mas esse movimento diminui tanto a força como o alongamento dos posteriores da coxa que você está tentando maximizar com este exercício. Assim que começar a descer para a próxima repetição, inicie imediatamente um controle excêntrico rigoroso, com movimentos lentos na descida, para que possa gerar o máximo de estímulo possível e minimizar o risco de lesões.

Considerações sobre o tempo

A execução deste exercício com segurança e eficácia exige um alto nível de força, em relação ao peso corporal. Por esse motivo, este exercício é mais indicado para praticantes avançados, em particular para os que têm um tronco mais curto em relação às coxas, ou para os praticantes que sejam mais leves. Se você quiser incorporar este exercício à sua rotina de treinamento, pode ser mais aconselhável primeiro se concentrar no desenvolvimento de força com a prática de elevações posteriores de 45 graus com carga, como uma forma de preparar seu corpo.

Segurança

Você pode subir rapidamente, acelerando a partir de um início suave na parte descendente do exercício. Mas nesse caso não desça aceleradamente, para que o risco de sofrer lesão fique minimizado e também para que a carga excêntrica seja maximizada. Tendo em vista que este é um exercício complexo, pode ser muito tentador apressar a fase excêntrica (sobretudo no final da série, momento em que o cansaço bate). Então, tente resistir o máximo que puder.

Variações

A maioria das posições para elevação de glúteos e coxas possibilita diversas opções para o posicionamento dos joelhos e da parte inferior dos membros inferiores. Ao escolher qualquer opção, evite uma amplitude de movimento tão curta a ponto de seus quadris tocarem na almofada na parte descendente do movimento, o que resultará na flexão da coluna em vez da flexão dos quadris; isso removerá a tensão direcionada para os posteriores da coxa.

Flexão nórdica

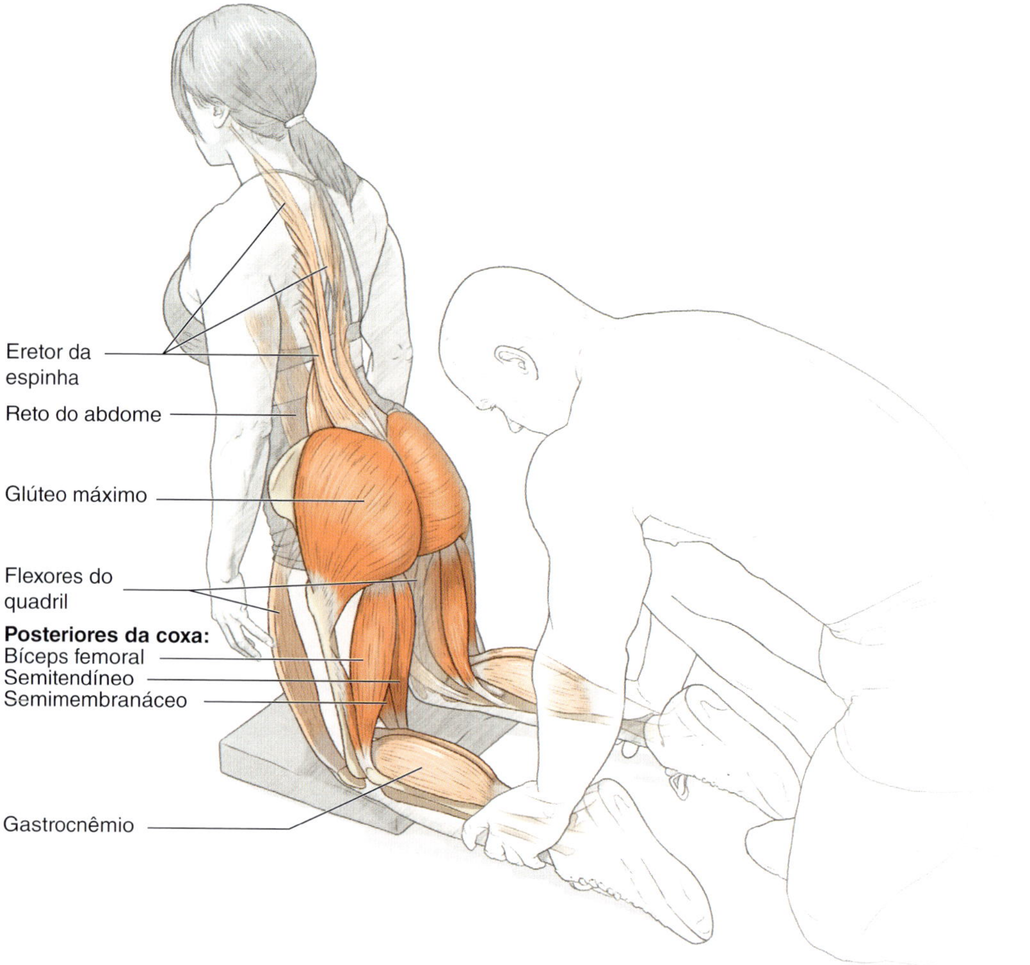

Execução

1. Coloque os pés firmemente sob as almofadas de apoio do aparelho de flexão nórdica (ou peça a um parceiro para segurar seus tornozelos) e apoie os joelhos confortavelmente sobre a almofada.
2. Com o tórax elevado e o tronco e as coxas formando um segmento reto e rígido, desça lentamente até que o tórax encoste na almofada.
3. Mantenha a posição abaixada sob tensão por um segundo. Em seguida, acelere suavemente e suba até que o tronco e as coxas fiquem perpendiculares ao solo, iniciando outra repetição. Toda a amplitude de movimento deste exercício deve provir da flexão dos joelhos.

Músculos envolvidos

Primários: Posteriores da coxa (semitendíneo, semimembranáceo, bíceps femoral), glúteo máximo, glúteo médio, glúteo mínimo.

Secundários: Gastrocnêmio, eretores da espinha (iliocostal, longuíssimo, espinal), iliopsoas, reto femoral, sartório, tensor da fáscia lata, reto do abdome, oblíquo externo do abdome, oblíquo interno do abdome, transverso do abdome.

Considerações sobre o exercício

Este exercício foi projetado para a aplicação de carga excêntrica; assim, nunca se apresse na descida. Desça devagar e com alto grau de controle. Faça uma pausa ao final de cada repetição, mantendo a tensão máxima nos posteriores da coxa durante essa pausa, para que seja obtido o máximo benefício possível da hipertrofia induzida pelo alongamento. Especialmente durante a subida, mantenha os quadris completamente rígidos e resista à tentação de projetar os quadris para trás para reduzir o braço da alavanca e a tensão nos posteriores da coxa. Embora esse movimento seja natural e facilite o exercício, seu objetivo aqui é justamente dificultar o exercício para os posteriores da coxa, promovendo que esses músculos cresçam acima do normal.

Considerações sobre o tempo

A execução correta e segura deste exercício requer uma elevada relação força–peso. Por isso, é mais apropriado para praticantes avançados, sobretudo para aqueles com tronco mais curto em relação às coxas e também para indivíduos com menos peso corporal. Pode ser útil que você fique bastante forte em elevações de 45 graus com carga antes de tentar a flexão nórdica.

Segurança

As forças aplicadas aos posteriores da coxa aumentam linearmente com o grau de extensão, portanto, o risco de lesão neste exercício é baixo – mas definitivamente não é insignificante. Não acelere a fase excêntrica, especialmente perto da parte descendente do exercício, pois isso aumentará significativamente a probabilidade de uma lesão.

Variações

Se você ainda não tem força suficiente para executar este exercício da maneira tradicional, pode posicionar as mãos à sua frente como se estivesse em uma posição de flexão de braço com pegada fechada. Ao descer, suas mãos farão contato com a almofada e você desacelerará, o que possibilitará a geração do nível de tensão desejado nos posteriores da coxa. Praticantes mais fortes também podem usar essa técnica para prolongar suas séries de trabalho tradicionais até ultrapassar a falha muscular, realizando mais algumas repetições com o auxílio de empurrões (especialmente se fizerem a fase excêntrica sem ajuda e usarem os membros superiores para auxiliar no impulso para a fase concêntrica).

Levantamento "bom-dia" no *hack* invertido

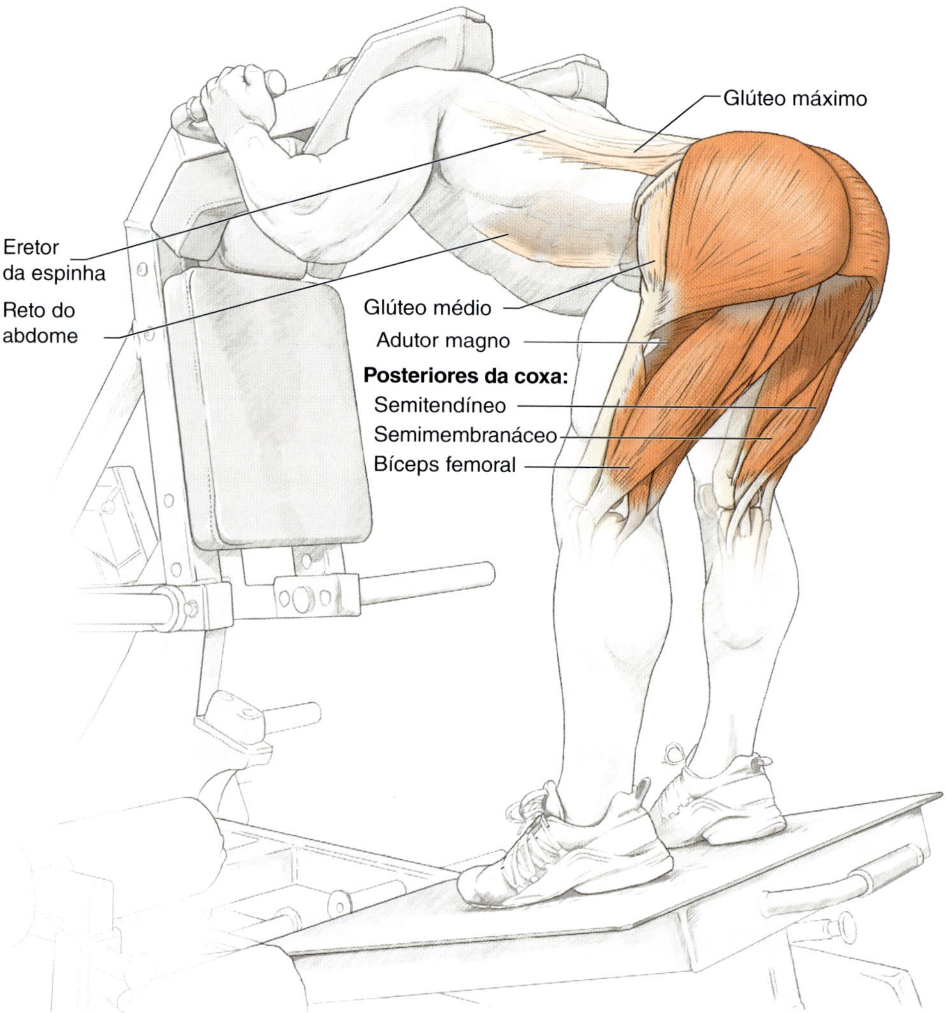

Execução

1. Posicione-se em um aparelho de *hack* invertido (também conhecido como aparelho de agachamento em V) e destrave a carga. Coloque os pés com um afastamento ligeiramente menor que a largura dos seus ombros, com os dedos levemente apontados para lateral.
2. Inicie o movimento empurrando os quadris para trás, mantendo o tórax elevado e a inclinação pélvica anterior; mantenha a curvatura lombar (em lordose). Flexione levemente os joelhos e mantenha essa posição durante todo o movimento. Continue movendo os quadris para trás, mantendo o tórax ereto e aumentando gradualmente a flexão do quadril.
3. Desça até sentir uma dor aguda e intensa de alongamento nos músculos posteriores da coxa, ou até não conseguir descer mais sem arredondar a região lombar ou flexionar mais os joelhos.
4. Para retornar à posição inicial, acelere suavemente para cima. Em seguida, mova-se com força para completar outra repetição.

Músculos envolvidos

Primários: Posteriores da coxa (semitendíneo, semimembranáceo, bíceps femoral), glúteo máximo, adutor magno (porção isquiotibial).

Secundários: Fibras posteriores do glúteo médio, eretores da espinha (iliocostal, longuíssimo, espinal), reto do abdome, oblíquo externo do abdome, oblíquo interno do abdome, transverso do abdome.

Considerações sobre o exercício

Uma inclinação pélvica anterior realizada durante a flexão do quadril coloca os posteriores da coxa em um estado pré-alongado, o que diminui a amplitude de movimento necessária e a ativação associada dos eretores da coluna e dos glúteos. Uma ótima técnica para conseguir essa inclinação pélvica anterior envolve extensões lombar e torácica, estimulando uma leve lordose da coluna lombar. Ao descer durante o exercício, promova a flexão do quadril e a inclinação anterior; para tanto, imagine que você está apontando seus glúteos para uma câmera situada na junção da parede com o teto atrás de você. Essa manobra irá gerar alta tensão nos posteriores da coxa, criando um impulso forte que estenderá seus joelhos e, em consequência, prejudicará o alongamento dos posteriores da coxa. Portanto, ao reforçar a dica "tórax para cima/glúteos para o teto" com a dica "manter joelhos para trás" e ao manter um grau mínimo de flexão dos joelhos durante a flexão do quadril, você poderá aumentar o alongamento dos posteriores da coxa e otimizar a sinalização para o crescimento muscular. Não tente estender completamente os joelhos; em vez disso, mantenha essa articulação imediatamente antes da extensão total.

Considerações sobre o tempo

É mais fácil realizar este exercício em um aparelho, caso esteja disponível (em vez de fazer um levantamento "bom-dia" com barra, que causa menos fadiga axial e sistêmica). Se você tiver acesso a um aparelho de agachamento em V, definitivamente este é um exercício que você deve experimentar.

Segurança

Certifique-se de que o suporte esteja travado quando você recolocar o peso, pois se esquecer de acionar o suporte sob a carga, sua tentativa de reposicionamento poderá se transformar em um gigantesco desastre. Essa parte exigirá mais atenção do que o normal, tendo em vista que essa situação ocorrerá ao final de uma série – justamente quando você estiver mais cansado e menos atento.

Variações

Na maioria dos casos, usar elásticos para treino de hipertrofia não é o ideal, pois esses dispositivos invertem a curva de força mais adequada para o crescimento muscular. Em vez de enfatizar o alongamento e suavizar na contração de pico, os elásticos fazem o contrário: aumentam a contração de pico e diminuem a ênfase no alongamento. Mas nesse aparelho em particular, a parte alta do movimento (i.e., pico de contração) é tão leve e a curva de força tão acentuadamente inclinada para o alongamento, que o uso de elásticos no aparelho pode fazer com que a curva de força fique mais equilibrada, ainda consideravelmente voltada para o alongamento. Assim, o efeito final é uma melhora das características de hipertrofia muscular com essa configuração.

Agachamento com barra alta

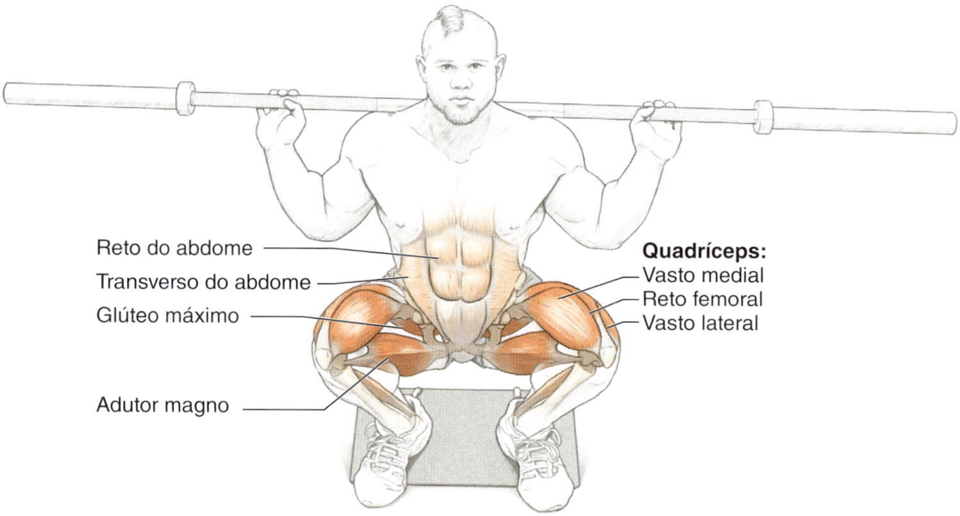

Execução

1. Com a barra nas costas (bem sobre os trapézios, com as escápulas contraídas para trás), dê alguns passos para trás, para lateral do *rack*. Posicione os pés aproximadamente na largura dos ombros, com os dedos apontados para lateral em um ângulo de 30 a 45 graus.
2. Mantendo o tórax elevado e as costas retas, empurre os joelhos para lateral enquanto os flexiona. Concentre-se em empurrar os joelhos para lateral e para a frente, por cima dos dedos dos pés, o máximo que puder (desde que mantenha os calcanhares em contato com o solo e consiga gerar força ao longo de todo o pé).
3. Permaneça o mais ereto possível, mantendo as costas retas e o tórax ereto. Desça para que as coxas fiquem ao nível mais baixo possível e paralelas ao solo, mantendo as costas retas (com a coluna neutra ou em lordose, não em cifose).
4. Mantenha-se nessa posição por 1 ou 2 segundos e, em seguida, volte a ficar de pé, conduzindo o movimento com o tórax elevado.

Músculos envolvidos

Primários: Quadríceps (reto femoral, vasto lateral, vasto medial, vasto intermédio), glúteo máximo, glúteo médio, glúteo mínimo, adutor longo, adutor magno, adutor curto, pectíneo, grácil.

Secundários: Sóleo, reto do abdome, eretores da espinha (iliocostal, longuíssimo, espinal), transverso do abdome.

Considerações sobre o exercício

Ao fazer o agachamento, você sentirá a tentação de deixar o tórax flexionar para a frente. Manter o tórax ereto durante todo o movimento ajuda a preservar uma posição mais segura que lhe permitirá trabalhar em maior profundidade, focando mais nos quadríceps e minimizando a fadiga axial. Não existe uma regra rígida com relação à distância entre os pés ou quanto ao ângulo dos dedos. Portanto, sinta-se à vontade para experimentar algumas opções até encontrar a que funciona melhor para você. Uma boa dica para saber o que funcionará melhor é agachar-se completamente sem a barra nas costas e apenas permitindo que os pés e dedos se movimentem livremente um pouco. Determine a posição em que seus tornozelos, joelhos e quadris se sentem mais confortáveis; em seguida, utilize essa posição nos seus aquecimentos e nas séries de trabalho. Embora seja tentador acelerar o movimento, especialmente durante o terço inferior da fase excêntrica, deve ser executado de forma lenta, para que você consiga o máximo efeito e também minimize o risco de uma lesão.

Considerações sobre o tempo

Quando estiver forte o suficiente, realize um trabalho mais isolado para os quadríceps (p. ex., *leg press* ou agachamento *hack*) antes do agachamento com barra alta, para diminuir a quantidade de carga necessária para este exercício. Isso diminuirá a fadiga axial e sistêmica.

Segurança

Para diminuir o risco de lesões, mantenha a região lombar reta o tempo todo, sempre com o tórax elevado.

Variações

Você pode testar diferentes posições dos pés para o agachamento com barra alta, mas também tente fazer o exercício no aparelho Smith. Se usar um aparelho Smith, posicione os pés alguns centímetros (i.e., cerca de 3 a 4 centímetros) à frente da linha da barra. Mantenha-se o mais ereto possível para minimizar ainda mais a fadiga axial e, ao mesmo tempo, maximizar o estímulo para os quadríceps.

Agachamento no *hack*

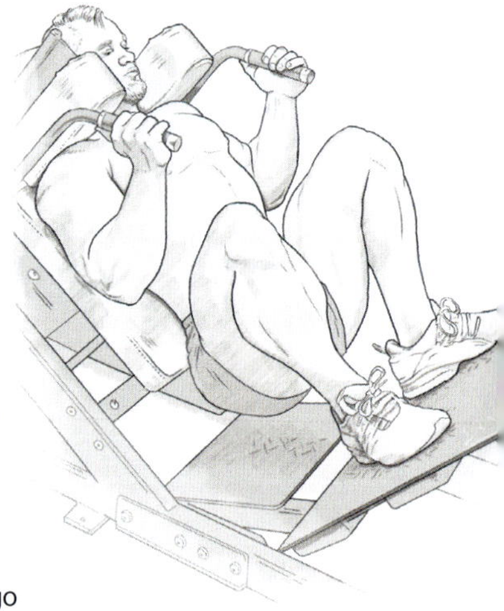

Impulsione os joelhos para lateral ao flexioná-los.

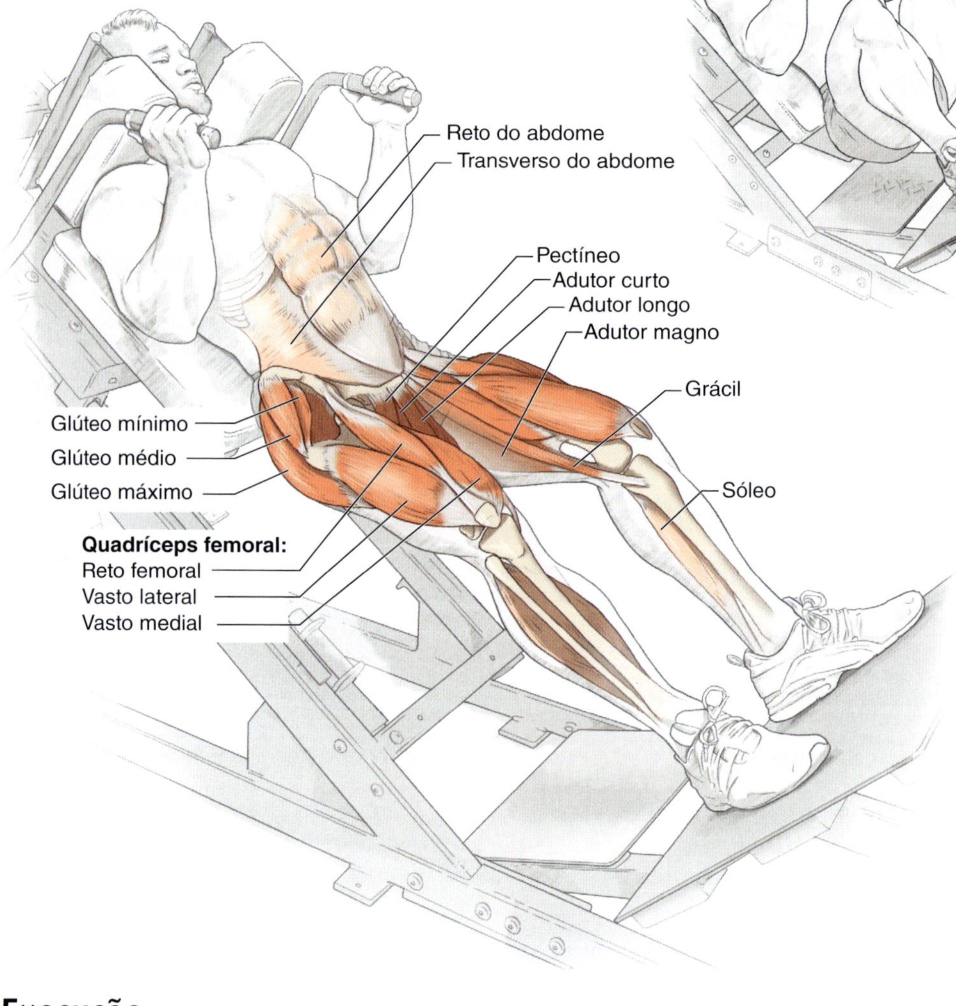

Execução

1. Posicione-se no aparelho de agachamento *hack*, com os pés afastados um pouco menos que a largura dos ombros e com os dedos apontados para lateral, formando um ângulo de 30 a 45 graus.
2. Mantendo o tórax elevado e as costas retas, empurre os joelhos para lateral enquanto os flexiona. Foque em empurrá-los para lateral e para a frente sobre os dedos dos pés até onde for possível (desde que mantenha os calcanhares em contato com a plataforma e consiga gerar força por todo o pé).

3. Na descida, mantenha-se o mais ereto possível, com as costas retas e o tórax bem elevado. Desça o máximo possível, mantendo as costas retas (neutras ou em lordose, não em cifose).
4. Mantenha essa posição baixa por 1 ou 2 segundos e, em seguida, fique em pé com a coluna ereta, conduzindo o movimento com o tórax elevado.

Músculos envolvidos

Primários: Quadríceps (reto femoral, vasto lateral, vasto medial, vasto intermédio), glúteo máximo, glúteo médio, glúteo mínimo, adutor longo, adutor magno, adutor curto, pectíneo, grácil.

Secundários: Sóleo, reto do abdome, eretores da espinha (iliocostal, longuíssimo, espinal), transverso do abdome.

Considerações sobre o exercício

Quanto mais baixo você conseguir posicionar seus pés na plataforma e ainda conseguir dar impulso com os calcanhares e com o pé todo, melhor. Com isso, os quadríceps serão envolvidos e estimulados ao máximo. Se, durante o aquecimento, você não conseguir manter os calcanhares no solo, pare a repetição. Suba novamente e posicione os pés 4 centímetros mais acima da plataforma, para tentar novamente e ver se os calcanhares permanecem apoiados no solo. Execute este exercício com uma fase excêntrica lenta, para tentar gerar mais estímulo de crescimento (e desconforto). Manter o tórax elevado e expandido na parte descendente do movimento ajuda a reforçar o posicionamento adequado das costas e da parte inferior do corpo, aumentando ainda mais a eficácia e a segurança deste exercício.

Considerações sobre o tempo

Levantadores intermediários e avançados podem conseguir maiores ganhos priorizando o agachamento *hack*. Já os iniciantes devem se concentrar principalmente em exercícios com barra, para que possam dominar os aspectos fundamentais do movimento. Graças ao significativo potencial de hipertrofia com a realização de alguns exercícios básicos, é bem possível que os iniciantes possam dispensar a variação extra oferecida pelo agachamento *hack*.

Segurança

A melhor maneira de garantir este exercício com segurança é fazer uma pausa na parte descendente do movimento. Tendo em vista que essa pausa prolonga a duração do alongamento sob carga, geralmente ela também promove o crescimento.

Variações

Considerando que você pode manter os joelhos estendidos na parte superior do exercício e descansar entre repetições, ele é perfeito para fazer "repetições miofasciais" – ou seja, se você estiver pronto para fazer com que seu crescimento muscular (e o desconforto, a dor e a falta de ar) atinja um novo nível.

Leg press

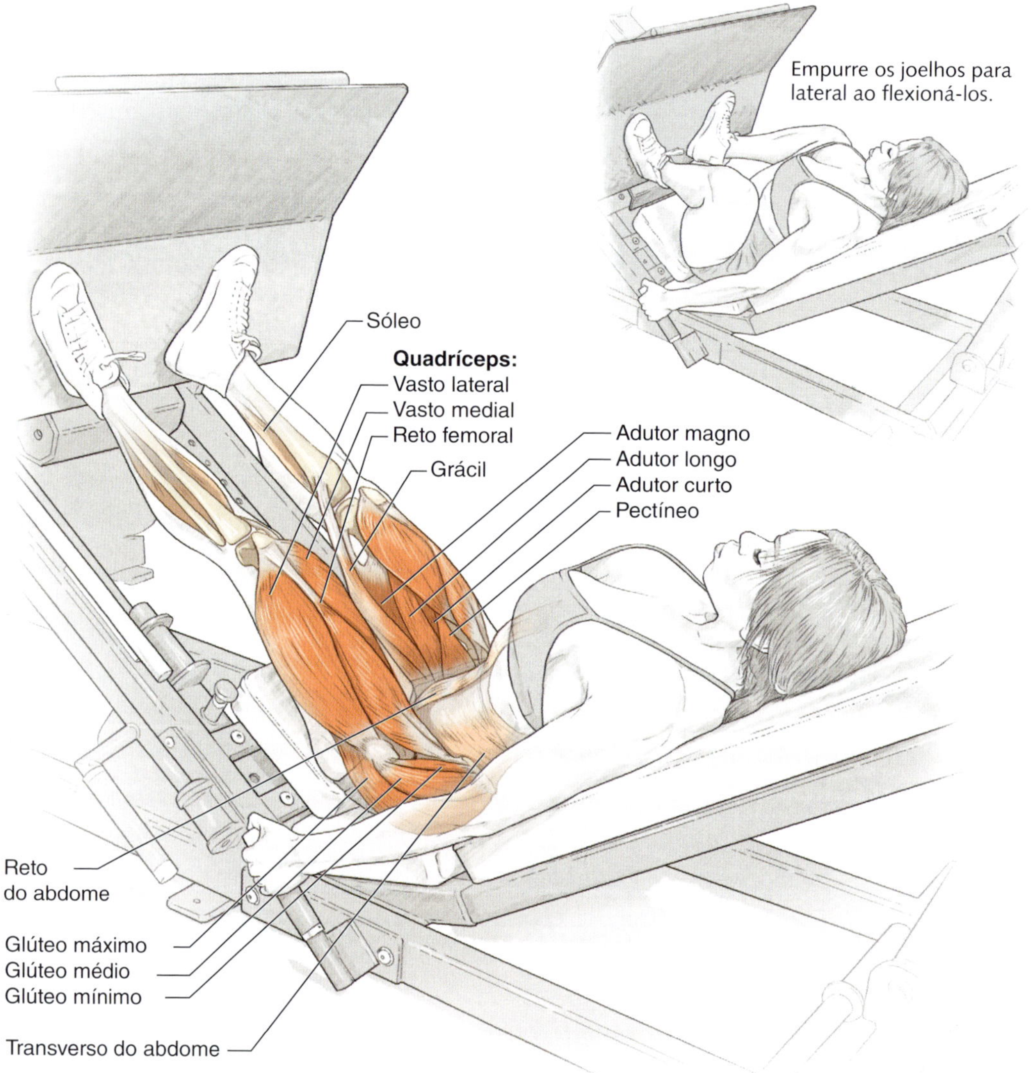

Execução

1. Posicione seus pés na plataforma com um afastamento um pouco menor que a largura dos ombros, com os dedos apontados para lateral em um ângulo de 30 a 45 graus.
2. Mantendo o tórax elevado e as costas retas, empurre os joelhos para lateral ao flexioná-los. À medida que os joelhos se dobram, concentre-se em empurrá-los para lateral e para a frente, acima dos dedos dos pés, o máximo que puder (desde que os calcanhares permaneçam em contato com a plataforma e que você consiga gerar força por todo o pé).
3. Na descida, mantenha as costas retas e o tórax alto. Desça o mais profundamente que puder, mantendo ao mesmo tempo as costas retas (neutras ou em lordose, não em cifose); e mova-se como se quisesse que os joelhos tocassem as axilas.

4. Mantenha essa posição baixa por 1 ou 2 segundos. Em seguida, empurre diretamente para cima, mantendo o tórax elevado.

Músculos envolvidos

Primários: Quadríceps (reto femoral, vasto lateral, vasto medial, vasto intermédio), glúteo máximo, glúteo médio, glúteo mínimo, adutor longo, adutor magno, adutor curto, pectíneo, grácil.

Secundários: Sóleo, reto do abdome, transverso do abdome.

Considerações sobre o exercício

Para otimizar a estimulação do quadríceps durante este exercício, posicione os pés na plataforma na posição mais baixa que for possível, mantendo a pressão nos calcanhares e em todo o pé. Se não conseguir manter os calcanhares sobre a plataforma durante o aquecimento, será melhor interromper a repetição. Desloque os pés para cima na plataforma por cerca de 4 centímetros e tente novamente fazer o exercício para ver se os calcanhares conseguem permanecer em contato com a plataforma. Outra estratégia eficaz para promover o crescimento muscular é executar uma fase excêntrica lentamente, embora isso também possa causar um desconforto significativo. Além disso, se você mantiver o tórax elevado e expandido na parte inferior baixa do movimento, isso ajudará a reforçar o alinhamento adequado da parte inferior do corpo e das costas, fazendo com que o exercício seja mais eficaz e seguro. No momento em que perceber que já desceu até o máximo nível possível, tente descer um pouco mais, ainda mantendo a região lombar reta. Você descobrirá que esse pequeno esforço extra resultará em ganhos desproporcionalmente altos, em termos dos resultados esperados com este exercício.

Considerações sobre o tempo

Levantadores intermediários e avançados podem ser mais beneficiados com a prática do *leg press*; por outro lado, os iniciantes devem se concentrar principalmente nos exercícios básicos com barra para que possam desenvolver habilidades fundamentais. Além disso, os iniciantes costumam obter um crescimento muscular significativo com apenas alguns exercícios básicos; assim, a adição de variações se torna um pouco desnecessária.

Segurança

Contanto que sua região lombar esteja firme, você estará pronto para começar. Não curve a região lombar na parte descendente do movimento, sobretudo se sentir muita dor ou um desconforto considerável ao fazê-lo. Travar os joelhos na parte alta do movimento é seguro – a menos que esteja fazendo este exercício de forma explosiva e descontrolada ou seja portador de algum distúrbio congênito de hipermobilidade articular.

Variações

O uso de posições dos pés mais abertas e mais fechadas pode ser eficaz, desde que sua coluna, quadris, joelhos e tornozelos estejam confortáveis. Se estiver usando uma postura mais aberta, certifique-se de girar simultaneamente os dedos dos pés para lateral, de modo que eles fiquem tão voltados para lateral quanto os joelhos.

Agachamento pendular

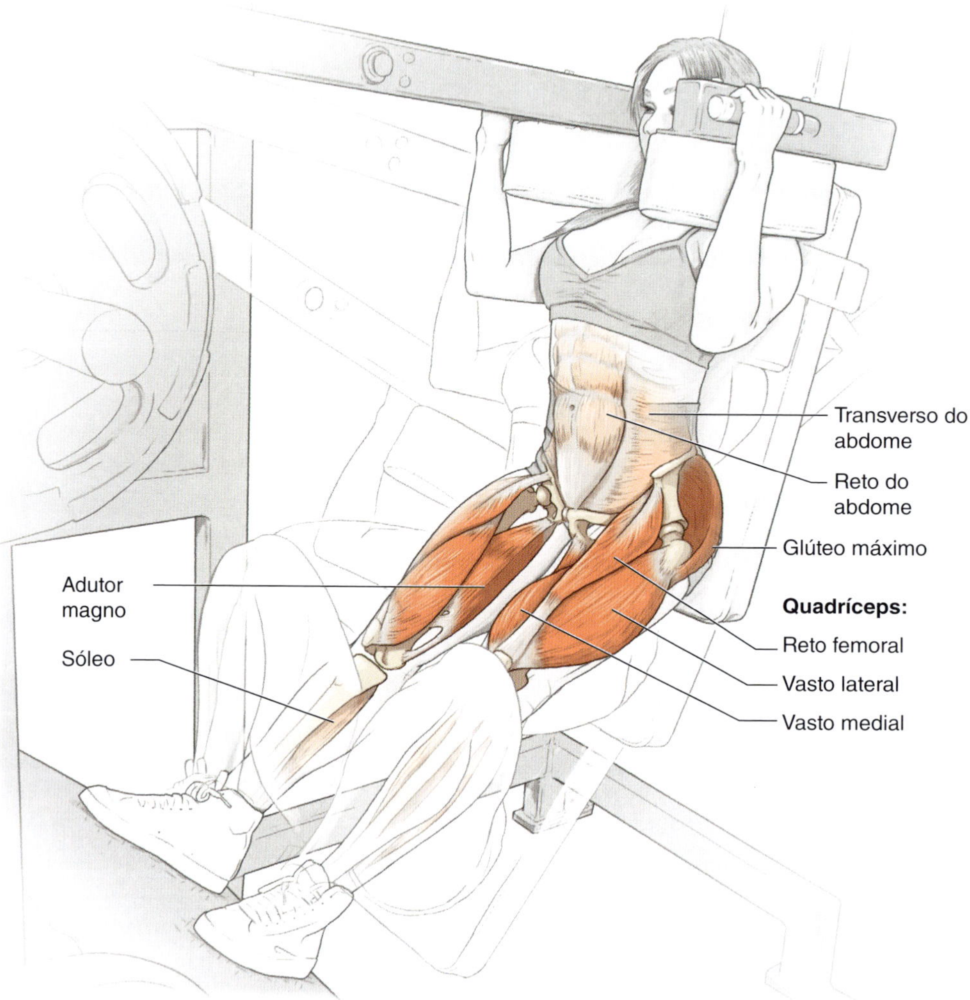

Execução

1. Posicione-se no aparelho de agachamento pendular, com os pés afastados a uma distância pouco menor do que a largura dos ombros e os dedos dos pés apontados para lateral, em um ângulo de 30 a 45 graus.
2. Para executar o exercício, flexione os joelhos, mantendo o tórax elevado e as costas retas. Foque em empurrar os joelhos ao máximo que puder para a frente e para lateral, sobre os dedos dos pés, mantendo os calcanhares em contato com a plataforma.
3. Durante a descida, tente manter-se o mais ereto que puder, permanecendo com as costas retas e o tórax elevado. Desça o mais profundamente que puder, mantendo as costas neutras.
4. Mantenha-se nessa posição baixa por 1 ou 2 segundos. Em seguida, levante-se novamente, conduzindo o movimento com o tórax. Durante toda a descida, foque em manter uma ação excêntrica controlada e em gerar força por todo o pé para garantir máxima eficácia.

Músculos envolvidos

Primários: Quadríceps (reto femoral, vasto lateral, vasto medial, vasto intermédio), glúteo máximo, glúteo médio, glúteo mínimo, adutor longo, adutor magno, adutor curto, pectíneo, grácil.

Secundários: Sóleo, reto do abdome, eretores da espinha (iliocostal, longuíssimo, espinal), transverso do abdome.

Considerações sobre o exercício

Se você colocar os pés bem alto na plataforma, poderá levantar mais peso; mas com isso, não conseguirá obter o máximo estímulo possível; essa posição também fará com que você tenha que arredondar a região lombar (o que pode aumentar o risco de uma lesão nessa área). Em vez desse posicionamento dos pés, coloque-os o mais baixo possível na plataforma, desde que ainda consiga dar impulso com os calcanhares e o pé inteiro na parte descendente do movimento. Considerando que este exercício foi planejado para que você avance pela fase excêntrica o mais rápido e vigorosamente possível, se opuser resistência e desacelerar a fase excêntrica a partir do topo (e principalmente na fase intermediária) do movimento, conseguirá maiores ganhos de hipertrofia com mais segurança. Mas fique preparado, porque a velocidade e a força iniciais da fase excêntrica são muito intensas neste exercício, e você poderá ser pego desprevenido se não estiver preparado para frear a carga com os quadríceps.

Considerações sobre o tempo

Devido à carga excêntrica singularmente intensa na parte intermediária do movimento, este é um exercício excelente para o desenvolvimento de força e confiança para subsequentes *leg presses* e agachamentos *hack*. Este exercício lhe ajudará a promover uma sensação de possuir joelhos e quadríceps estáveis e fortes. Se conseguir controlar bem seus agachamentos pendulares, comparativamente os *leg presses* e os agachamentos *hack* parecerão muito mais fáceis de controlar na descida. Provavelmente você será capaz de executar esses exercícios com mais empenho e eficiência ainda.

Segurança

Não é aconselhável que você faça uma ação excêntrica rápida durante este exercício, pois isso poderá resultar em um impacto violento na aterrissagem. Nesse cenário, serão geradas forças excessivamente altas em uma rápida velocidade de alongamento muscular. Tal impacto aumenta o risco de lesão, especialmente se você não tiver condições de controlar a fase excêntrica. Também evite treinar até que ocorra uma falha completa neste exercício. Pare no máximo uma repetição antes da falha, ou você poderá ficar preso no aparelho sem que tenha uma saída óbvia, fácil, segura ou confortável de escapar.

Variações

Na maioria dos casos, este exercício é mais indicado com as séries tradicionais, mas também podem funcionar repetições mioelétricas (sobretudo se você conseguir manter o ritmo da respiração durante as repetições subsequentes).

Agachamento no aparelho Rogers

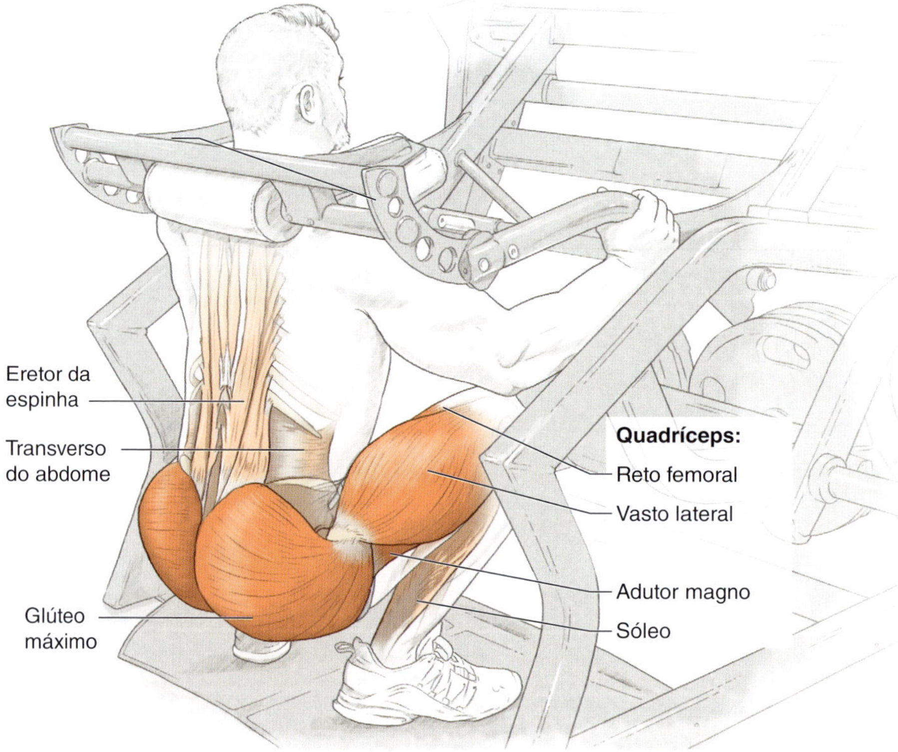

Execução

1. Posicione-se no aparelho de agachamento Rogers. Coloque os pés afastados a uma distância pouco menor que a largura dos ombros, com os dedos apontando um pouco para lateral.
2. Flexione os joelhos, mantendo o tórax elevado e as costas retas. Concentre-se em empurrar os joelhos para lateral e para a frente até onde puder, sobre os dedos dos pés, mantendo os calcanhares em contato com a plataforma.
3. Durante a descida, tente manter-se o mais ereto possível, permanecendo com as costas retas e o tórax bem elevado. Abaixe-se o máximo que puder, ainda com as costas neutras, mantendo uma ação excêntrica controlada e gerando força por todo o pé, para garantir máxima eficácia.
4. Mantenha essa posição baixa por um ou dois segundos. Em seguida, levante-se novamente, liderando com o tórax.

Músculos envolvidos

Primários: Quadríceps (reto femoral, vasto lateral, vasto medial, vasto intermédio), glúteo máximo, glúteo médio, glúteo mínimo, adutor longo, adutor magno, adutor curto, pectíneo, grácil.

Secundários: Sóleo, reto do abdome, eretores da espinha (iliocostal, longuíssimo, espinal), transverso do abdome.

Considerações sobre o exercício

Ao se posicionar no aparelho para um agachamento Rogers, geralmente há duas maneiras de colocar os pesos para carga. Uma das opções alavanca a carga de modo que o peso fique aproximadamente paralelo ao solo na parte descendente do movimento, enquanto na outra opção o peso deve ser colocado em um ângulo consideravelmente maior. Em geral, a maior parte ou mesmo toda a carga deve ficar na opção que posiciona a carga paralela ao solo no treinamento para hipertrofia muscular, pois isso significa que a carga levantada será maximizada na parte inferior do movimento. A literatura científica confirma que enfatizar a carga na parte inferior do movimento resultará em mais desenvolvimento muscular. Você pode usar o outro conjunto de pinos de encaixe de anilhas, essa opção é mais indicada para os treinamentos de explosão para desempenho esportivo (e não para as finalidades de crescimento muscular).

Considerações sobre o tempo

Se você posicionar os pés um pouco mais à sua frente, poderá reduzir bastante a ênfase nas costas e na cadeia posterior. Isso faz com que este exercício seja uma excelente opção para o treino de quadríceps, especialmente se você já treinou os posteriores da coxa com exercícios como o levantamento-terra com membros inferiores rígidos ou levantamentos "bom-dia" na mesma sessão.

Segurança

Se você descer bastante e sentir um máximo alongamento do quadríceps na parte descendente do movimento, estará fazendo o exercício corretamente. Mas se isso não estiver ocorrendo e você chegar ao fundo do aparelho antes de alcançar a profundidade máxima, poderá colocar anilhas ou colchonetes estáveis sob os pés para aumentar a profundidade. A posição mais descendente do movimento será o ponto mais difícil do exercício, do qual você não conseguirá sair sem ajuda; se estiver perto da falha, considere chamar o profissional para auxiliá-lo na última repetição.

Variações

Este aparelho é excelente para a prática de "repetições miofasciais", graças à pouca fadiga axial. Ele permite que você diminua a fadiga aguda ao ficar em pé com os joelhos estendidos, descansando nos intervalos entre as séries de "repetições miofasciais". Graças à facilidade de tirar e colocar o peso de volta no suporte, você pode até mesmo desencaixar o peso do suporte, respirar fundo por 10 a 15 segundos e tentar novamente. Continue respirando durante todas as repetições; não prenda a respiração, exceto talvez durante o último terço inferior do movimento. Caso contrário, ficará limitado pelo seu sistema cardiorrespiratório, antes de sofrer limitação pelos seus quadríceps.

Elevação de panturrilha em escada com uma perna

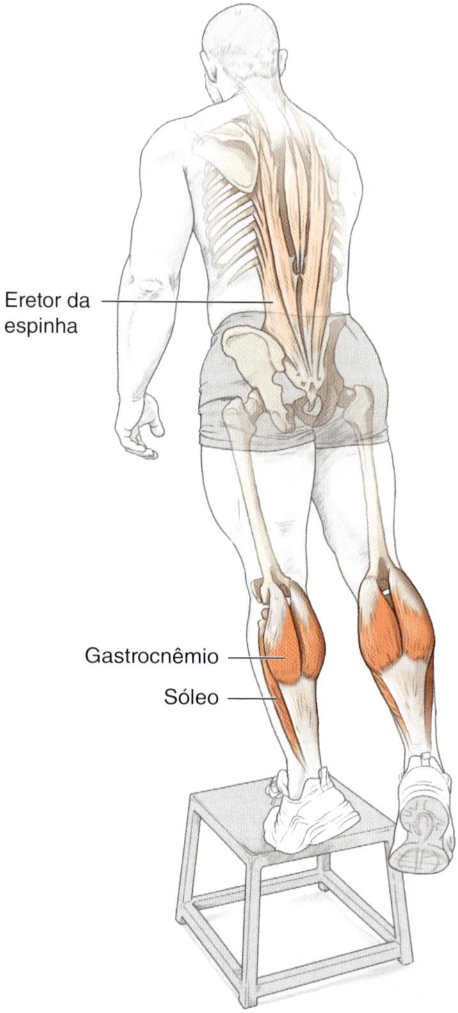

Execução

1. Com um haltere em uma das mãos, fique em pé sobre um degrau. Segure algum objeto fixo com a outra mão para se estabilizar (o corrimão do degrau é o ideal).
2. Flexione um dos joelhos para que o pé não encoste no degrau. Desloque o outro pé para que fique com metade da planta do pé apoiada na borda do degrau. Desça lentamente, com controle, e empurre o joelho para trás durante a descida.
3. Quando não conseguir descer mais, mantenha a posição agachada por 1 a 2 segundos. Depois, estenda o corpo para subir novamente. Você pode se erguer até uma contração muscular completa; mas se estenda somente o suficiente para que o calcanhar fique acima do nível do degrau em que você está, pois isso poderá proporcionar um crescimento muscular ainda maior, já que isso fará com que o movimento avance até uma posição mais alongada.
4. Ao começar a descer para a próxima repetição, certifique-se de fazê-lo lentamente (assim como na repetição anterior). Ao terminar uma série, descanse por 5 a 10 segundos para recuperar o fôlego. Em seguida, troque o haltere e o corrimão da escada de lado (i.e., use a outra mão), troque também para o outro pé e inicie a próxima série.

Músculos envolvidos

Primários: Gastrocnêmio, sóleo.

Secundários: Músculos do antebraço, reto do abdome, eretores da espinha (iliocostal, longuíssimo, espinal).

Considerações sobre o exercício

Nas elevações de panturrilha, conforto e estabilidade são dois fatores muito importantes, sobretudo quando esse exercício é feito com apenas um dos membros inferiores de cada vez. Ajuste a posição do seu pé, de modo que a planta do pé fique pousada na borda do degrau, mas sem ultrapassar a borda. Com isso, seu pé terá máxima estabilidade e capacidade de gerar força; além disso, também minimizará o desconforto causado pela borda do degrau pressionando o pé. À medida que você for executando as repetições em cada série, pode acontecer de seu pé escorregar da posição ideal original. Se isso ocorrer (e provavelmente vai acontecer com frequência), faça uma segunda pausa nas repetições e reajuste a posição do pé antes de continuar com o exercício.

Considerações sobre o tempo

Como você precisa segurar um haltere com uma das mãos e visto que o movimento permite pouca estabilidade (i.e., um membro inferior de cada vez, com o pé escorregando ao longo das várias repetições), é provável que o resultado seja mais satisfatório se você fizer maior número de repetições com cargas mais leves. A primeira série pode ter de 20 a 30 repetições e (devido ao curto período de descanso entre as séries), na maioria dos casos, a última série deve ter cerca de 5 a 15 repetições. Provavelmente, será melhor que você descanse apenas brevemente neste exercício (cuja prática resulta em baixa incidência de fadiga sistêmica e cardiovascular); basta esperar que o outro membro inferior termine, pois isso costuma dar ao membro não utilizado tempo mais do que suficiente para se recuperar para mais uma série produtiva.

Segurança

Este exercício é seguro, mas fique atento ao seu pé, para que você possa ajustar sua posição e evitar escorregões. Nesse caso em particular, é essencial que você use calçados apropriados, pois a prática com sapatos fechados é muito superior ao uso de chinelos ou à prática com os pés descalços. E para aqueles que gostam de treinar com chinelões de borracha Crocs®, isso é tão verdadeiro quanto difícil de aceitar.

Variações

O céu é o limite com variações neste exercício. Você pode fazer séries descendentes sem peso, colocando o haltere no degrau à sua frente assim que estiver próximo da falha e, em seguida, continuar a série sem ele. Você pode fazer séries de repetições de ativação muscular, pode tentar igualar o número de repetições da sua série de ativação muscular, ou mesmo séries gigantes, caso prefira acumular um número total de repetições ao longo de várias séries. Tecnicamente, também pode usar os dois pés ao mesmo tempo; mas para muitas pessoas, o ganho de força resultará na necessidade de segurar halteres cada vez mais pesados e difíceis de manejar. Se sua pegada for um fator limitante para sua capacidade de segurar o haltere, sinta-se à vontade para usar Versa Gripps ou faixas.

Elevação de panturrilha sentado com os membros inferiores estendidos

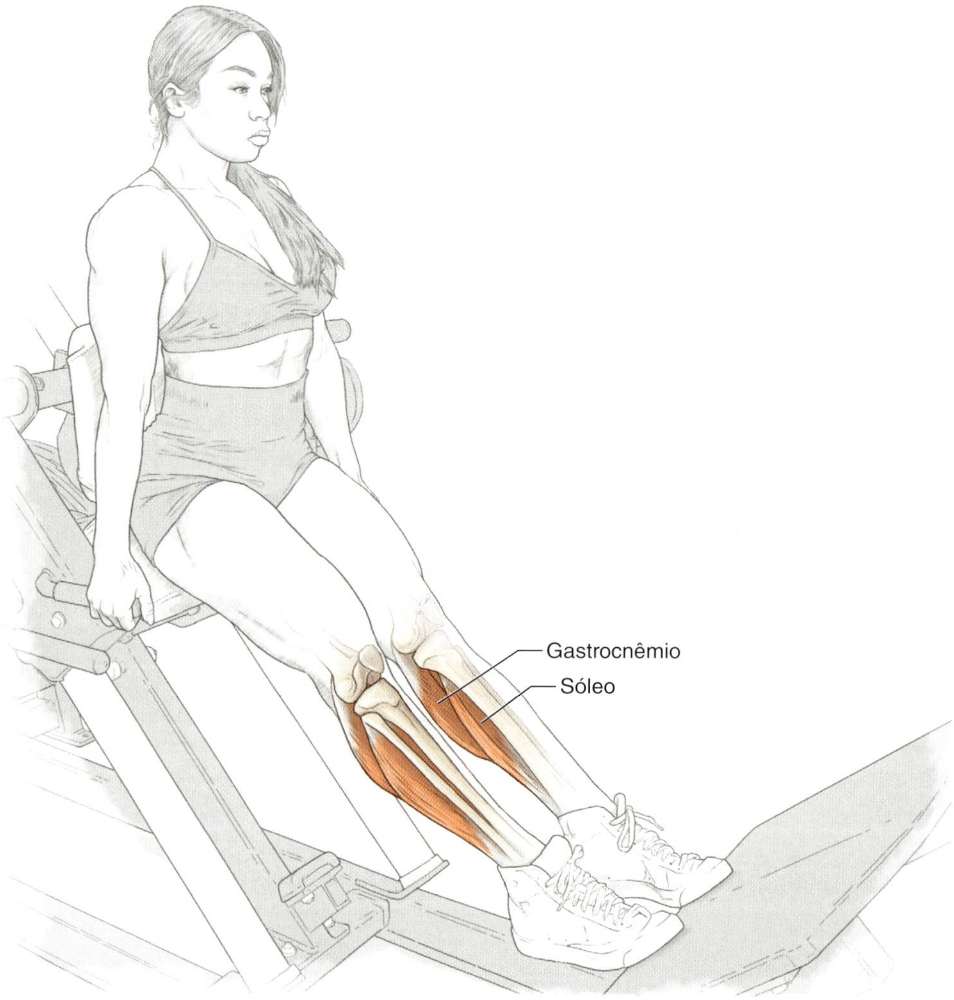

Execução

1. Posicione a parte da frente da planta dos pés bem na borda interna da plataforma.
2. Desça lentamente até chegar ao máximo alongamento na parte inferior do movimento, mantendo os joelhos completamente estendidos para que ocorra máximo alongamento do gastrocnêmio.
3. Mantenha essa posição por 1 a 2 segundos na parte inferior do movimento. Em seguida, volte rapidamente para o topo. Você não precisa manter a posição alta; na verdade, basta subir o suficiente para que seus calcanhares fiquem um pouco acima, paralelamente à borda da plataforma antes de iniciar a próxima repetição, com uma nova descida lenta.

Músculos envolvidos

Primários: Gastrocnêmio, sóleo.

Considerações sobre o exercício

Conforto e estabilidade ideais desempenham um papel fundamental na execução de elevações de panturrilhas no aparelho. É crucial que você experimente o alinhamento dos seus pés, garantindo que a região metatarsiana (i.e., o maléolo do pé) esteja posicionada exatamente no limite mais extremo do degrau, sem excedê-lo. Esse posicionamento ideal melhora a tração e, consequentemente, a capacidade de geração de força, minimizando qualquer possível desconforto resultante do contato abrasivo da borda do degrau com o seu pé. Durante a execução de repetições individuais dentro de cada série, seu pé pode se deslocar da posição ideal. É comum que isso ocorra; sempre que isso acontecer, faça uma pausa momentânea periódica nas repetições para realinhar o pé antes de prosseguir.

Considerações sobre o tempo

Visto que este exercício proporciona estabilidade e controle máximos, você poderá aumentar um pouco mais a carga, fazendo séries de apenas 5 a 10 repetições. Dito isso, você deverá se certificar de que ainda está descendo lentamente e segurando a posição para garantir máxima segurança e eficácia. Seja honesto consigo mesmo ao avaliar qual número de repetições está lhe deixando mais musculoso, com maior fadiga muscular localizada e maior dor; tudo isso costuma ocorrer em 15 repetições ou mais. Evite levantar o máximo de carga possível na panturrilha, porque você não vai impressionar ninguém e, além disso, seus ganhos ficarão prejudicados.

Segurança

Se usar cargas muito altas e saltar de baixo para cima, estará procurando problemas. Além disso, não gaste apenas um tempinho na posição de maior alongamento, pois provavelmente essa é a posição mais estimulante para o crescimento muscular.

Variações

Considerando que neste exercício você só precisa de 5 a 10 segundos de descanso para recarregar totalmente o músculo para outra série produtiva, pode terminar as séries rapidamente (desde que cada série subsequente tenha pelo menos cinco repetições por série). Você poderá variar com *drop sets*, repetições para ativação muscular e séries descendentes, também poderá experimentar uma alteração na posição dos pés a cada alguns mesociclos, alternando entre uma postura mais aberta, com os dedos dos pés mais apontados para a frente, e uma postura mais fechada, com os dedos dos pés mais retos.

CAPÍTULO 7

Escolha dos exercícios

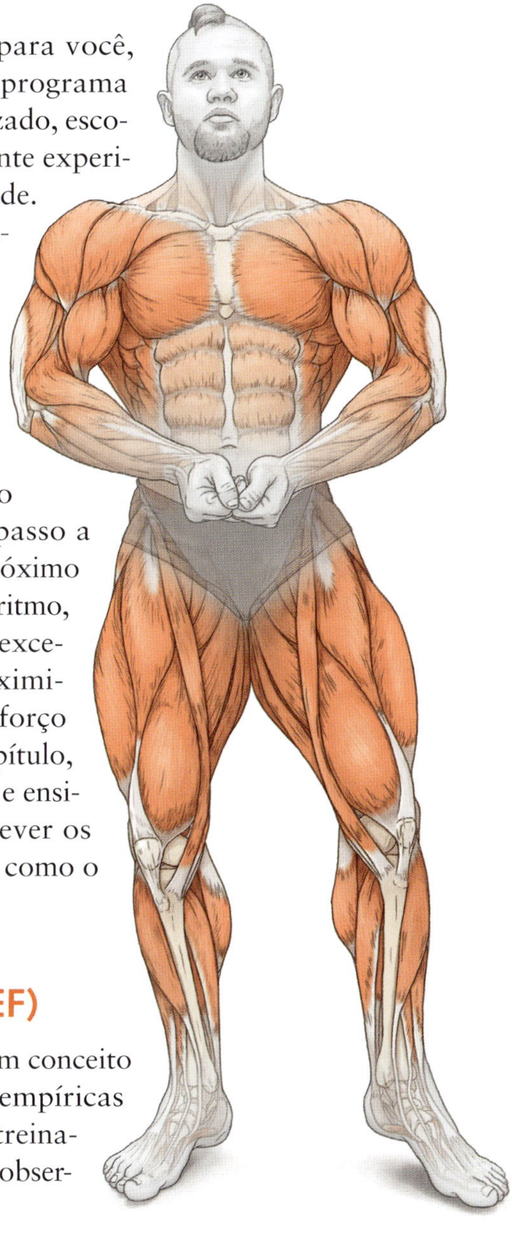

Ao decidir quais exercícios são melhores para você, existem algumas opções: pode montar um programa com exercícios com os quais já está familiarizado, escolher exercícios aleatoriamente ou simplesmente experimentar aqueles que despertam sua curiosidade. Mas à medida que você se torna mais avançado, essas podem não ser as abordagens mais eficazes. Pode ser mais benéfico para o seu progresso a longo prazo escolher os exercícios de forma mais metódica. Ao se concentrar no processo, você deve ser capaz de fazer escolhas de exercícios muito melhores do que aquelas feitas ao acaso. É sabido que existe um algoritmo simples, do tipo passo a passo, para a escolha dos exercícios do seu próximo programa (mesociclo). Se você seguir esse algoritmo, poderá ter confiança de que estará fazendo excelentes escolhas de exercícios e também maximizando os resultados das muitas horas de esforço passadas na academia. Mais adiante neste capítulo, vamos apresentar exatamente esse algoritmo e ensinar como usá-lo – mas antes, vamos descrever os conceitos básicos que fundamentam o modo como o algoritmo funciona.

Relação estímulo-fadiga (REF)

A relação estímulo-fadiga (REF) representa um conceito fundamental baseado tanto em evidências empíricas como em um suporte teórico no âmbito do treinamento para hipertrofia. A REF confirma uma observação bem estabelecida referente aos exercícios empregados nesse tipo de treinamento. Essencialmente, cada exercício em seu repertório contribui para uma certa quantidade específica de estímulo para o crescimento muscular. Mas ao mesmo tempo, cada exercício cobra um preço do seu corpo na forma de fadiga. Aqui, o objetivo geral é maximizar o estímulo ao crescimento e, ao mesmo tempo, minimizar o custo associado em termos de fadiga induzida. A fadiga não causará grandes problemas se você treina apenas uma vez ou poucas vezes por semana. Mas quanto mais frequentemente e de forma consistente nós treinamos, mais a fadiga vai aumentando e se acumula ao longo das semanas (o que interfere de várias maneiras em nosso progresso). Para qualquer nível de estímulo que um exercício proporcionar, você deve se esforçar para minimizar a fadiga gerada pela sua prática. Na maioria dos casos, exercícios que geram muito estímulo, mas que causam uma fadiga relativamente pequena, tendem a ser as melhores escolhas na sua seleção de exercícios. Esses tipos de exercícios não só ajudam no crescimento da maior quantidade de músculos em determinado período, mas também podem ser usados por períodos mais longos sem que provoquem um aumento excessivo da fadiga – gerando mais crescimento muscular a longo prazo. Isso é algo muito importante. Está além dos objetivos deste livro discutir mais profundamente os mecanismos que resultam no estímulo e no acúmulo de fadiga. Consulte o livro *Scientific Principles of Hypertrophy Training* (*Princípios do treinamento de hipertrofia*), de Mike Israetel, James Hoffman, Melissa Davis e Jared Feather (2021). Trata-se de um excelente guia para que você tome conhecimento de tais mecanismos. Aqui, vamos nos concentrar em como fazer uma estimativa aproximada das quantidades de estímulo e de fadiga que estão sendo geradas por você a partir de determinado exercício ou estilo de treinamento.

Indicadores de estímulo

Existem pelo menos quatro indicadores de estímulo muscular: conexão mente–músculo, bombeamento (*pump*), perturbação e disrupção.

Conexão mente–músculo

Com frequência, a *conexão mente–músculo* (CMM) é confundida com a *consciência cinestésica*, mas esses não são conceitos idênticos. Se você sentir seus peitorais contraindo no topo de um crucifixo no cabo voador, estará, na verdade, cinestesicamente ciente do uso dos peitorais naquele exercício. Mas essa consciência apenas indica que um músculo está sendo usado durante o movimento – não indica necessariamente que o músculo esteja sendo usado de uma forma que irá gerar um estímulo capaz de promover grande crescimento muscular. Para que você consiga definir efetivamente a CMM, precisará de mais do que apenas a percepção da contração muscular – também será necessário que sinta uma tensão intensa ou queimação no músculo-alvo para entender a CMM. Se você conseguir perceber ambos, terá alguma medida da CMM; quanto mais intensamente sentir qualquer desses aspectos, maior será sua CMM em determinada situação de treinamento. Vamos analisar separadamente a tensão e a queimação.

Tensão no músculo-alvo

Na CMM, a tensão está relacionada à experiência de sentir o modo como seus músculos-alvo estão produzindo uma enorme quantidade de força em relação às suas capacidades; a tensão também envolve a sensação de que esses músculos-alvo estão sendo alongados quase até o ponto de ruptura, sobretudo na parte excêntrica do exercício. Se você sentir que seus bíceps estão quase se rompendo (no bom sentido) durante a rosca direta com polia, é bem provável que o exercício seja altamente estimulante para o crescimento – certamente mais do que se você sentisse isso principalmente nos antebraços e não percebesse tanta tensão nos bíceps. É particularmente provável que a tensão será um bom indicador de estímulo na prática de exercícios com baixo número de repetições, por exemplo, em séries de 5 a 15 repetições.

Queimação no músculo-alvo

Especialmente em exercícios com repetições mais altas (com séries de 15 a 30 repetições ou mais), o acúmulo de metabólitos promotores do crescimento muscular também irrita as terminações nervosas ao redor do(s) músculo(s)-alvo, fazendo com que você tenha a sensação de queimação comumente associada a treinamentos intensos na academia. Se você sentir uma profunda queimação no músculo-alvo com a realização de séries com mais repetições (particularmente mais para as últimas cinco repetições), esse é um sinal mais claro de que mais crescimento está sendo estimulado – mais do que se essa queimação fosse sentida em outros músculos não focados pelo exercício.

Pump (bombeamento)

Considerando que o bombeamento (ou inchaço celular) está ligado ao crescimento muscular tanto mecanicamente como empiricamente, é bem provável que exercícios que provocam maiores bombeamentos (para qualquer número de séries) tenderão a estimular níveis mais altos de crescimento, em comparação com exercícios que resultem em bombeamentos menos impressionantes. Exemplificando, se o *leg press* faz com que seus quadríceps fiquem inchados a ponto de fazê-los parecer com balões, mas os agachamentos *hack* com o mesmo número de repetições e séries deixa seus quadríceps praticamente murchos, então você poderá concluir que o *leg press* provavelmente promoverá mais crescimento muscular, ao menos em termos de bombeamento.

Perturbação

Perturbação é um conceito abrangente. Basicamente, significa que contrações musculares estimulantes causadoras de fadiga nos músculos-alvo promovem mais crescimento, em comparação com contrações que não causam tanta fadiga. A perturbação é composta por três funções: perda de força local, perda de coordenação local e aumento das cãibras.

Perda de força local

Se você normalmente consegue fazer rosca com 45 kg por 10 repetições, talvez perceba que, após 5 séries de rosca direta com halteres, só conseguirá fazer 8 repetições com o mesmo peso. Por outro lado, se você fez 5 séries de rosca direta com cabo e só conseguir 4 repetições com o mesmo peso, podemos afirmar que a rosca direta com cabo causa uma fadiga local nos bíceps muito maior do que a rosca direta com halteres (e provavelmente estimula mais crescimento muscular). Isso é particularmente provável se você sentir que os bíceps estão "esgotados", enquanto seus ombros, costas e a energia sistêmica geral estão bem, não sendo os fatores limitantes no seu teste pós-rosca direta com 45 kg. Você não precisará testar a perda de força com frequência, porque ela se manifestará de forma perceptível nas suas tarefas diárias. Se, por exemplo, você treinou seus quadríceps em três séries no aparelho de *leg press* e depois desce escadas sem problemas, é pouco provável que essa sessão tenha sido tão estimulante para o crescimento muscular, em comparação com outra sessão de três séries em outro aparelho de *leg press* – três séries que fazem com que você tenha que segurar no corrimão ao descer as escadas, pois seus quadríceps não conseguirão produzir força suficiente para evitar que você caia.

Perda de coordenação local

Músculos perturbados (e, portanto, provavelmente estimulados) podem sofrer tanto de fadiga dos seus nervos periféricos locais como de desacoplamento entre a excitação e a contração na junção neuromuscular. Em outras palavras, músculos perturbados têm dificuldade em estabelecer comunicação com o sistema nervoso. Isso costuma ser percebido pelo levantador como uma perda de coordenação (normalmente suave) dos músculos que atuam na produção de movimentos do seu cotidiano. Se, por exemplo, seus ombros estiverem tão perturbados a ponto de fazer com que o ato de pegar sua garrafa d'água seja algo estranho e que você parece desajeitado ao fazê-lo, é bem provável que tenha ocorrido um estímulo de crescimento maior, em comparação com outro exercício que o deixasse tão capaz como sempre de coordenar movimentos suaves logo após uma sessão de treinamento. Se você já tentou dirigir seu carro depois de um treino intenso de membros inferiores ou superiores, certamente reconhecerá esse fenômeno, pois ele poderá tornar o pressionamento dos pedais e a direção do carro tarefas mais desafiadoras do que o normal.

Aumento das cãibras

Em casos mais extremos, as cãibras podem provocar perturbações graves nos músculos-alvo. Embora isso não ocorra com frequência suficiente para que possa ser usado como um indicador de estímulo confiável, se seus músculos estiverem tão perturbados a ponto de sofrerem cãibras depois do treino, há maior chance de que tenham sido suficientemente estimulados – talvez até demais. Em outras palavras, se você treinou seus tríceps com força suficiente a ponto de causar cãibras depois do treino, é provável que eles tenham sido estimulados o suficiente. Se um exercício tornar seus tríceps mais propensos a sofrer cãibras depois do treino em comparação com outro, então é provável que o primeiro exercício seja mais estimulante.

Disrupção

Embora a perturbação possa ser detectada logo após o término da sessão de exercícios, a ocorrência de disrupção indica que o músculo foi consideravelmente microlesionado pelo treinamento. É certo que altas tensões e a produção de metabólitos causam maiores danos musculares; ainda assim, os exercícios que tendem a causar grau mais elevado de dano muscular geralmente também resultam nos maiores níveis de crescimento muscular. A avaliação é feita de forma indireta (porque a maioria dos danos musculares é imperceptível), mas há pelo menos duas maneiras de identificar se um músculo foi perceptivelmente lesionado pelo treinamento e, portanto, é bem provável que tenha tido seu crescimento significativamente estimulado.

Rigidez muscular

Alguns músculos não ficam realmente doloridos, não importa o quanto você os treine, mas todos os músculos ficarão tensos e menos flexíveis do que o normal durante pelo menos algumas horas após o treino – e às vezes durante dias. Se você estiver comparando dois exercícios e se, com o mesmo número de séries, um deles deixa seus músculos-alvo tensos por algumas horas ou até por dias após o treino, enquanto o outro exercício não causa tanta (ou nenhuma) rigidez, então é bem provável que o primeiro exercício esteja estimulando mais crescimento. Se ambos os exercícios causarem um nível semelhante de rigidez, mas a rigidez de um deles dura mais tempo, então esse exercício provavelmente também é o mais estimulante.

Dores musculares

Embora todos os músculos fiquem rígidos após o treino, alguns também ficam doloridos – superficialmente, de forma tardia, com a dor começando a se instalar algumas horas depois e atingindo seu pico em um ou dois dias. Essa dor muscular de início tardio (DMIT) é um indicador da ocorrência de um dano tão significativo ao músculo a ponto de o sistema imunológico ter que intervir para ajudar no processo de cura. Esse dano acentuado indica que o músculo ficou exposto a altos níveis de tensão ou de metabólitos, o que é indicativo de crescimento muscular. Mas deve-se ter em mente que a ocorrência de um dano excessivo, sugerido por uma DMIT que se prolonga por mais de meia semana, pode acabar competindo com os recursos do corpo destinados à recuperação, o que resultará em menor ganho muscular total. Portanto, ao executar um exercício, não devemos buscar pela *maior* DMIT. Na verdade, devemos buscar a maior resposta de DMIT com o menor número de séries possível; na maioria dos casos, você não deve fazer mais séries do que as necessárias para causar DMIT moderadas e, com isso, estimular os maiores níveis de crescimento muscular. Se, por exemplo, você pratica um exercício que resulta em três dias de DMIT após duas séries e outro exercício que causa apenas um ou dois dias de rigidez muscular depois de ter feito quatro séries, é provável que o primeiro exercício seja mais estimulante para o crescimento do que o outro.

Na próxima seção, falaremos sobre como usar de forma organizada esses indicadores de estímulo, para ajudá-lo a determinar a magnitude total do estímulo de determinado exercício, em comparação com outras práticas. Mas antes de prosseguir, vamos examinar os indicadores de fadiga.

Definição e estimativa da fadiga

Em um mundo ideal, estaríamos treinando de forma a maximizar o estímulo e causar zero fadiga. Assim, seria possível treinar por quantas horas quiséssemos e estimular tanto o crescimento muscular quanto nosso metabolismo fosse capaz de permitir. Mas no mundo real, cada repetição, série e treino são acompanhados por certo grau de fadiga, além do desejado estímulo. A fadiga pode ser dividida em três subcomponentes: fadiga muscular local, fadiga articular e do tecido conjuntivo e fadiga sistêmica.

Fadiga muscular local é a mesma fadiga que causa a perturbação. Não precisamos de um indicador específico para determinar a relação estímulo–fadiga (REF), e isso por dois motivos: em primeiro lugar, já temos um indicador para a REF no lado do estímulo, na perturbação. Em segundo lugar, esse tipo de fadiga *estimula* o crescimento muscular ou, pelo menos, tem grande correlação com o estímulo. Em outras palavras, quanto mais dessa fadiga, melhor. Não queremos evitá-la. Se você se pegar dizendo: "Esse *leg press* cansa demais meus quadríceps", lembre-se de que esse é um elogio, não uma crítica, ao aparelho.

Em qualquer exercício considerado, parte das forças impostas é gerada e absorvida pelos músculos. Isso é bom, pois os músculos estão repletos de receptores de tensão que utilizam essa força para sinalizar o crescimento muscular. Para início de conversa, estimular esses receptores e, assim, aplicar forças aos músculos, representa praticamente 90% do motivo pelo qual estamos treinando. Mas algumas das forças não são absorvidas pelos músculos, mas sim pelas articulações e pelo tecido conjuntivo. Considerando que essas estruturas costumam demorar mais para se recuperar dos danos causados pelas grandes forças aplicadas do que os músculos, os exercícios mais desgastantes para as articulações e o tecido conjuntivo tendem a ser os mais fatigantes; você não deve fazer esses exercícios com tanto volume ou consistência quanto os exercícios que desgastam menos essas estruturas. Queremos exercícios que estimulem muito nossos músculos, mas que causem mínimos danos às articulações e ao tecido conjuntivo.

Fadiga sistêmica é a fadiga imposta pelos exercícios aos sistemas bioquímico, hormonal e nervoso *do corpo como um todo*. Nos casos em que a fadiga sistêmica é significativa, você não consegue mais contrair nenhum músculo do corpo com força máxima, ocorrendo comprometimento da qualidade geral do treino. Além disso, uma grande fadiga sistêmica – por exemplo, a fadiga que resulta em um aumento nos hormônios catabólicos, como o cortisol, e uma diminuição nos hormônios anabólicos, como a testosterona – poderá resultar em um ambiente bioquímico menos favorável ao crescimento em todos os músculos do corpo. Isso é algo a ser decisivamente minimizado nos treinos mais produtivos.

Ao estimar a fadiga causada por diferentes exercícios no seu treinamento, você poderá usar quatro indicadores:

1. *Fadiga articular/do tecido conjuntivo*: se um exercício causa mais danos às articulações e ao tecido conjuntivo do que outro, é provável que o primeiro cause mais fadiga do que o outro. Isso vale tanto para uma dor aguda quanto para uma dor cumulativa, de modo que, ao longo de algumas semanas de prática de um exercício em comparação com outro, você sinta dores mais intensas nas articulações/do tecido conjuntivo.
2. *Escala de esforço percebido (EEP)*: se um exercício é psicologicamente mais desgastante do que outro, é provável que o primeiro esteja contribuindo mais para a fadiga cumulativa e, especialmente, sistêmica. Esse desgaste psicológico pode se manifestar na forma de maior dificuldade na execução do exercício e em dor ou desconforto durante e após a execução. Se, por exemplo, as barras fixas (*pull-ups*) estão sendo bastante fáceis para suas costas, não estão causando muita dor nem te deixam esgotado depois de cinco séries, é provável que estejam gerando menos fadiga do que o levantamento-terra com *rack*, que exige preparação men-

tal, é bastante doloroso e desconfortável durante o levantamento, e te deixa exausto após o exercício.

3. *Força muscular não utilizada*: uma medida direta da fadiga sistêmica é seu efeito que causa na quantidade de força que você perde nos músculos que *não* estão envolvidos no exercício que você está realizando. Se, por exemplo, depois de cinco séries de *pull-ups* seu tórax (que não estava envolvido) ainda mantém cerca de 90% de sua força habitual (i.e., no desempenho de repetições), mas depois de cinco séries de levantamento-terra no *rack* seu tórax está apenas com 70% da força habitual, então é razoável estimar que levantamentos-terra com *rack* causam mais fadiga sistêmica. Nesse exemplo, levantamentos-terra com *rack* promoveram maior efeito fatigante na capacidade do corpo em levar os músculos não utilizados até seus limites.
4. *Vontade de treinar*: existe uma relação imprecisa (mas frequentemente observada) entre fadiga cumulativa e vontade de treinar. Isso também pode acontecer em nível local, em que você pode sentir menos empolgação para treinar grupos musculares que já estão fatigados e ficar muito mais animado para treinar grupos musculares mais descansados. Além disso, se você gosta de treinar, poderá sentir menos fadiga psicológica. Tendo em vista que toda fadiga é cumulativa e afeta todos os demais tipos de fadiga, se você escolher exercícios que gosta de fazer, poderá detectar e causar menos fadiga. Se dois exercícios promovem aproximadamente o mesmo grau de estímulo, mas você gosta mais de fazer um do que o outro, então o primeiro exercício provavelmente causará menos fadiga, em comparação com aquele que não aprecia tanto.

Derivação da REF

Por ser uma relação, matematicamente a REF nada mais é do que a divisão dos indicadores de estímulo pelos indicadores de fadiga.

estímulo = conexão mente–músculo + bombeamento + perturbação + ruptura

abreviado como

E = CMM + PU + PE + RU

fadiga = articulações/tecido conjuntivo + escala de esforço percebido + força não utilizada + desejo de treinar

abreviado como

F = AT + EEP + FN + DT

Assim, se REF = E/F, então:

REF = (CMM + PU + PE + RU) / (AT + EEP + FN + DT)

A matemática funciona adequadamente quando as variáveis são puramente simbólicas, mas pode ser útil atribuir a essas variáveis alguns valores ordinais. Isso pode ser tão simples quanto atribuir uma classificação de 1 a 3 aos indicadores individuais de estímulo e de fadiga: "1" se o indicador de estímulo ou fadiga for fraco em comparação com a maioria dos outros exercícios para o grupo muscular em questão, "2" se se situar na média, e "3" se for elevado, quando em comparação com os outros exercícios. Se, por exemplo, sua CMM for excelente no exercício de rosca direta na polia, você poderá atribuir um "3" na variável CMM; mas se não causar *pumps* significativos, poderá receber um "1" na variável PU (e assim por diante para os indicadores de estímulo). Em relação à fadiga, se a rosca na polia for considerada muito leve para suas articulações, você poderá atribuir um "1" (pouca fadiga) para AT, mas pode ser razoavelmente difícil de executar até o fim; então poderá receber um "2" em EEP (e assim por diante). Se você usar essa escala ordinal de três níveis – "baixo, moderado, alto" – e for honesto na avaliação, poderá rapidamente comparar quaisquer dois exercícios para o mesmo grupo muscular, fazer as contas e ver qual apresenta a maior REF. Essa é a teoria; agora vamos colocá-la em prática.

Aplicação da REF na escolha dos exercícios

Certamente você poderá elaborar planilhas para classificar a REF e acompanhar cada exercício para cada grupo muscular. Mas, para a maioria das pessoas, isso seria excessivamente trabalhoso e resultaria em baixo retorno diante desse investimento. Assim, um método mais simplificado pode oferecer quase todos os benefícios dos cálculos e das comparações formais da REF. Esse método simplificado é também quase tão eficaz quanto a forma muito mais trabalhosa.

Na prática, a aplicação da REF muitas vezes se resume em fazer julgamentos informais. Exemplificando, se você comparar a REF de dois exercícios, poderá simplesmente tomar conhecimento de como cada exercício é percebido desde a perspectiva da CMM, do grau de intensidade dos *pumps* e até quão desafiadoras são as perturbações e disrupções para determinado número de séries. Além disso, você também poderá observar o grau de sobrecarga nas articulações, o quanto drenam sistemicamente sua energia e o quanto você gosta (ou não) de fazê-los. Tudo isso sem usar matemática – apenas uma percepção consciente da magnitude relativa dessas poucas variáveis.

É possível fazer uma comparação funcional da REF só com esse tipo de reflexão rápida? Parece bom demais para ser verdade, mas o método funciona por dois motivos: primeiro, a REF de muitos exercícios é tão diferente que não será tarefa difícil perceber quando um deles é significativamente inferior ao outro. Exemplificando, se você até pagasse para não ter que treinar determinado exercício por detestá-lo tanto, provavelmente a REF dele é menor do que a do exercício que você está animado para fazer. Se um exercício força suas articulações sem oferecer muito *pump*, não é difícil perceber que um exercício diferente é provavelmente melhor opção. Segundo, se dois exercícios tiverem REF semelhantes, esse é o único dado que você precisa saber. Em outras palavras, se um exercício tem uma REF muito semelhante à do outro exercício, e você está indeciso sobre qual escolher para seu próximo programa, simplesmente não importa qual deles você escolher. Se os dois exercícios tiverem uma REF bastante alta, não tem escolha errada. Nesse caso, você poderia aplicar o método de comparação formal, para determinar qual exercício é um pouco melhor? Sim, você poderia – mas aí você se depara com outro problema. Acontece que, como a escala REF é por natureza subjetiva e de baixa resolução (i.e., ordinal), o erro de estimativa por si só tornaria impossível qualquer chance de fazer uma busca que revelasse qualquer informação valiosa com esse grau de precisão. Ao classificar sua dor, por exemplo, você estará limitado a apenas uma escala de 1 a 3 para trabalhar, e de qualquer maneira, a avaliação da dor já é um processo muito subjetivo. Portanto, se você comparar dois exercícios com base no cálculo formal da REF e um deles tiver apenas uma diferença mínima (i.e., uma fração de um número inteiro) a mais na REF, a diferença entre os dois exercícios em termos da REF estará bem abaixo do limiar de precisão confiável nessa escala (e isso faz com que a informação obtida seja bastante inútil). É como se você pedisse a um extraterrestre que só consegue discriminar estaturas humanas com base em dimensões mínimas de 30 centímetros (e nada menos) para dizer quem é mais alto entre duas pessoas – uma com 1,72 m e a outra com 1,77 m de estatura. Como a diferença entre as estaturas dessas pessoas não chega nem perto dos 30 centímetros, é bem provável que o alienígena dissesse que os dois humanos têm a mesma estatura; seria impossível pedir maior precisão ao extraterrestre.

A imprecisão da escala REF pode parecer uma má notícia, mas na verdade é uma notícia excelente. Tudo o que você precisa fazer é se perguntar qual entre dois exercícios estimula mais seus músculos, sendo também menos agressivo para as articulações, além de causar menos fadiga psicológica. Se não conseguir perceber a diferença, então os dois exercícios têm REF suficientemente próximas, de modo que ambos são exercícios válidos para o seu próximo plano de treinamento. Por outro lado, se você for capaz de identificar uma diferença, então eles estão distantes o suficiente em termos de REF para que o exercício com REF mais alta seja quase que certamente a escolha correta.

Agora que você já sabe como usar a escala REF, sua tarefa no treinamento é tentar aplicá-la aos exercícios que você usa. Mantenha pelo menos uma lista informal de comparação entre REF dos exercícios que você costuma usar com frequência para cada grupo muscular; assim, você poderá fazer as melhores escolhas ao montar seu programa. Depois de escolher um exercício e começar a treinar com ele, você poderá começar a maximizar sua REF para que o exercício seja aproveitado ao máximo. A seguir, vamos ver como isso pode ser feito.

Maximização da REF

Depois de escolher um exercício que considere ter uma REF razoável, ou se estiver experimentando um exercício novo e ainda não tem certeza sobre sua REF, você deve usar pelo menos todo o próximo mesociclo com esse exercício para tentar maximizar sua REF. A única exceção a essa dedicação é se o exercício, de forma clara e persistente, machucar suas articulações cada vez mais, seja dentro de uma mesma sessão ou de uma semana para outra. Se você não conseguir ajustar sua técnica para fazer com que essa dor crescente nas articulações desapareça, deverá trocar de exercício. Se isso não ocorrer (o que é o mais comum), você poderá praticar o exercício durante um mesociclo inteiro e trabalhar para melhorar sua REF, de pelo menos quatro maneiras distintas.

Método 1: modifique o ritmo

Você pode tentar executar o exercício mais rápido ou mais devagar no seu movimento de descida (fase excêntrica). Também pode tentar fazer uma pausa na parte descendente ou ascendente do exercício e observar qual dessas variações de tempo parece maximizar a REF. Se achar que todas essas variações são comparáveis entre si, ótimo, pois acabou de encontrar inúmeras variações excelentes que poderá usar mais tarde. Exemplificando, se repetições com fase excêntrica de quatro segundos e repetições com fase excêntrica de um segundo tiverem REF alta para uma puxada (*pull-down*), então você agora conta com dois exercícios de puxada que poderão ser programados em futuros mesociclos: uma versão com fase excêntrica lenta e outra com execução normal. Se, por outro lado, tiver percebido que um ritmo é superior aos demais, poderá usar somente esse ritmo a partir de sua descoberta, sabendo que está usando a versão do exercício com o melhor ritmo possível (e, com isso, maximizando seus ganhos de crescimento muscular).

Método 2: modifique a faixa de carga

Alguns exercícios simplesmente obtêm melhores REF com cargas muito mais leves ou mais pesadas. Agachamentos com séries de 5 a 15 repetições, por exemplo, podem ser excelentes para os quadríceps; já agachamentos de 15 a 30 repetições podem ficar limitados pelo sistema cardiovascular e pela resistência da região lombar, impedindo que esse grupo muscular seja um fator limitante, o que diminui a REF do exercício. Por outro lado, elevações laterais com halteres em séries de 5 a 10 repetições podem causar grande desconforto nas articulações do ombro e gerar *pumps* mínimos nos deltoides; já a prática de elevações laterais com halteres com séries de 10 a 20 repetições pode resultar em um *pump* robusto, sem qualquer desconforto nas articulações do ombro. Antes de abandonar um exercício por considerá-lo uma variante de baixa REF, experimente usar algumas faixas de carga diferentes para ver se alguma delas é significativamente superior às demais. Vale lembrar que é perfeitamente normal que alguns exercícios tenham a mesma REF em todas as faixas de carga; isso significa apenas que no futuro você contará com mais variações de programação.

Método 3: modifique a técnica

Se você estiver treinando seus bíceps com rosca direta, poderá descobrir que fazer com que a barra descreva um arco à frente do corpo proporciona melhor CMM para seus bíceps. Por outro lado, você também pode descobrir que o uso da técnica da rosca arrastada (*drag-curling*) (ou movê-la para cima e para baixo em linha reta) funciona melhor naquelas circunstâncias. Ao avaliar um exercício com base em sua REF, experimente com diferentes técnicas para ver quais maximizam a REF para você. Assim como nos exemplos citados, o que você pode acabar descobrindo é que, ou aprende quais técnicas são melhores e piores para a REF, ou pode aprender que algumas técnicas são semelhantes. Seja mudando a quantidade de puxada dos cotovelos, seja mudando a distância que os joelhos vão além dos dedos dos pés nos agachamentos, alguns exercícios permitem pequenas variações técnicas, que você poderá experimentar para ficar sabendo quais têm as maiores REF.

Método 4: modifique as pegadas e as posições dos pés

Essas mudanças podem ser pequenas o suficiente, apenas para sua preferência pessoal para um determinado levantamento, ou suficientemente significativas para transformar esse levantamento em outro tipo de levantamento. Exemplificando, se mover as mãos na largura de um dedo na pegada do supino com pegada fechada, estará apenas fazendo sua própria versão do supino com pegada fechada. Por outro lado, se afastar as mãos na largura de um punho inteiro, estará fazendo o supino reto tradicional normal e não mais a versão com pegada fechada. Alterações pequenas o suficiente para que possam ser consideradas variações do mesmo levantamento são importantes para maximizar a REF de qualquer levantamento. Um dos principais motivos para que esta seja considerada uma prática inteligente é que todos nós temos constituições corporais ligeiramente diferentes. Determinada pessoa pode sentir maior conforto em suas articulações com uma largura da pegada ou um ângulo dos dedos que podem parecer estranhos para outra pessoa. É possível que, na primeira vez que experimentar um novo exercício, ele tenha uma REF abaixo do esperado. Ao experimentar as posições dos pés e das mãos para tornar o levantamento mais confortável para as articulações e estimulante para os músculos, você poderá melhorar significativamente a REF, permitindo que o exercício seja considerado bom o suficiente para que ele continue a ser utilizado com frequência em seus treinos.

Exclusão e substituição de exercícios

Se todos os exercícios escolhidos apresentarem ótimas REF para o primeiro mesociclo, na maioria dos casos você deverá repeti-los no mesociclo seguinte. Por que mudaria algo que está funcionando bem? Mas em algum momento – e para todos os exercícios –, perceberá que ocorreu uma queda na REF, seja após um ou após 10 mesociclos. Você pode detectar essa queda na REF da mesma forma que detecta quando a REF está subindo ou está estabilizada: aplique o método simplificado e observe de que modo seus músculos, articulações e estado psicológico estão respondendo. Em um período mais longo, geralmente medido em 2 a 4 mesociclos, as REF tenderão a cair; esse é um fenômeno conhecido como **estagnação do treinamento**. Quando dizemos que um exercício está "ficando mais estagnado", isso significa simplesmente que sua REF está piorando. Exemplificando, você pode perceber que exercícios que antes detonavam seus músculos já não estão mais gerando as mesmas tensões e *pumps*. Talvez os exercícios não estejam deixando seus músculos tão doloridos quanto antes, mas as articulações estão sofrendo mais, e você já está meio cansado de usar esses exercícios. Não só eles estão ficando mais entediantes, mas também fica cada vez mais difícil de buscar motivação para fazê-los. Isso acontece com quase todos os exercícios. Quando isso acontece, é importante que avalie uma de duas coisas: em primeiro lugar, esse exercício, mesmo não tendo mais uma REF tão alta, ainda é a melhor escolha para seu próximo mesociclo? Ou, o exercício já apresenta uma REF suficientemente baixa para que você possa começar a usar outros exercícios em seu lugar?

Ao avaliar continuamente a REF, você pode ter maior garantia de que todos os exercícios que está usando sejam suas melhores opções no momento. Se você tem feito alguns exercícios, mas suas REF não são mais o que costumavam ser, deveria pelo menos considerar substituí-los por variantes com REF mais altas. Fazemos essa exclusão e a substituição de exercícios para que a REF seja a mais alta possível, como deve ser em todos os programas que criamos. Isso ocorre porque REF mais altas simplesmente resultam em um crescimento muscular maior e mais sustentável, e é isso exatamente que buscamos com o treinamento. Contudo, para que sejam obtidos os melhores resultados a longo prazo, não podemos usar apenas a REF para determinar quando devemos excluir e substituir exercícios. Esse indicador representa cerca de 90% do cálculo, mas pelo menos três ressalvas se aplicam nesse cenário.

Ressalva 1: guarde suas variações para uso futuro e potencialize as fases do treino

Se você tem apenas dois exercícios para peitorais porque treina em casa com um par de halteres, deve explorar cada exercício ao máximo, antes de trocá-lo por outro. Assim, cada um dos exercícios terá tempo suficiente para que ocorra um declínio na estagnação do treinamento (em outras palavras, terá tempo para diminuir a fadiga e aumentar a REF antes de usar novamente o exercício). Por exemplo, se você usou um dos exercícios ao longo de dois mesociclos e acha que o outro exercício terá uma REF ligeiramente maior se o utilizar em seguida, poderá fazer a troca. Mas se decidir esperar por outro mesociclo e aceitar uma redução – algo como 10% – na REF ao continuar com o exercício levemente estagnado, você poderá dar um descanso para aquele outro exercício por mais um mesociclo inteiro, para reduzir seu nível de estagnação a partir da última vez que o usou (o que pode aumentar sua REF em 30% daqui a dois mesociclos, resultando em um ganho final de 20% na REF). O ideal seria trocar de exercício imediatamente e jamais ter que sofrer essa perda de 10%; mas se, em geral, tiver poucas opções de variação, sobretudo se tiver apenas três ou menos opções de exercícios para determinado grupo muscular, talvez seja mais sensato evitar rotações rápidas e extrair o máximo possível de cada exercício que for possível com uma REF decente, antes de passar para o próximo. Dessa forma, você evita a situação de usar exercícios com tanta frequência em mesociclos consecutivos, que *ambos* os exercícios ficam muito estagnados. Em tal situação, talvez tenha chegado a hora de fazer um descanso ativo, porque durante algum tempo você simplesmente não contará com nenhum exercício altamente eficaz para escolher.

Praticantes de musculação muito avançados podem se dedicar produtivamente a fases de treinamento mais longas e complexas, com uma lógica de periodização mais refinada. Exemplificando, se você sabe que terá um bloco de três mesociclos de treinamento depois de um descanso ativo, sabe também que, no primeiro mesociclo, estará mais sensível ao crescimento e sofrerá menos fadiga. Mas por outro lado, você estará menos sensível ao crescimento e sentirá a maior fadiga no último mesociclo. Para simplificar, se tiver três exercícios com REF diferentes, poderá usar primeiro o exercício com a REF mais baixa, já que estará tão sensível ao crescimento e tão revigorado, que a baixa REF do exercício ainda será viável. No segundo mesociclo, considerando que você dependerá de mais estímulo e quer reduzir a fadiga, poderá optar pelo exercício com uma REF intermediária. Por fim, poderá reservar o exercício com a REF mais alta para o último mesociclo – exatamente quando dependerá de máximo estímulo e terá menos condições de suportar aumentos desnecessariamente grandes de fadiga. Agora imagine se fizesse o contrário. Se reservasse o exercício com a REF mais baixa para o final, treinaria pessimamente – justamente quando precisaria estar no seu melhor. Além disso, teria "gasto" uma eficácia exagerada no primeiro mesociclo, quando simplesmente não precisaria fazer exercícios com REF alta. É claro que, se você tivesse à disposição vários exercícios com REF alta, poderia simplesmente usá-los o tempo todo; mas se suas opções de variação forem limitadas, poderá planejar seu bloco de treinamento de forma inteligente, praticando os exercícios com REF mais alta quando eles forem mais necessários.

Ressalva 2: preservação do ritmo de desempenho

Quando você ganha força em um exercício, consegue levantar mais peso ou completar mais repetições semana após semana em um mesociclo, isso significa que está se tornando mais eficiente naquele movimento. Parte dessa eficiência indica que está recrutando maiores percentuais das unidades motoras que mais contribuem para o crescimento muscular – as maiores e de contração mais rápida. E isso também significa que provavelmente está conseguindo mais hipertrofia com a prática do movimento. Portanto, além da REF, também deve considerar o ritmo do desempenho, de acordo com o que observa na progressão da força (ao decidir se deve excluir e substituir um exercício atualmente praticado, ou mantê-lo para o próximo mesociclo). Exemplificando, se sua REF para determinado exercício estiver OK, mas você não está ganhando muita força em repetições neste último mesociclo, troque o exercício por outro. Por outro lado, se o exercício tiver uma REF razoavelmente boa (embora não ideal), mas você estiver ganhando força progressivamente com o exercício, talvez valha a pena esperar até perceber uma estabilização no ganho de força, ou até que a REF caia mais um pouco, antes de substituir o exercício.

Ressalva 3: margem de erro para as REF dos exercícios atuais

Se você substituir um exercício que está melhorando seu desempenho, o ideal é escolher outro exercício que, em sua opinião, terá uma REF *muito* maior. Ou seja, será preciso que tenha um motivo convincente para substituir um exercício que está melhorando seu desempenho – por exemplo, uma REF significativamente superior. Por outro lado, é muito mais provável que determinado exercício esteja estagnando em termos de desempenho, mas ainda assim ofereça a REF mais alta. Às vezes, ocorre estagnação ou mesmo queda no desempenho nos últimos 30 ou 60 dias de uma dieta rigorosa para perda de gordura, e isso absolutamente não reflete a escolha do exercício. *Qualquer* exercício perderia desempenho em um cenário tão catabólico e com tamanha fadiga. Se substituir o exercício que está estagnando por outro que tenha uma REF mais baixa, o novo exercício também entrará em estagnação – e lhe proporcionará um estímulo *pior* para o crescimento muscular. Portanto, se trocar de exercício por causa da estagnação no desempenho, comparativamente o exercício substituto deverá ter uma REF pelo menos tão alta. Se a REF do substituto escolhido for menor, não há motivo para trocar, independentemente de suas características de desempenho. Nesta ressalva, o ponto principal é o seguinte: se você vai trocar um exercício por causa da estagnação no desempenho, a REF ainda será o fator mais importante a ser considerado. Por si só, a estagnação no desempenho não é motivo suficiente para trocar de exercício. Aqui, é importante que perceba uma clara diferença na REF ou no desempenho.

Você pode usar o seguinte método passo a passo para decidir se deve excluir ou substituir um exercício:

1. Pergunte a si mesmo se você pode queimar uma variação com a exclusão ou substituição de um exercício no próximo mesociclo.
2. Se a resposta for *não*, mantenha o exercício atual.
3. Se a resposta for *sim, eu tenho uma variação*, reflita: Meu desempenho no exercício atual estagnou?
4. Se a resposta for *não, meu desempenho não estagnou*, pergunte a si mesmo se a REF da melhor alternativa será *visivelmente* superior, em comparação com a REF do exercício atual. Se a resposta for *não*, continue com o exercício atual. Se a resposta for *sim*, faça a substituição.
5. Se a resposta for *sim, meu desempenho no exercício atual estagnou*, considere se a REF da melhor alternativa será igual ou superior à REF do exercício atual. Se a resposta for *não*, continue com o exercício atual. Se a resposta for *sim*, faça a troca.

Se você gostar desse algoritmo, sinta-se à vontade para usá-lo. Mas se achar que é muito complicado, basta que tenha em mente três coisas:

1. Se um exercício tiver uma ótima REF, use-o pelo máximo tempo possível.
2. Se você tiver disponível um exercício com REF visivelmente melhor e a REF do seu atual exercício já não for tão boa quanto antes, considere trocar para o novo exercício.
3. Independentemente dos exercícios que usar, tente maximizar suas REF com variações, alterações da técnica, diferentes faixas de carga e tempos de execução.

CAPÍTULO 8

Poses

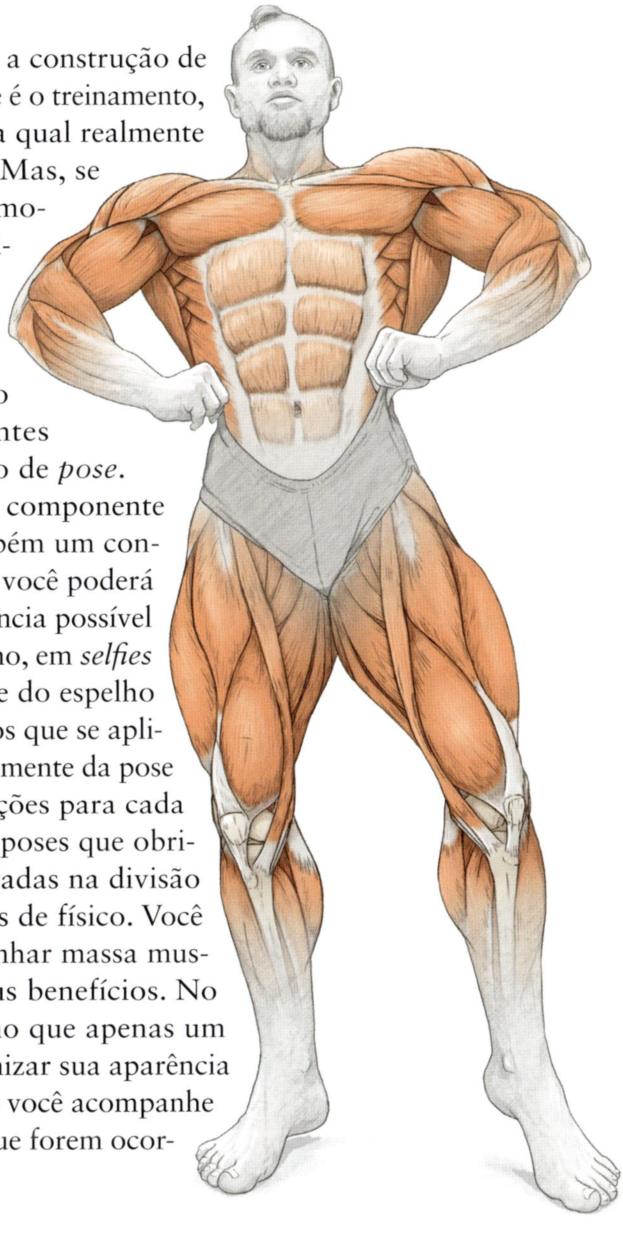

Os fatores mais importantes para a construção de um corpo realmente impressionante é o treinamento, a dieta e a recuperação (durante a qual realmente ocorre a construção muscular). Mas, se você quiser exibir seu físico aprimorado – mesmo que apenas para verificar seu progresso, ou apenas para seu deleite –, a forma como você apresenta seu corpo pode fazer toda a diferença. O processo formal de apresentar os diferentes aspectos do seu físico é chamado de *pose*. Embora definitivamente haja um componente artístico intangível nisso, há também um conjunto de princípios confiáveis que você poderá aplicar para exibir a melhor aparência possível – seja em um palco de fisiculturismo, em *selfies* na academia ou até mesmo diante do espelho do seu banheiro. Existem princípios que se aplicam a todas as poses, independentemente da pose específica, bem como recomendações para cada uma delas. Vamos abordar as 11 poses que obrigatoriamente devem ser apresentadas na divisão de fisiculturismo das competições de físico. Você não tem que saber posar para ganhar massa muscular e observar visualmente seus benefícios. No entanto, aprender a posar, mesmo que apenas um pouco, poderá pelo menos padronizar sua aparência em cada pose, e isso permitirá que você acompanhe com mais precisão as mudanças que forem ocorrendo ao longo do tempo (sobretudo durante fases de dieta para ganhar peso ou perder gordura).

Verdades universais para as poses

No fisiculturismo, existe um conjunto de princípios universais na arte das poses que podem ser aplicados a quase todas as poses e situações. Quando seguidos, esses princípios podem fazer com que qualquer físico pareça melhor e, quando ignorados, em muitos casos podem fazer que até mesmo os físicos mais impressionantes tenham um aspecto menos impactante e estético. Antes de falar sobre as poses individuais, vamos discutir brevemente esses nove princípios.

1. *Sorria com confiança*: a menos que você esteja de costas para os juízes, sorrir com confiança pode contribuir para melhorar a estética percebida do seu físico. Ao treinar para sorrir com naturalidade durante as poses, você poderá evitar o dissabor de deixar que suas expressões faciais naturais assumam o controle – e para ser honesto, muitas expressões faciais parecem forçadas e até ridículas.
2. *Abra-se*: você está posando para exibir seus músculos, não para escondê-los. Um princípio fundamental em praticamente todas as poses é "abrir" seu físico. Você pode fazer isso expandindo os dorsais, elevando o tórax, evitando retrair as escápulas e afastando os joelhos, para exibir o volume total dos seus membros inferiores (inclusive a parte interna das coxas). Exemplificando, na maioria das poses, manter o tórax elevado e projetado para a frente te faz parecer simultaneamente mais volumoso, mais largo e mais alto. Se deixar o tórax afundar, mesmo na pose de expansão de costas posterior, sua silhueta causará menos impacto. E se você encolher seu corpo se curvando para dentro, parecerá muito menor, enquanto expandir o corpo melhora sua presença visual – e parecer o maior possível é praticamente o principal objetivo a ser atingido.
3. *Concentre-se no que é visível*: você precisa contrair os glúteos quando está diante dos jurados na sua pose mais musculosa? De jeito nenhum. Ninguém verá, e o esforço extra será visível na sua pose e na sua respiração; além disso, também poderá fazer com que se canse mais rapidamente em rodadas longas de poses, o que acabará prejudicando sua apresentação com o passar do tempo. Da mesma forma, se estiver fazendo uma expansão de costas posterior da forma correta para os juízes, sua barriga se projetará para a frente. Ainda assim, como os juízes não veem a barriga e como se projetar para a frente permite que sua cintura pareça menor por trás, tudo bem. Alguns competidores iniciantes acabarão flexionando o corpo inteiro, pois acham que tudo está sempre visível no palco. Mas, a menos que os juízes tenham visão de raio-X, esse não é o caso.
4. *Contraia todos os músculos visíveis*: embora não haja necessidade de contrair músculos que não estão sendo exibidos em determinada pose, a contração de

todos os músculos visíveis em uma pose é uma ótima ideia. Isso pode parecer óbvio, mas inúmeros competidores se esquecem da maioria de seus músculos e se concentram exclusivamente em contrair e posicionar alguns poucos. Os fisiculturistas iniciantes, por exemplo, tendem a contrair apenas os bíceps e tríceps para a pose de bíceps duplo frontal, e alguns se lembram de controlar a região abdominal, mas muitos se esquecem completamente de contrair os membros inferiores. Costuma-se dizer que se deve contrair os músculos "dos pés para cima", certificando-se de que nenhum fique de fora.

5. *Respire superficialmente*: se você respirar com volumes correntes muito grandes (inspirações e expirações enormes), irá se ver diante de dois resultados negativos durante suas poses: primeiro, acabará mostrando uma barriga enorme e saliente cerca de metade do tempo em que estiver fazendo uma pose – e certamente os juízes, fãs e fotógrafos detestarão essa aparência. Em segundo lugar, você também dará a entender aos juízes que está fora de forma em termos de condicionamento cardiovascular para posar, o que é exatamente o oposto de uma aparência profissional e competitiva que melhoraria sua posição na classificação final. No palco, quase sempre você deverá respirar com respirações superficiais, de modo que sua região abdominal não exiba muita mobilidade e permaneça sob controle. Isso é difícil? Sim. É possível dominar esse detalhe? Com certeza. Você terá que passar por muitas sessões de prática de poses para que possa dominar sua respiração, especialmente em sessões mais longas, nas quais deverá repetir todas as poses várias vezes e, além disso, deverá também manter cada pose por alguns segundos a mais (cerca de 5 a 10 segundos no total), em comparação com o que normalmente será exigido de você em uma competição. Os juízes têm um olhar muito atento para identificar quem está em forma para posar como um profissional; definitivamente, os juízes sabem quem está falhando ou está mal preparado.
6. *Não contraia em excesso*: contrair os músculos é uma parte essencial para exibi-los corretamente. Mas se você os contrair com o máximo de força muscular possível, na maioria dos casos o resultado não será muito diferente do que se fizesse uma contração mínima para deixá-los tensos. Na verdade, se você os contrair além desse ponto mínimo, a chance de sofrer câibras no palco será muito maior (o que seria péssimo), e cada pose vai lhe cansar muito mais, comprometendo a qualidade da sua exibição ao longo das comparações. Além disso, terá muito mais facilidade em sorrir e respirar se não estiver tentando se contrair com tanta força a ponto de "arrancar músculo do osso". Por que os fisiculturistas profissionais parecem posar com tanta facilidade? Além dos seus anos de prática, é também porque eles não estão realmente se esforçando *tanto*.
7. *Não eleve os ombros – abaixe-os*: elevar os ombros aproxima as articulações do ombro da linha média do corpo, o que faz você parecer mais "estreito". E se você abaixar seus ombros, obterá um efeito oposto que te fará parecer visualmente

mais largo. Treine manter os ombros para baixo em praticamente todas as poses. Elevar os ombros é um erro muito comum, assim como a contração excessiva.

8. *Controle a região abdominal*: não controle a região abdominal apenas com a respiração; você também deve manter os músculos abdominais levemente contraídos (apenas um pouco, mas firmes) durante quase todo o tempo em que estiver no palco. Na verdade, poderá relaxá-los durante as poses em que ficar de costas para os juízes. Para qualquer pose de frente ou de perfil, estreite sua cintura por meio do controle abdominal (isso também vale para muitas transições visíveis entre as poses). Os iniciantes costumam esquecer de controlar a cintura, e essa falha pode fazer com que poses como o tríceps lateral apresentem também uma barriga de aparência cômica e projetada para a frente, embora musculosa. Esse não é o visual que você busca passar – eu garanto.
9. *Posicione-se antes de contrair*: no fisiculturismo, primeiro você deve posicionar corretamente os membros – e só depois disso é que deverá contrair os músculos necessários, na maioria dos casos. Durante a pose frontal de bíceps duplo, por exemplo, primeiro organize a posição dos membros inferiores, depois o *core* (i.e., as regiões abdominal e lombar); em seguida expanda os dorsais, eleve os braços e acerte o posicionamento dos ombros e cotovelos – e *só então* contraia todos os músculos com a intensidade necessária para apresentá-los da melhor forma. Se trabalhar músculo por músculo a partir dos pés e para cima, a mesma regra se aplica: posicione o membro da forma que quiser e só depois contraia, repetindo o movimento até o topo. É tarefa muito difícil passar de uma posição para outra com os músculos contraídos, e isso também faz com que você desperdice muita energia desnecessariamente.

Dicas para as poses de fisiculturismo

Embora outras divisões (*Men's Physique* e *Female Bikini*, por exemplo) tenham conjuntos de poses completamente diferentes, sua abordagem foge um pouco das finalidades deste livro. Como o foco aqui é a anatomia do fisiculturismo, abordaremos as 12 poses principais dessa arte, fornecendo alguns princípios básicos para quem está começando. Quase todas as competições de fisiculturismo exigem que os competidores executem essas 12 poses. Cada pose é solicitada pelo juiz, e o comando "relaxar" é anunciado cerca de 3 a 5 segundos depois da sua primeira execução; a próxima pose vem logo em seguida. Durante competições oficiais, muitos novatos se surpreendem com a rapidez com que as poses são executadas em sequência. Acontece que juízes experientes conseguem observar todos os detalhes que precisam para classificar os atletas com apenas alguns segundos por pose. Dito isso, em alguns casos, quando 2 ou 3 atletas estão muito próximos em determinada pose ou na pontuação geral, os juízes podem exigir que cada atleta dedique pelo menos 15 segundos em cada pose e que ele repita algumas das poses mais algumas vezes. Isso pode ser extremamente cansativo; assim, você deve priorizar a prática desse tipo de situação – isso sem perder a compostura.

A seguir, você terá uma lista de todas as 12 poses e também algumas dicas úteis para que possa executar suas próprias poses da melhor maneira possível. Mas lembre-se de que nada do que ler neste livro substituirá horas de estudo com fotos, vídeos e tutoriais de poses profissionais e, além disso, pense em contratar e trabalhar com um instrutor de poses qualificado. Esses são apenas os princípios básicos, mas são fundamentos que você deverá dominar perfeitamente.

Frontal relaxado

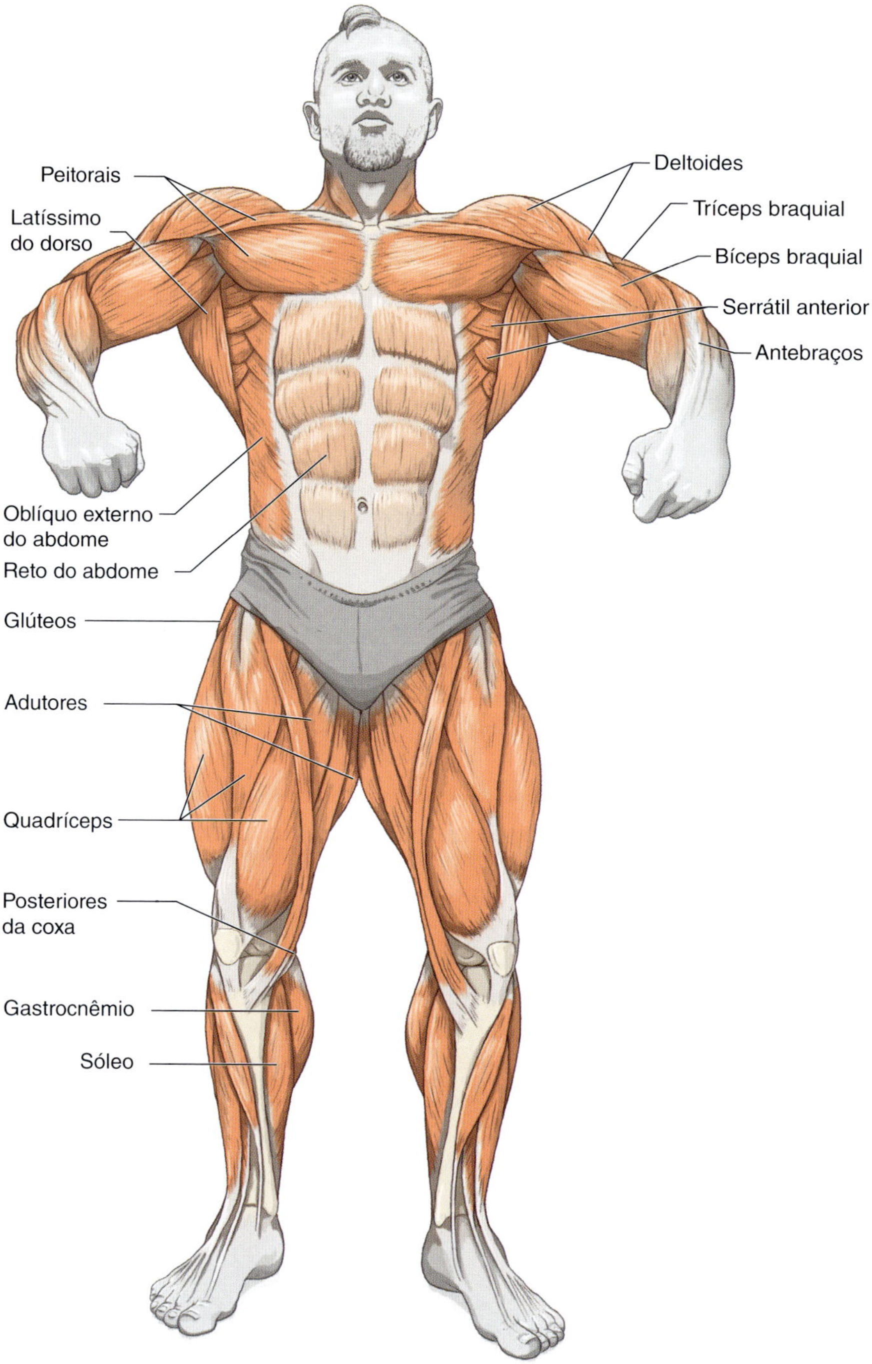

- Ombros para baixo e para lateral.
- Tórax elevado.
- Cotovelos flexionados a 135 graus.
- Dorsais expansivos.
- Abdome para dentro (sua melhor versão de um vácuo).
- Peso corporal nas pontas dos pés.
- Joelhos em posição natural, quase totalmente estendidos.
- Quadríceps afastados para lateral.

Lateral relaxado (um de cada lado)

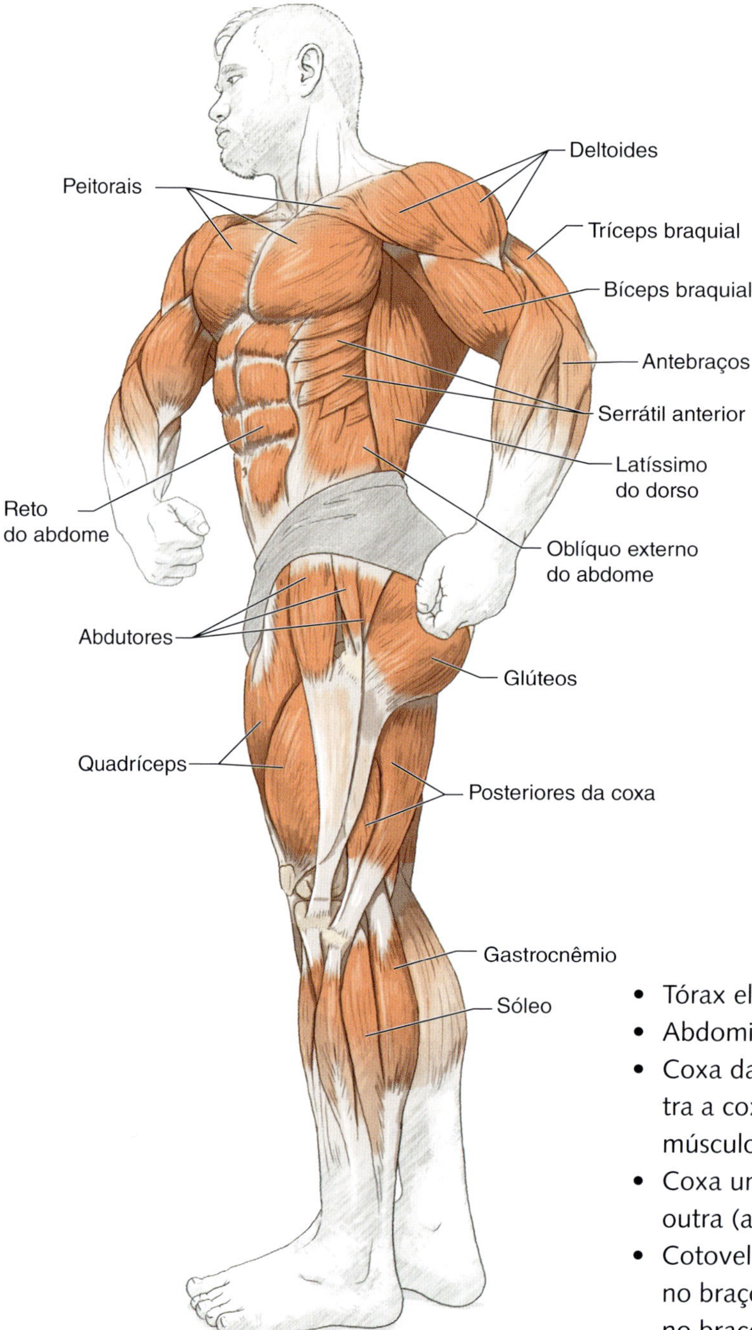

- Tórax elevado.
- Abdominais contraídos.
- Coxa da frente pressionada contra a coxa de trás (para tornar os músculos mais visíveis).
- Coxa um pouco à frente da outra (alguns centímetros).
- Cotovelo flexionado a 135 graus no braço da frente e a 90 graus no braço de trás.

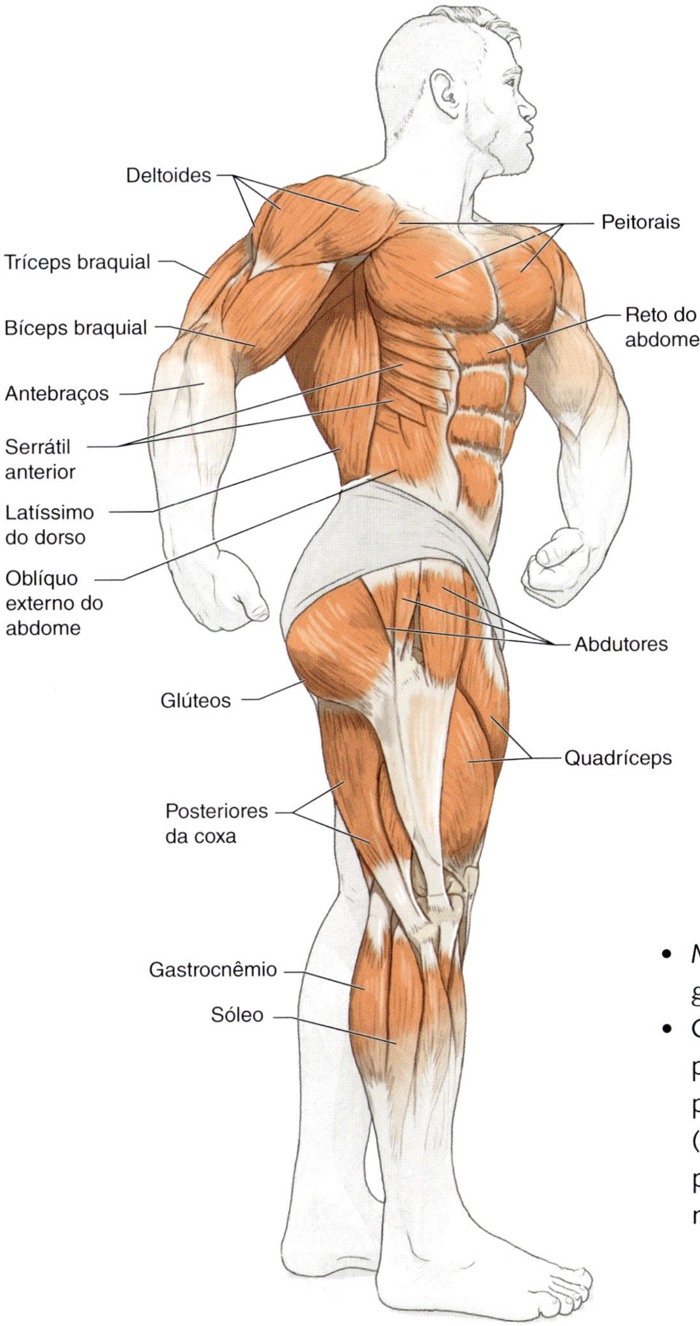

- Mão da frente atrás do glúteo (não no caminho).
- Ombro da frente puxado para trás e ombro de trás puxado para a frente (para dar a ilusão de uma parte superior do corpo mais volumosa).

Costas relaxado

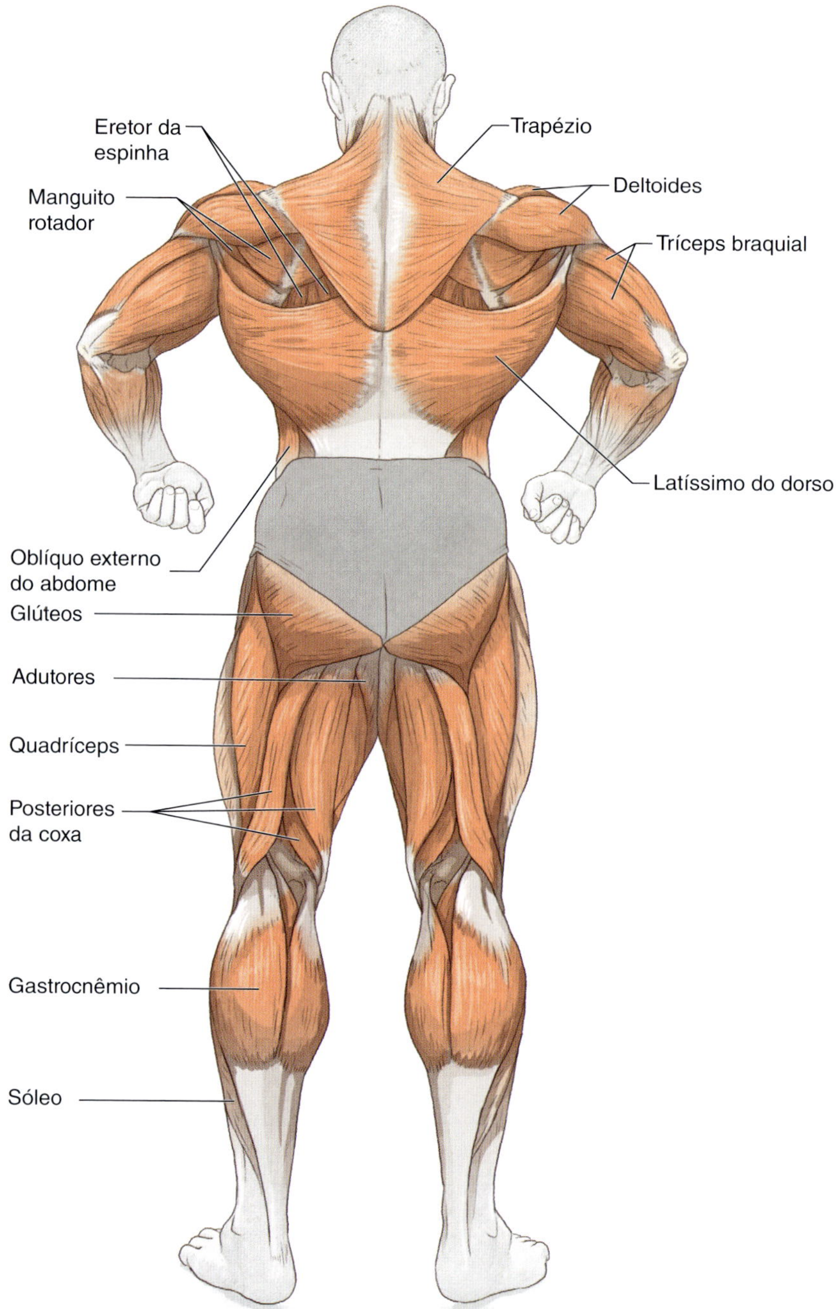

- Quadríceps expansivos.
- Glúteos contraídos.
- Tórax elevado, com leve inclinação para trás.
- Dorsais expansivos.
- Braços flexionados a 135 graus com os cotovelos.
- Escápulas abaixadas (nunca voltadas para cima).

Bíceps duplo frontal

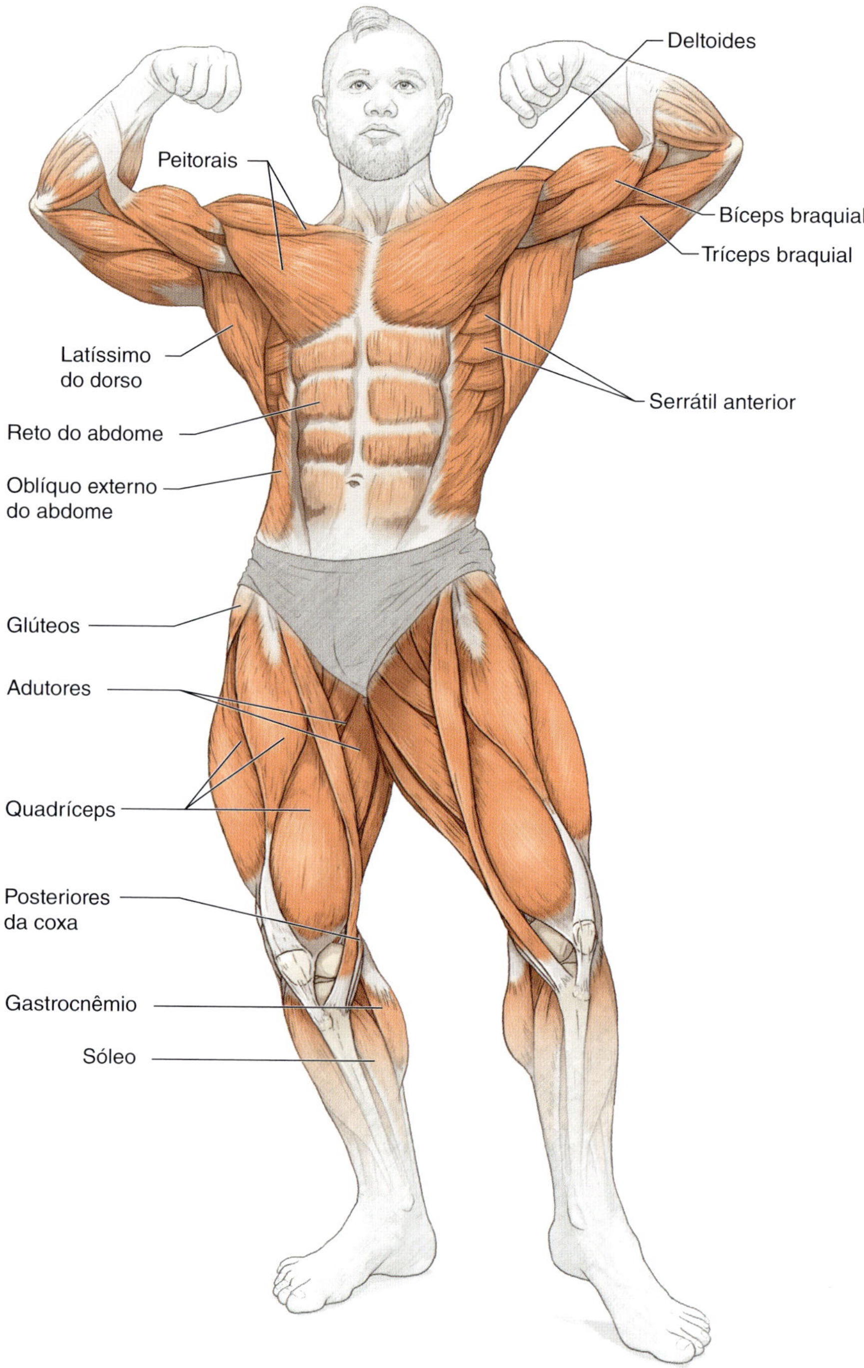

- Quadríceps afastados.
- Abdominais para dentro (use sua melhor versão de um vácuo, embora alguns atletas prefiram uma pose mais contraída – experimente as duas).
- Tórax ereto.
- Ombros voldados para baixo.
- Dorsais afastados.
- Cotovelos acima da linha dos ombros.
- Cotovelos flexionados em um ângulo de 70 a 90 graus (na maioria dos casos, muito menos ou muito mais resulta em uma pose pior).

Expansão de costas frontal

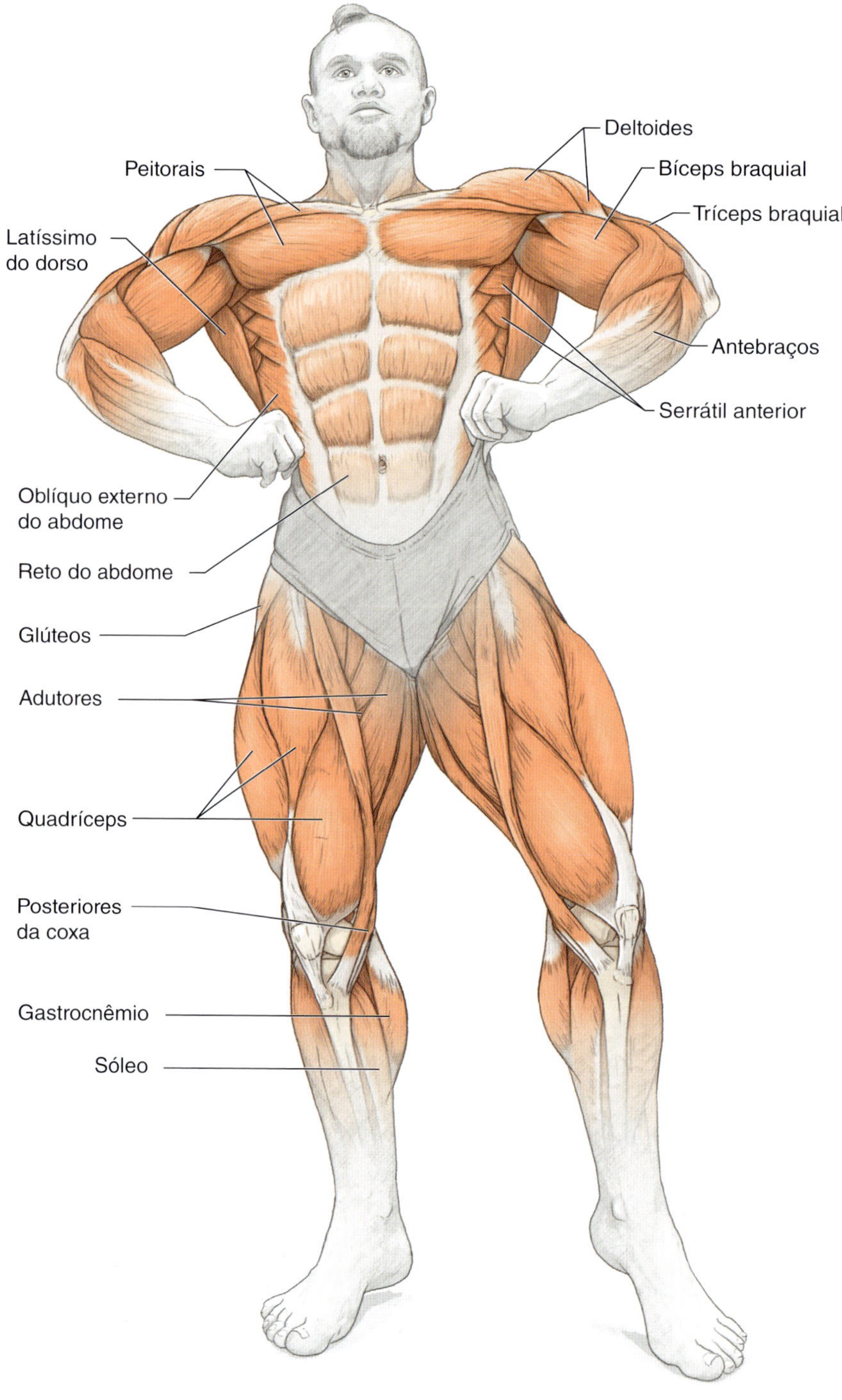

- Quadríceps afastados.
- Abdome para dentro (sua melhor versão de um vácuo).
- Tórax elevado.
- Ombros voltados para baixo.
- Cotovelos o mais afastados possível, diretamente perpendiculares à linha média.
- Aperte a cintura com as mãos (a posição exata das mãos na cintura e, portanto, o ângulo do cotovelo, dependerão do formato do seu corpo; você precisa experimentar – comece logo abaixo das costelas e prossiga a partir daí).

Tríceps lateral

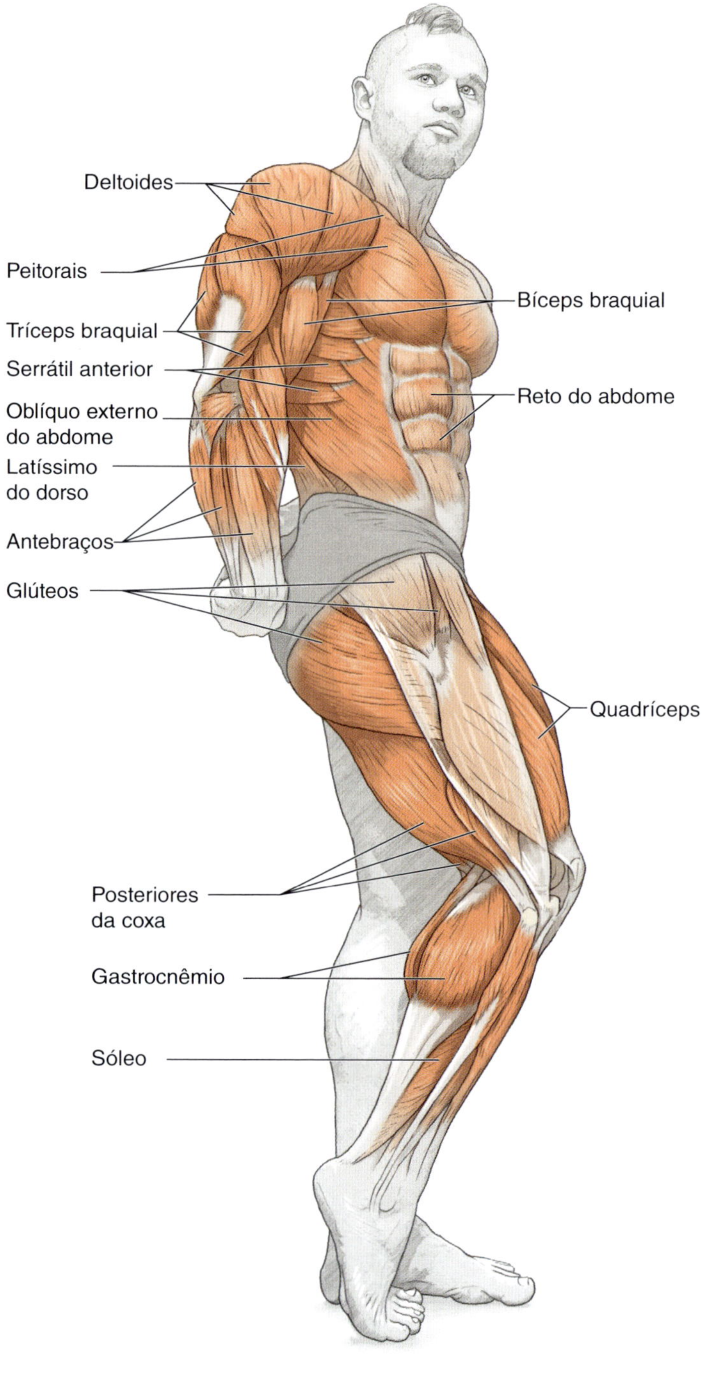

- Membro inferior mais ou menos na metade do caminho à frente do membro inferior de trás (haverá necessidade de algum ajuste para obter sua melhor visualização).
- Abdominais para dentro (contraídos ou no vácuo – tente ambos).
- Quadris posicionados perpendicularmente aos juízes, com o tronco rotacionado o máximo possível, para que os ombros fiquem o mais ampliados possível.

Tórax lateral

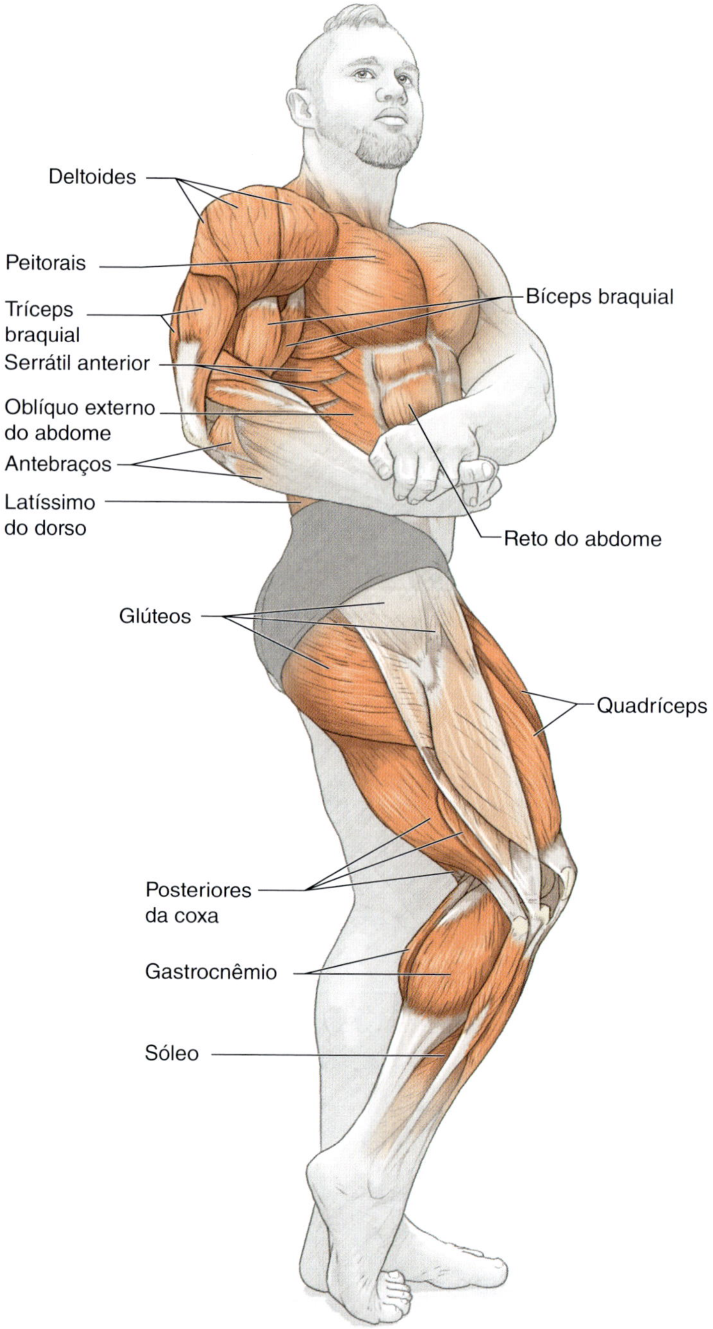

- Membro inferior mais ou menos na metade do caminho à frente do membro inferior de trás (haverá necessidade de algum ajuste para obter sua melhor visualização).
- Abdominais para dentro (abdominais contraídos).
- Quadris posicionados perpendicularmente aos juízes, com o tronco rotacionado o máximo possível para que os ombros fiquem maximamente afastados.
- Mãos entrelaçadas em algum lugar entre a altura do quadril ou logo abaixo da altura do tórax (experimente várias posições para determinar sua melhor aparência).
- Tórax elevado e para lateral ao máximo possível.
- Ombros (parte posterior) protegidos tanto quanto possível para dar a maior ilusão de largura.

Expansão de costas posterior

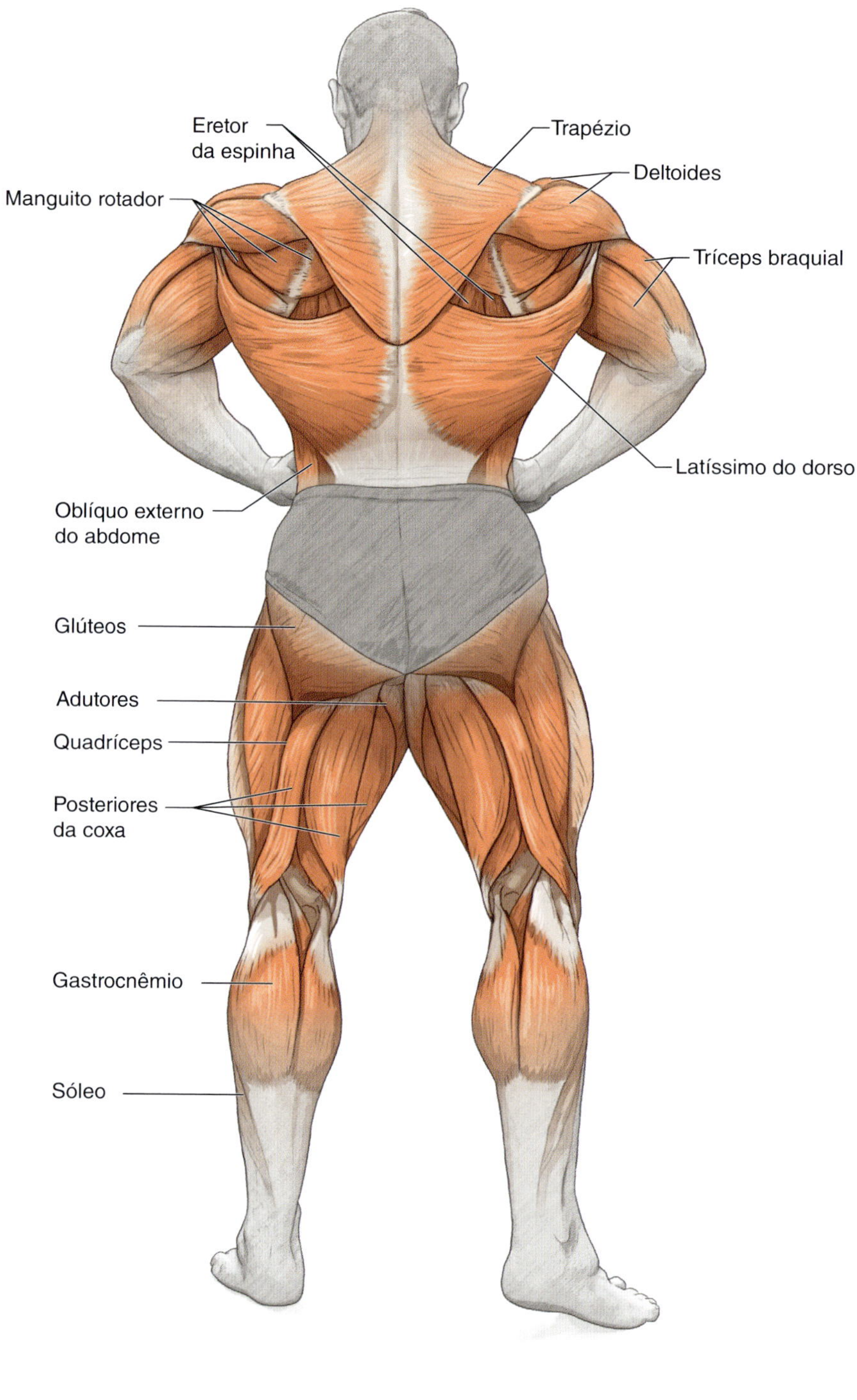

- Um pé cerca de 10 centímetros à frente da linha média e o outro pé cerca de 10 centímetros atrás dela.
- Quadríceps para lateral.
- Glúteos contraídos.
- Tórax ereto.
- Incline-se bastante para trás (quadris para a frente, tórax para trás).
- Ombros voltados para baixo.
- Contraia o abdome e, em seguida, deslizando a pele com os polegares, mova as mãos para a frente e para *dentro*, comprimindo a cintura para criar a aparência mais estreita possível.
- Dorsais expansivos.

Bíceps duplo de costas

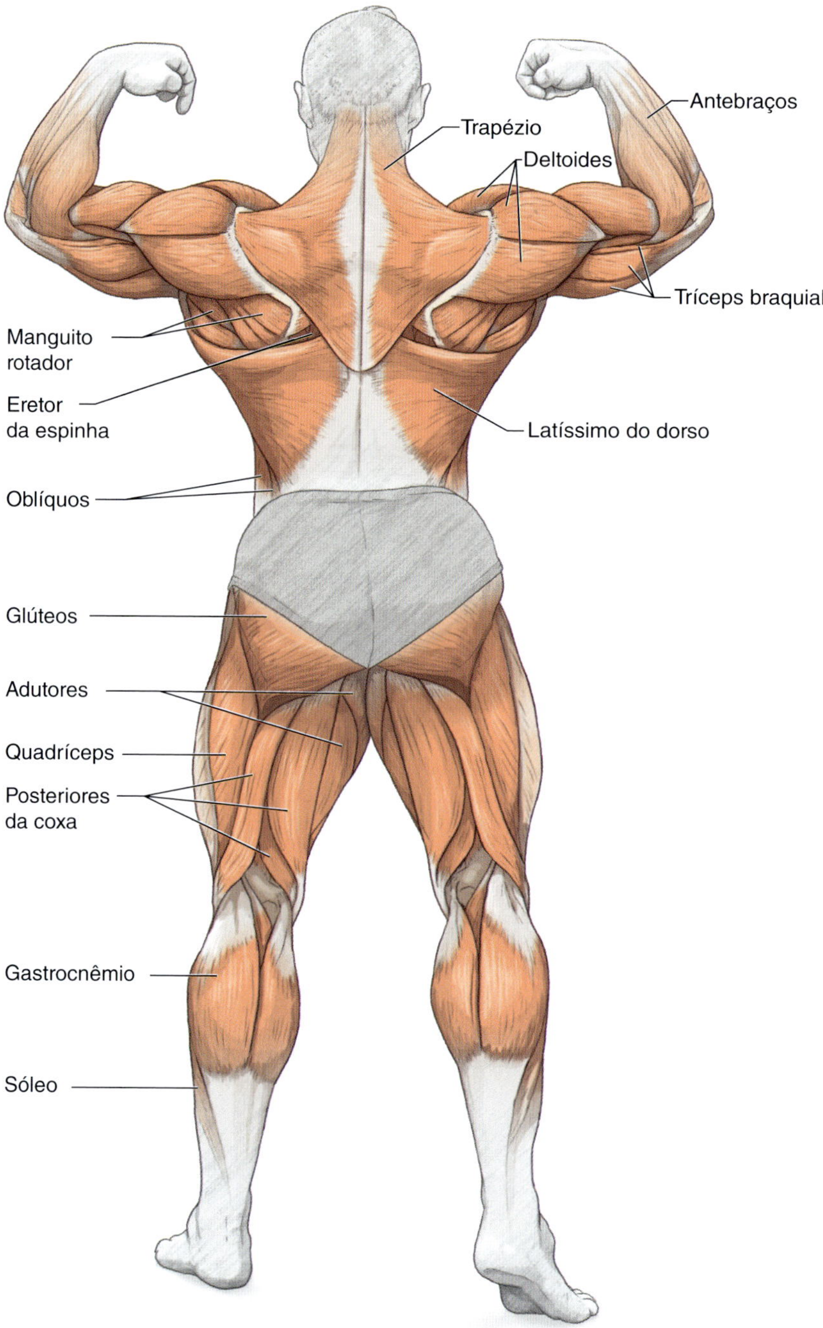

- Um pé cerca de 10 centímetros à frente da linha média e o outro pé cerca de 10 centímetros atrás dela.
- Quadríceps afastados.
- Glúteos contraídos.
- Tórax elevado, com uma leve inclinação para trás.
- Ombros voltados para baixo.
- Dorsais expansivos.
- Cotovelos acima da linha dos ombros.
- Cotovelos flexionados em um ângulo de 70 a 90 graus (muito menos ou muito mais: pior aparência na maioria dos casos).
- Cotovelos voltados para a frente e punhos rotacionados em supinação máxima (exibe melhor o pico do bíceps).
- Palmas das mãos voltadas para a cabeça (se estiverem voltadas para trás, o pico do bíceps não será tão pronunciado).

Abdominais e coxas

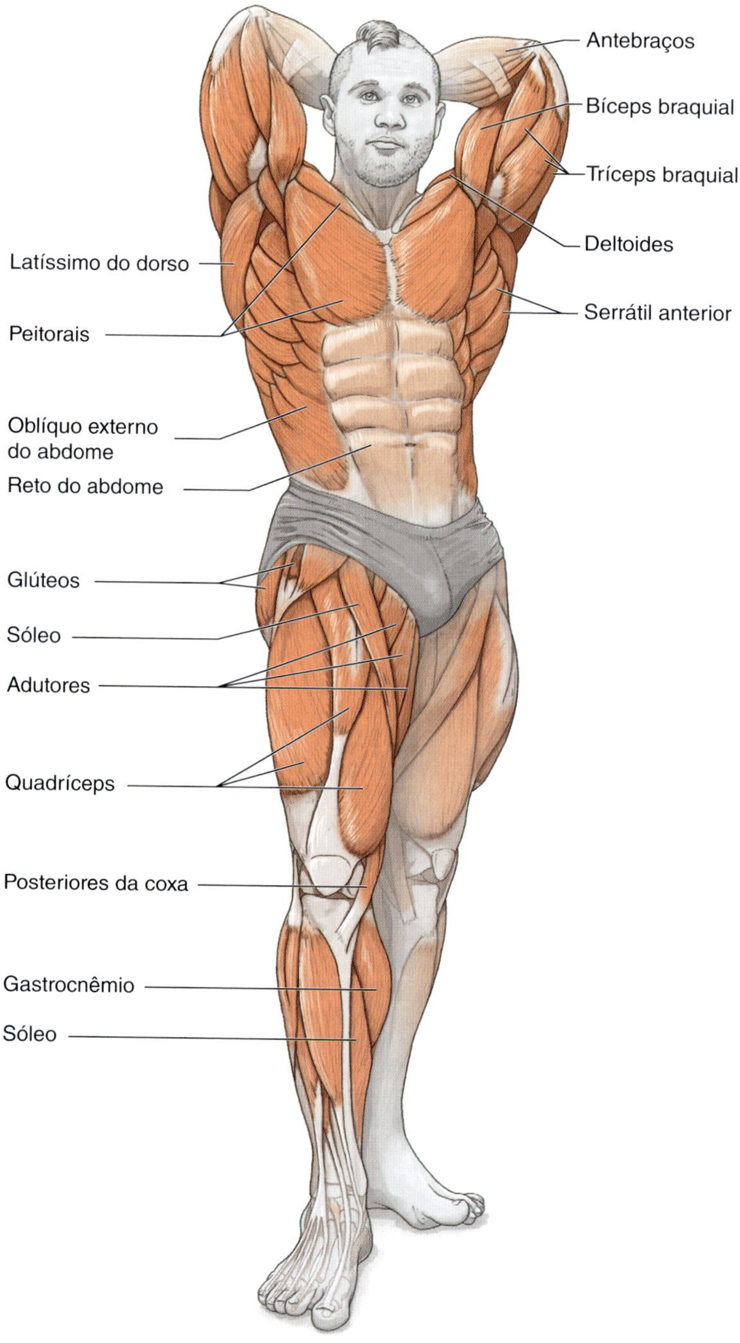

- Quadríceps afastados.
- Mãos atrás da cabeça.
- Cotovelos elevados e próximos.
- Abdome contraído (um vácuo também pode funcionar aqui).
- Pé da frente nas pontas dos dedos; retirar grande parte do peso da perna, com o joelho levemente elevado (os dedos ainda devem ficar tocando o solo, mas essa elevação do joelho vai evidenciar o sartório e o reto femoral).

Mais musculoso

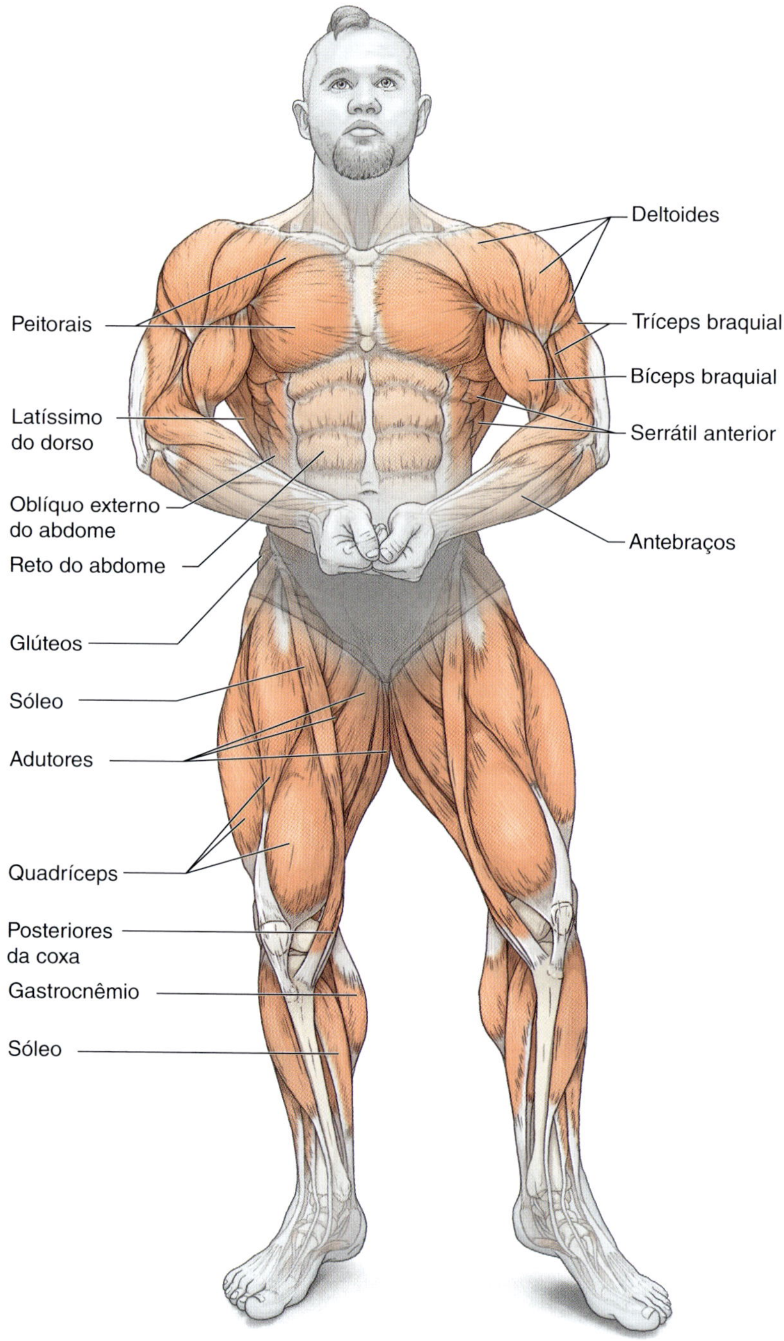

- Quadríceps afastados.
- Tórax elevado.
- Cotovelos para lateral e para a frente.
- Ombros voltados para baixo.
- Abdominais contraídos.
- Mãos entrelaçadas, mãos na cintura, ou a versão "caranguejo" (experimente as três variantes para ver qual funciona melhor para você).

Conclusão

Certamente você pode executar qualquer pose artística de sua criação na rodada de poses livres; mas na maioria das federações de fisiculturismo, essa rodada tem peso mínimo ou nem mesmo é julgada. O que realmente conta é a rodada obrigatória de poses. Nessa rodada, você precisa executar, em média, as 12 poses predeterminadas, com algumas podendo ser omitidas e, ocasionalmente, poses menos comuns adicionadas. Todos os competidores fazem cada pose ao mesmo tempo para que os juízes possam compará-los. Cada pose segue os princípios gerais e específicos anteriormente mencionados, e cada uma delas tem suas próprias exigências e otimizações *para cada competidor*. Aprender a posar para o fisiculturismo consiste, na maior parte do tempo, em praticar cada uma dessas 12 poses até que fiquem extremamente refinadas. Se não praticar com frequência as poses clássicas do fisiculturismo, simplesmente ficará com uma aparência pior do que sua musculatura e magreza verdadeiramente possibilitam – e se você se esforçou tanto para conquistar um físico musculoso e seco, porque deixaria que suas poses o derrubassem?

LISTA DE EXERCÍCIOS

Tórax 1

Supino reto com barra 3
Supino inclinado com barra 6
Supino com barra curvada em banco de leve inclinação 8
Supino inclinado com halteres 11
Flexão com falhas 14
Supino no aparelho 16
Crucifixo com halteres 18
Crucifixo inclinado com cabos 20
Supino com halteres em crucifixo 22

Ombros 25

Elevação lateral com halteres 28
Elevação lateral com halteres em grande amplitude de movimento 30
Elevação lateral em Y no aparelho Freemotion 32
Remada alta com barra EZ 34
Crucifixo unilateral no cabo para deltoide (parte espinal) 36
Puxada de cabo em direção ao rosto 38
Crucifixo inverso no aparelho para deltoide (parte espinal) 40
Supino com barra 42

Costas 45

Flexão na barra fixa com pegada pronada 48
Remada curvada com haltere 50
Puxada assistida com pegada paralela 52
Remada com barra curvada 54
Puxada com pegada supinada 56
Remada com flexão no cabo 58
Remada alta 60
Remada no aparelho 62
Remada unilateral alta na polia 64

Membros superiores 67

Rosca com barra 72
Rosca direta com barra EZ 74
Rosca com halteres no banco inclinado 76
Rosca com alongamento no aparelho Freemotion 78
Rosca "Jerry" no cabo (rosca com pegada pronada no cabo) 80
Rosca Scott unilateral no aparelho 82
Rosca de punho unilateral no banco 84
Rosca de punho em pé com barra 86
Impulsão com os antebraços 88
Mergulho na paralela 90
Tríceps na polia (puxada de tríceps no cabo) 92
Rosca JM 94
Tríceps testa com barra 96
Rosca testa invertida (tríceps na barra com peso corporal) 98
Extensão de tríceps acima da cabeça com barra EZ 100
Extensão de tríceps na polia por trás da cabeça 102
Tríceps unilateral acima da cabeça com haltere 104

Abdominais 107

Vela 110
Elevação de membros inferiores suspenso 112
Abdominal em prancha inclinada 114
Abdominal em V 116
Abdominal no aparelho 118
Abdominal com cabo 120

Membros inferiores 123

Levantamento-terra sumô com falha 127
Agachamento sumô 130
Avanço no aparelho Smith com o pé da frente elevado 132
Elevação de quadril com barra 134
Avanço caminhando 136
Levantamento-terra com os membros inferiores rígidos 138
Levantamento "bom-dia" com barra fixa 140
Cadeira flexora 142
Mesa flexora 144
Elevação glúteo-posteriores da coxa 146
Flexão nórdica 148
Levantamento "bom-dia" no *hack* invertido 150
Agachamento com barra alta 152
Agachamento no *hack* 154

Leg press 156
Agachamento pendular 158
Agachamento no aparelho Rogers 160
Elevação de panturrilha em escada com uma perna 162
Elevação de panturrilha sentado com os membros inferiores estendidos 164

Poses 181

Frontal relaxado 188
Lateral relaxado (um de cada lado) 190
Costas relaxado 192
Bíceps duplo frontal 194
Expansão de costas frontal 196
Tríceps lateral 198
Tórax lateral 200
Expansão de costas posterior 202
Bíceps duplo de costas 204
Abdominais e coxas 206
Mais musculoso 208